大明后宫有戏事

北大史学博士揭秘明后宫秘史

胡丹 著

太白文艺出版社
陕西新华出版传媒集团

图书在版编目（CIP）数据

大明后宫有战事：北大史学博士揭秘明后宫秘史 / 胡丹著. — 西安 ：太白文艺出版社，2015.1
ISBN 978-7-5513-0746-8

Ⅰ.①大… Ⅱ. ①胡… Ⅲ. ①宫廷—生活—中国—明代—通俗读物 Ⅳ. ①K248.09

中国版本图书馆CIP数据核字（2014）第247905号

大明后宫有战事：北大史学博士揭秘明后宫秘史

作　　者　胡　丹
责任编辑　马凤霞　王婧殊
封面设计　可　峰
版式设计　高　薇
出版发行　陕西新华出版传媒集团
　　　　　太白文艺出版社
　　　　　（西安北大街147号 710003）
　　　　　太白文艺出版社发行：029-87277748
　　　　　tbwytougao@163.com
经　　销　新华书店
印　　刷　陕西博文印务有限责任公司
开　　本　880mm×1230mm　1/32
字　　数　255千字
印　　张　9
版　　次　2015年1月第1版 第1次印刷
书　　号　ISBN 978-7-5513-0746-8
定　　价　29.80元

前言

本书是我的“明宫揭秘”系列的第二部。

第一部《大明王朝家里事儿》已经出版，该书的主角是大明“第一家庭”的“爷们儿”，也就是皇帝父子叔侄等男性成员。本书作为它的姊妹篇，则请这个家庭的女性成员粉墨登场。借用当下时髦的话语，第一部是这部“明宫大戏”的男版，第二部则是它的女版。

在书稿杀青后，我重新浏览目录才发现，这部“女版”宫史，几乎看不到什么温情、浪漫与儿女情长，全书按照时代的顺序写下来，居然由一个个宫廷大案串联着！

难怪在诗歌里，宫廷女人无不是绝望的；在戏剧小说里，宫廷史几乎等同于宫斗剧。艺术创作以历史为依据，而历史呈现给我们的着实令人“步步惊心”。

过去我们一说“明宫案”，总说明末“梃击、红丸、移宫”三案，讲的人太多，本书则避开。我要讲的大案或疑案、谜案，多是别人没讲过的，或有人讲过、但含糊不清没有结论的。

本书大致可分三部分：

第一部分，讲述朱元璋是如何充实他的后宫的。原来“洪武大帝”也曾“游龙戏凤”，亦曾做出许多荒唐失德之事！他的女人来源甚广，有些还是强取豪夺来的，由此引发了他的皇子们的身世之谜，疑云重重，颇富传奇色彩，读来令人咂舌。

第二部分，大明王朝已进入“后洪武时代”，后宫依然腥风血雨。忝在“伟大帝王”之列的明成祖朱棣，屡屡在后宫施行大屠杀，朝鲜妃权氏死亡疑案、内乱案、惨绝人寰的四朝妃嫔殉葬……令人眼花缭乱，仿佛看一部后宫题材的连环惊悚剧。

第三部分，仁宣以后，大明王朝的后宫渐趋平静，至少表面如此。没有了大规模的肆意杀戮，但牵涉宫廷的大案、宫人之间的钩心斗角，暗潮涌动，从未平息。后妃们的命运与她们的娘家（又称外家，即大明的外戚）紧密相连。这一时期，有四件大案与明朝政治紧紧纠缠在一起，它们是孝宗初年的“假冒皇亲案”、孝宗末年不武宗初年的“郑旺妖言案”、嘉靖朝的“张皇亲案”与天启年间的“真假皇亲案”。一些人争做皇帝的亲戚，而一些外戚遭到皇帝残酷的打击，读来令人扼腕。

在本书之前，从未有人对这些明宫大案、疑案进行过系统的研究与整理。本书将广征博引，剥开层层史料，深入历史现场，用平易生动的语言将这几个大案讲得清楚透彻。

现在电视剧总喜欢注明“本故事纯属虚构，如有雷同”云何云何。而我要说的是，本书完全建立在扎实的历史资料基础之上，没有任何的发挥（允许合理的想象），看官尽可放心阅读。

在此，是不是应该画一个“掩嘴而笑”的表情呢？唯愿朋友们读罢此书，掩卷亦真一笑！

胡丹

微信公众号：hdshuoshi

目录

第一卷　重八公的幸福生活

第 一 章　朱家“老奶奶”好凶　001

第 二 章　男儿气概不当家　007

第 三 章　重八之相,贵不可言　011

第 四 章　省级高干朱姑爷的黄金时代　016

第 五 章　重八公也曾游龙戏凤　023

第 六 章　未尝妄将一妇子——例外!　029

第 七 章　好个齐人之福　036

第二卷　诸王身世之谜

第 八 章　生子也要争第一　040

第 九 章　“假子”到底是假　043

第 十 章　暴君后宫的“托儿所”　049

第十一章　燕王自证嫡子　053

第十二章　大哥的身世四弟说了算　057

第十三章　大明天子竟然“非我族类”　062

第十四章　李淑妃白得了三个儿子　068

第十五章　孝陵太监的导游解说词　072

第十六章　永乐皇帝也着了道　076

第十七章　老朱家是一个“大家庭”　083

第三卷　凄风惨雨明皇宫

第 十 八 章　“蓝胡子”朱皇帝　088
第 十 九 章　以青春的热血去浇那具枯骨　095
第 二 十 章　殉葬也有人情讲　099
第二十一章　“天使”高丽选美　105
第二十二章　亲手剐人，皇帝发疯了！　111
第二十三章　宫乱！宫乱！　115
第二十四章　娘，我去了！　120
第二十五章　朝钟一声响，天子换人了！　126
第二十六章　景帝的风流账　131
第二十七章　天子竟要贿买臣子　134
第二十八章　站脚须防墙倒　139
第二十九章　殉葬的绝响　144

第四卷　皇亲国戚衰落记

第 三 十 章　与朱元璋签合同最不可靠　149
第三十一章　凡外戚，不许掌国政　154
第三十二章　外戚预政的绝响　160
第三十三章　明宫狸猫换太子　165

第五卷　假冒皇亲

第三十四章　宫中禁止吐痰　170
第三十五章　同穴而异路　175
第三十六章　一切，为了皇嗣　180
第三十七章　一笔写不出两个万　184
第三十八章　群骗招摇长安道　188
第三十九章　孝宗的爱情之汤特别浓　195
第 四 十 章　忠臣化作冤鬼　200

第六卷　张皇亲覆灭记
第四十一章　张国舅成了谋反案的被告　204
第四十二章　“郑旺妖言”案——武宗身世成谜　210
第四十三章　“郑皇亲”高调回归　217
第四十四章　怪哉！伯父为爹，亲爹为叔　220
第四十五章　邵太妃的悲喜人生　227
第四十六章　皇帝坚定地为母后站台助威　234
第四十七章　张皇亲的大难到了　239
第四十八章　食腐者的盛宴　244
第七卷　最后的皇亲
第四十九章　陈、王两家争认皇亲　249
第 五 十 章　终是一笔糊涂账　253
第五十一章　光宗“生产力”排名不低　259
第五十二章　少年皇帝落入妇人之手　263
第五十三章　被侮辱与被损害的　267
第五十四章　皇后是重犯之女？　271
第五十五章　魏阉垮台，皇亲平反　275

第一卷
重八公的幸福生活

第一章　朱家“老奶奶”好凶

中国是一个以家庭为核心单元的宗法社会，一个家庭有什么样的家庭文化，是具有历史的传承性的，也就是我们常说的家学、家风、家教、家法等。

明太祖朱元璋作为大明王朝的创建者，他也是朱姓大家族的第一个家长，对于这个帝王家庭的家风建设，他是第一责任人！

无论是宗法制盛行的东方，还是西方，一个有故事的家族，在其家族故事里，总会提到一位长辈老人；经常是一位老奶奶，她的嘉言、善行与美德，给子孙留下了难以磨灭的印象，成为指导他们一生的信条。

一个家庭的关系，大体就是夫妻、父子（母女）、兄弟、姐妹这几类，由于帝王家庭有其特殊性，还应加一个君臣关系。在这个大家庭里，朱元璋是父亲，是人夫，也是君主，按照三纲五常那一套伦理观念，“君为臣纲、父为子纲、夫为妻纲”，朱元璋的所作所为，都是在为老朱家“立纲陈纪”！

朱元璋会是普通人家里那位“老奶奶”吗？

我们且不忙介绍他为这个家庭树立了哪些家法与规矩，我们应首先知道老朱是一个什么样的人。只有真正了解了他的品性与为人,才能确知他为后世子孙做的是什么样的表率。

在这里我关心的,不是洪武皇帝的“历史功绩”,而是他的私德如何。具体地说,是如下三个问题:

他的妃子(妻妾)都是从哪里来的?

他如何处理与众多妃嫔的关系?

他后宫氛围如何,是光明普照、莺歌燕舞,还是一派污浊、阴暗恐怖?

古人有两句话,讲得非常妙,一句是“听其言,观其行”,一句是“言传还须身教”。我们且拿来,作为研究朱元璋的一个标准。

也就是说,我们不单要听朱元璋讲了些什么——事实上,他是一个喜欢吐露肺腑、抒发性灵的人,在正史、祖训、大诰、宝训里,留下了无数的人生格言与教训——更应该观察他做了些什么,拿他做的事与他说的话(也有许多是别人说的)进行对勘,找出哪些货是对的,哪一些货不对板。

一个人像小和尚似的整日念经,可他嘴里嘟囔的,未必是他真心信奉的,然而当他甩开腿子,向前迈出坚定的一步,却肯定是在践行他的小宇宙真理。因此我们要进入一个人的内心世界,必须追踪他的步履留下的蛛丝马迹。

如果一位祖先,或长辈家长,行得正,坐得端,光明正大,以身作则,对于人生有着积极的体验与态度,那他就为这个家庭确立了良好的典范与家规;如果他“严于律人,宽以待己”,凡事口不应心,心理还十分灰暗,则即便理想主义的高调唱上千万遍,都无法改变他树立了一个坏的典型的事实。其结果将是:上梁不正下梁歪,下梁不正倒下来!

我们的故事,将从老朱家的那位“老奶奶”开始——

明朝建国以前的建康城(以下直接称之为南京),是一个大兵营,充斥着军官和士兵以及为军队服务的各色人等。

行伍之中,性别比例失调得厉害,满眼望去,尽是饥渴的粗豪汉子,而妇女非常之少,不是已为人妻,便是他人之妾。书上常说,“群雄兹起,不过子女玉帛”，说的是乱世之中，盗贼也好，官兵也好，所求者不外乎人口与钱财。尤其是女性，常沦为一种活的战利品，成为各路乱兵争相抢夺的对象。

元至正十五年（1355年）初，有一支割据滁州的小军阀向南发展，占领了长江北岸的和州（今安徽和县）。部队一进城，立刻鸡飞狗跳，全城到处都发生了强抢民女的事件。

这支队伍的主帅是濠州人郭子兴。他派来“总守”和州的大将，是其亲兵兼养女之婿的朱元璋——此时他的大号还叫朱重八。

其实和州城不是朱元璋攻下的，但桃子落地时，被他捡了个便宜。“总守”一职相当于城防司令。当时郭子兴部只有两个城的地盘，除了大本营滁州，就是新据的和州了，由这项委任可见，朱元璋很得郭子兴的重用。其中的缘故，下面再讲。

话说郭部士兵都是单身汉，他们毫无军纪，一进城即大肆掳掠，逢门必入，见女必抢，小小的和州城仿佛鸡窝窜进了黄鼠狼，喧乱如鼎沸。

朱元璋见不是个法儿，只得下令禁止，但他根本没有办法禁绝这种现象，毕竟满城军士多不是他的部下，对他的命令阳奉阴违，或不予理会。况且当兵吃粮的，有这个需求，他总得讲点“人道主义”，顺便争取一些军心啊！

于是他挂了一道榜，说弟兄们哪，你们从滁州来，都是只身，并无妻小，如今占了一块新地盘，想顺便娶个老婆，你们的心情，本帅能够理解和体谅。但行事必须有个章法，你们所掳的妇人、女子，可以留下，但有一点，凡是有老公的、已经嫁人的，坚决不能擅留！

朱元璋下令军士将所掳的有夫之妇都送出来，并让阖城妇女、男子次日都到军门前来认亲。

第二天一大早，军门前聚集了大批的男女老幼，哭爹喊娘，寻妻觅女。

朱元璋传令说：“果真是夫妇的，即便相认领回；不是夫妇的，不许妄认。”然后打开大门，放妇女入内寻亲，而男子则分列门外两侧等候，随后那些被掳的妇人们，一个个从军门里走出来，各自归家。

就这样，被郭军强抢的有夫之妇，多半都被放回了家（自然也有许多霸占不放的，郭军中派别很多，多数袍泽都瞧不起朱元璋，根本不把他的命令当回事)。

这是朱元璋在掌军之初整饬军纪实行的一种善政,得到百姓的感戴,也成为史家大笔发挥、夸赞太祖仁德的重要证据。

从这件事可以看出,朱元璋的确比当时的一般“群雄”要高明。

在烽烟四起、戎马倥偬的年代,小兵们只有靠强抢,甚至是强奸,以获得生理的满足,而中高级军官,总能优先获得属于自己的伴侣。

在占领和州的当年夏天,朱元璋率部渡江,开始往长江以南发展,并很快占据元朝的江南重镇集庆路(南京)。朱元璋从此脱颖而出,成为一个具有较强实力的大军阀。

这个挂着朱字招牌的割据政权,对妇女实行“给配”制,简单说,就是军官的老婆,统一由组织上分配。

刘辰《国初事迹》讲了这样一件事,说朱军大将谢再兴在浙江诸暨节制军马,这位谢将军与朱元璋还是亲家,他的长女嫁给了朱元璋的侄子、现任大都督府大都督的朱文正。

看官们都知道,朱元璋对亲家翁与亲家母素无情谊,他后来大杀皇亲的做派很早就显露出来了。好比这位最早的亲家老谢,在诸暨防守,做得好好的,他忽然另差了个叫李梦庚的参军过去,将他替回来听调,也不说出适当的理由。

谢再兴心怀不满,回到南京,竟然发现,自己的次女已由朱元璋做主,嫁给了右丞徐达,而他这个做父亲的却毫不知情!

谢再兴窝了一肚皮气,在京待了一段时间,仍被打发回诸暨镇守,不过这回他不再担任主将,而是须听参军李梦庚的节制,由大将降为了偏裨。

谢再兴先被夺了女,接着又被夺了权,他再也受不了了,愤怒地道:“嫁我女儿,不教我知,有如给配,如今又着我听人节制,真是岂有此理!”他一怒之下,便捆了李梦庚,率领全城兵马到绍兴投降了张士诚。军中高级将领,只有总管吴德明一人,弃了妻子,只身逃回。

这位吴总管大概是杀妻求将的吴起的后人吧,他割舍亲情倒也痛快!

为了表彰他的忠义,朱元璋决定将小于元帅之妻赐给他,作为必要的补偿。对吴德明来说，这叫失之东隅，得之桑榆，反正老婆如衣服，脱了旧的，换件新的，何乐不为？

小于元帅不知是哪一位，他要么是一位被朱军杀死的敌将，要么是朱军中犯罪遭到籍没的将领。总之他老婆可怜了，命运无法自主，竟然沦为朱元璋奖励“忠义”的奖品，这就是“给配”。

徐达的那个老婆谢氏，也是给配而来，或换言之，也是由组织上分配的。

我们把这层关系掰扯一下：谢再兴是朱文正和徐达的老丈人，因此与朱元璋沾亲。徐达是谢再兴的女婿，他与谢氏所生之女徐氏，嫁给燕王朱棣，徐达也与朱元璋结了亲。而燕王妃徐氏后来成为永乐朝的徐皇后，则谢再兴、徐达分别作为皇后的外祖父与父亲，又成为永乐朝的外戚。

明初的勋戚关系，就是这么盘根错节，所以一旦朱元璋翻脸不认人，杀起性来，往往拔起萝卜带出泥，许多世家大族遭连根拔起，一荣俱荣，一损俱损。

谢再兴与朱家两代人关系密切，可算是至亲，不料他却成了这个王朝的头号叛徒——岂非讽刺？

有一种野史材料，说徐达的这位谢夫人，膂力过人，常持重百斤的铁质兵器，随夫在军作战，应是一位明代的梁红玉。建国以后，谢氏常入内廷朝见马皇后，大脚皇后的风光令她心中不平，经常说“我家不如你家”之类的话。马皇后听了，留意在心，就对老公说：“谢氏枕边之言，徐达能不动心吗？”这位马皇后果然是女中豪杰，真会进毒，她自己枕边吹害人之风，却拿谢氏枕边之风做题，真是东风恶战西风。

朱元璋听了，觉其有理，便在宫中开宴，请徐达来吃酒，而命勇士直入徐府，将谢夫人杀于寝室之中。

据说这已是朱元璋第二次杀功臣之妻了（我之所以加“据说”二字，是因为野史的记载无法证实，也无法证伪，姑存备考）。

明朝建国后，多人追封为王，除了魏国公徐达阴封中山王，鄂国公常遇春也在阴间称王（开平王）。野史说，常遇春没有子嗣（而事实是，他有三个儿子，还都是朱元璋赐的名），朱元璋替他着急，便赐给他两名宫女。可是常大将军之妻是个母老虎，常遇春畏其骁悍，有美色而不敢享用——这可真是活受罪！

有一天早晨起床，这本是男人一柱擎天之时，常将军正觉色急无聊，忽见那宫女中的一个捧着水盆进来，轻笼玉笋纤纤，半露金莲窄窄，摇曳湘裙，伺候他梳洗。常遇春顿时技痒难耐，忍不住夸了一句："好白手！"我猜，常大将军不止动口，肯定还动手揩油了，否则后来不会发生那样可怕的事情。

常遇春随后就上朝去了，也没把这事放在心上。等他朝罢回来，忽然从内寝中递出一只红盒，打开一看，竟是一双断手，正是他早上夸的那"好白手"！

他便知这是他夫人干的好事，这女人也太泼恶了！

常遇春是杀伐惯了的猛将，陡然受这一惊，竟落下心病，以后入朝时，经常神情恍惚，仪度错愕。朱元璋好生奇怪，问他缘故，他却不肯答。朱元璋的疑心病便犯了，再三诘问，甚至对人说："常遇春每日见我，都张慌张错的，莫不是心怀不轨？"

常遇春知道再不说，就要成反贼了，只好吐露实情道："皇上可怜臣，赐臣两名宫女，皇恩浩荡也。不想有恶妻如此如此，实在有孤圣恩，万死莫赎，故连日惊扰不安。"

朱元璋听了，大笑道："我再赐你宫女，又有何妨。你不必多虑，且随我入宫饮酒解忧。"

常遇春见皇上不怪，才把心放到肚皮里，入宫畅饮。他哪里晓得，朱元璋转个身，已命力士赶到他府上，将他妻子杀死，并肢解了，分赐功臣，盒子上还粘个签儿，上写："悍妇之肉。"

常遇春吃完酒，回到家，看不见妻子，才知老婆须臾间已化成肉块，这一惊更不得了，遂成癫痫。

徐达、常遇春是朱元璋最重要的伙伴与将领，野史却传，他们的妻子是被朱元璋惨杀的。可能是这样一个缘故，徐达的妻子谢氏是叛徒谢再兴的女儿，常遇春的老婆（上面这个故事没有点名）是蓝玉的姐姐，而凉国公蓝玉是洪武二十六年(1393 年)蓝玉谋反案的主犯。谢再兴、蓝玉二人最后都成齑粉,想来他们的家属也不会有好收场,这是合理的推测。

是否如此,民间故事才拿谢氏和蓝氏来做人肉叉烧包的馅儿呢?

朱元璋似乎很喜欢替手下大将立家教。也是据野史的记载,他经常派人查探在京将官家的家事,有一次探子们向他报告,说华高和胡大海的妻子敬奉两位女僧(尼姑),在家里行金天教法。俗话说:三姑六婆不入门便是好人家。朱元璋最厌恶姑子之类的人物在官员家走动,诱引内眷,败坏家风,他听罢勃然大怒,当即下令,将华、胡二人之妻连同尼姑,一起投到河里喂鱼。

华高与胡大海可不是一般人物,他俩都是追封的“国公”级的高官,是大明的开国元勋。然而他二人,加上追封为王的徐、常两位,四大功臣的妻子都被朱元璋给做掉了。

看官您说,老朱是不是一位好严好残酷的“老奶奶”?

朱元璋说过:“治天下者,正家为先。正家之道,始于谨夫妇。”他不仅狠抓宫廷内治,把妃嫔们治理得服服帖帖,他还非常关心臣下的家政,替他们修理不服帖的妇人,以血来立闺范。

然则,朱元璋这样一位古道热肠的“老奶奶”,在他留下的家族菜谱里,最著名的菜色,却要拿悍妇之肉来做食材,这位“老奶奶”竟没有丁点儿的慈祥,简直要变成最为狠毒的巫婆了!

不管这些故事是真是假,它们塑造的“主角”形象却是一致的残忍、无情。这个家族的老奶奶的故事,不能给后人以激励,更多的是让婴儿啼哭、成人奓起寒毛的震撼。

第二章　男儿气概不当家

刘辰《国初事迹》还记了这样一件事,说朱元璋未成帝业前,曾亲征婺州,有侄男(未指名)献给他女子一人,年方二十,善作诗,是一位年轻的美女加才女。不料朱元璋说："我取天下，岂以女色为心。"竟命诛之于市。

女子何罪，乃竟杀之？

她自然是无罪的，岂止无罪，她甚至是非常可怜的。朱元璋不过借她的头来做个样儿，好"以绝进献"——头挂在那儿，再有进献美女者，看此！

这件事被许多明清载籍选录，成为明太祖英雄豪气的佐证，它告诉读者同志们：洪武皇帝是在一心一意、心无旁骛、老老实实地打天下，可谓帝王的标准模板。而自古红颜祸水，杀掉一个，只嫌不够多！

没有谁介意老朱那高耸的胸膛里，澎湃的竟是一个弱女子的鲜血！

我们掉掉书袋来看，历代进献美女的，貌似没一个安好心，而那受美女的，不是暴君就是昏君。

女宠祸国，红颜祸水，王朝多被美女误，这是古人坚信不疑的史观。这样的例子层出不穷、不胜枚举，就说那越王够贱——勾践吧，他自己卧薪尝胆，却把绝色美女西施献给吴王夫差。他这是在发扬春秋时代的国际主义风格吗？非也。瞧那夫差，自被美女的幽兰体香堵住了七窍，吴国的朝政便颠鸾倒凤、淫乱荒怠了，最后由极盛而遽衰，乃至于国破身亡，夫差终于以他的头颅血祭了勾践"十年生聚，十年教训"的复仇传奇。

美女经常成为敌国的密探兼粉色炮弹，多疑雄猜的朱元璋"以史为鉴"，完全有理由怀疑他侄男（应该就是他唯一的侄子朱文正，而有的书写作"婺州民"）动机不良，怒而诛之——若如此，我当给一个赞。然而，朱元璋却以愤然诛杀那位可怜的少女而获得好评。

这故事的弦外之音是：美色误国，而大英雄是从来——不是不近女色，而是从不把女人当人的！俗话说，女人如衣服，或曰"兄弟如手足，妻子如衣裳"，这句名言不是别个闲杂人等说的，其专利属于三国的头号大英雄刘备。

大人物们新衣满箧，妻妾成群，堂里堂外都热闹，方显出他人物之大。而某公贤不贤，圣不圣，与他"敦伦"（将性交比作"敦进人伦"，也算中国夫子闷骚之绝唱了）的次数全不相干。某公可以是老色鬼，一身风流债，但绝不可与女人缠绵缱绻氤氲。设若再闹出几场情感戏，那离昏聩已不远了；

一旦再跑出个忠臣来谏，差不多就要沦为昏君也。

看官请看，在古代正史与传说里，凡是发生浓烈之爱情故事的，多没有好下梢——好比乌江哀歌的项羽与虞姬——这几乎成了定律。

好男儿们不仅不能动情，还要气概非凡地驱逐、砍杀自己的女人。在历史上的每一个危急时刻，好男儿都勇敢地率领全家妇孺一齐赴难，投火抹脖子，落井跳河，甚至为了鼓舞士气，请部下吃掉自己的爱妾（唐代张巡守睢阳故事）。好像在中国，不与女人为仇，便不为大丈夫。这里我借写书，替古代不幸的“妖姬”“狐媚”们鸣一声冤屈！

我们从上件大英雄诛杀小女子的伟大故事里，是否能够感知它活脱欲出的本意？是男儿气概吗？否，非是也！男儿可不该以杀女人的痛快来显露其气概。且男儿一旦讲起气概，不小心再牵出一个风情万种的妖精来，岂不麻烦！

虽然中国文化从来不以男儿气概来当家，但毕竟“男儿”不是蛮夷才讲的话。唐代诗人高适《燕歌行》里就道：“男儿本自重横行，天子非常赐颜色。”前蜀花蕊夫人《述国亡诗》云：“君王城上竖降旗，妾在深宫哪得知。十四万人齐解甲，更无一个是男儿。”男儿是甚意思，大约就明白了。

然细品诗句，“男儿”都是与“君王”对读连称的，不管男儿如何横行，都要被天子、君王所驾驭。就像咱们这片国土上的许多事情一样，“男儿”这个本该只与雄性激素相关联的词汇，也被强烈地政治化了。我们再说男儿时，须注意：

第一，男儿按照无所不至的“权力层次”，只属臣子的层级，譬如古人从来不说君王如何男儿，因为两者层级不适配，故无法混搭。

第二，专制君主的权力越大，作为它的对应物，男儿也就越来越“横行”不起来。

所以这个故事绝不是为了突出圣主的阳刚气概，而是为了凸显君主的一个重要品格：他需要女人，但决不把女人放在心上。

需要女人，是因为天子必须“广嗣”，儿子越多越好，《礼记》等儒家经典设计一通“古者天子立六宫、三夫人、九嫔、二十七世妇、八十一御妻”的鬼话,都是为了让皇帝多生儿子,而不是为了便宜他,好每夜换一个性伙伴,以免左手牵右手,久了腻歪,性欲不旺。

不许把女人搁在心上,不是为了防止某个"狐媚"专宠,令三千佳丽皆沦为古井怨妇,而是基于儒家的逻辑:皇帝一旦专心爱上一个女人,那朝廷和全国子民都要倒霉了。皇帝的心不管有多大,寸寸皆应为丹心,而不可投射进任何一位女子婀娜的身影。所以我们常见的忠臣烈士,全都跟冤大头一样,整日忧国忧民,进也忧,退也忧,没一时之开心,更别说床第之欢了;好不容易他夫人出来了,讲的还是忧国忧民的话。

明朝有几个皇帝,在爱情方面比较专一,如宪宗之爱万贵妃,孝宗之爱张皇后,神宗之爱郑贵妃,都能做到持之以恒,结果被批得头破脸肿,史上也平白多了几个妖精。这个后面细讲。

英雄毕竟是英雄,朱元璋大手一挥,登时让美女灰飞烟灭,激情格外迸射。然而此为何等之"激情"?当然不是男女之间暗生的小小情愫,而是造反家的"勃大"激情。一个小女子算什么,一旦反上金銮殿,女人的双腿和满是黄金的府库不一齐朝胜利者打开?从此皇朝万代,朱家"朝廷"可以合法地向全国征选美女,后宫下陈充盈,处处莺歌燕舞……咦咦!这不又绕回来啦?原来,胜者为王的激情和伟大理想,到底不过如是之小小!

据说成吉思汗讲过一句名言,说男子最大的乐事,就是把敌人的老婆扔在自己的床上。成吉思汗在明代人眼里属鞑虏和北虏,并非"人类",朱元璋在"驱除鞑虏,恢复中华"后,就说过一句看起来针锋相对的话,他说,自我起兵,"未尝妄将一妇子"——我从来没有随便夺取过别人家的女儿和老婆!

书上的"朱元璋",说过许多他本人未曾说过的话,做过许多未曾做过的事,胡编乱造的小编,不是今儿才有的。而"未尝妄将一妇子"这句话,的确出自朱元璋亲口,就刊载在他指定儒臣编写的《大诰》里。

但是人们舌头上那根筋,可不是连在手脚上的,有人红口白牙说了,未必会照说的做。历史到底有多少纯粹的真实,有多少彻底的谎言?本书将带领读者,深入明朝的后宫,去观察重重宫闱后面发生的隐秘故事,在一片迷雾中，从事件的细节、从史书记载的矛盾处，依据我们的常识、经验和独立的判断，去尽量接近和还原历史的真相，最后我们将对这个皇朝家庭的家风做出自己的评判。

那么，让我们从朱元璋的情史和他的女人们的故事开始吧！

第三章　重八之相，贵不可言

前文说到，朱元璋手里掌握着一定的妇女资源，他可以随时将一到数个女性赐给某位功臣或将领，以雌补雄，增强他们的斗志。

随着朱部战胜一个又一个的对手，实力像滚雪球一般壮大，朱军之中，可供“给配”的女性资源越来越丰富，乃至设立了一个“寡妇营”，以容纳那些无依无靠、人数达到数万之巨的妇女们。

寡妇营的建置，官史里没有记载。据明初人刘辰在《国初事迹》里所记，有一年夏秋之交，京城南京很长时间没有下雨，官员多次祷雨，都不奏效。朱元璋非常着急，开始分析原因，并发动各级官员一起来找。御史中丞刘伯温反应很积极，他第二天就讲了三件事，其中第一条说“出征阵亡、病故军士之妻数万，尽令寡妇营居住，阴气郁结”，认为这是天不下雨的首要原因。

朱元璋求雨心切，纳谏如流，马上批示：“寡妇听其嫁人，不愿者送还乡里依亲。”其他两条也都准了。

可那时刘伯温还没成神仙，预言不准，过去了十天半月，还是不下雨。朱元璋就怒了，将其免职，着令还乡为民，寡妇营新政也一并废除。他对丞相李善长说：“出征阵亡及病故军士妻，俱令于寡妇营居住，不许出营。”同时加大了寡妇营的防守力量，加派人手巡梭及把门，以防“在外男子无故入营”，违者问罪。

朱元璋在征战时期，制定了这样一个政策：

“与我取城子的总兵官，妻子俱要在京住，不许搬取出外。”

朱军将士在外守城或作战，不许携带家属，老婆孩子都必须留在南京。这对于朱元璋是个高明的策略，在那个毫无信义、唯以权势为趋附的时代，将士的眷属在京，等于人质在手，他们轻易不敢叛变，否则将立遭灭门之祸。如果将士战死或病故，其妻子之无依或幼小者，即搬入寡妇营居住，这即是一种优给保障措施，对于朱元璋亦有妙用——

一则可拿来“给配”，给新晋将领换一个，或增加一个老婆，以笼络其心。

一则可用作廉价的劳力，集中进行生产，如衣服鞋袜被褥等物资，以供军前之需。

朱元璋对寡妇营的控制是很严的，以至于神仙刘伯温认为它是导致天不下雨的主要原因。那么多妇女，被禁闭在一起，与外世隔绝，毫无自由，命运叵测，其“阴气”的郁积（其实是不满情绪的积累），实在有伤天和。刘伯温不过是借天以说人事。

朱元璋很早就看到女性是一种比金银更为有效的笼络工具，因为他本人就是直接的受益者。

在战争环境和军营生活的大背景下，女性稀缺，因而成为一种抢手的资源。可能是这个缘故，元末的群雄，都喜欢收养义女。

豪杰们收养义女，不是学现代人，在干爹与义女的名目下行苟且之事。养女是三十六计中美人计的核心道具，或者赠给英雄，以缔婚的方式与强大者结成军事同盟，或者把养女作香饵，钓来一条金龟婿，为己所用。

濠州大帅郭子兴便用他收养的义女马氏，钓到了聪明能干的朱元璋。

这对双方是双赢的结果：对于兵头郭氏，他收纳了一个值得信任的干才；而对于朱元璋，则得到一个上升的通道，迅速进入郭氏武装的权力核心。

朱元璋运气不错，讨到马氏这样一个有背景、又能干的女人。

在那个时代，民家有女多难自保，与其被乱兵夺去反不如主动找一个兵头嫁过去来得实在还实惠。家住濠州的相面先生郭山甫，就是这样一个聪明人。

那时朱元璋还未发达，但他借着大帅干女婿这样一层姻亲关系，很快由亲兵转任，混到一个相当于中层干部的职务。

郭山甫的两个儿子，大的叫郭兴，小的叫郭英，当时都在郭子兴部下做事，与朱元璋算是同袍兄弟。

一天，朱元璋闲来无事，到好朋友家做客，他听说二郭的父亲相面非常灵验，特地来讨一卦。郭山甫见是儿子的好友，也不推辞，就给朱元璋相了一面。不料一相之下，大惊道："公相贵不可言！"不仅卦钱免单，还命老伴儿开盛宴招待他。

待送走客人，郭山甫感叹着对儿子们说："我观尔等之面，皆有封侯之相。为父起初好生不解！想尔等不过犬马之流，何来如此富贵？今日见到朱公，才知其宿因所在。"

郭山甫给朱元璋相了一次面，遂认定他是真主。相面先生忽悠别人可以，他定然不忽悠自己的。《明史·后妃传》在讲此事时，连用两个"遣"字："亟遣（二子）从渡江，并遣（郭）妃侍太祖。"郭山甫一面让两个儿子"从龙"，追随朱元璋，一面把自己的亲生女儿送给朱元璋做妾——"遣"这个字用在郭妃身上，大约是不挑朱元璋没有备好洞房花烛先进房开铺盖睡觉吧。

于是，朱元璋在渡江之前，继马氏之后，有了第二个女人郭氏。她后来被封为宁妃，称郭宁妃。

这段颇具传奇色彩的故事，与秦朝末年吕公（吕雉之父）相刘邦于微时，毅然择以为婿的情节颇为相似，不知民间故事家创造的这个版本是否侵犯了司马迁的知识产权？不过吕公不顾老妻的反对，执意将女儿嫁给刘邦，除了刘邦状貌奇异，还因为他空手竟敢喊"贺钱万"，举动着实惊人（见《史记·高祖本纪》）。不知朱元璋除了长得"漂亮"，可还有其他特别的行止？竟白捞了一个漂亮媳妇儿，还有两个大舅子的添头。

其实，《后妃传》称"太祖微时"，朱元璋已在郭子兴"甥馆"（指女婿），作为元帅的亲信与养女之婿，地位已经不低。郭山甫之子郭兴从军较朱元璋为晚，他于至正十三年（1353 年）"从郭元帅起兵"，与朱元璋为袍泽同事，自然情熟。《明史·郭兴传》说，他对朱元璋甚是佩服，乃“归心焉”。

渡江之后，情势发生巨大变化，朱元璋的实力已跃居众将之上，郭兴遂改投其门下，由同官降为部下，并借助妹妹的姻亲关系，成为朱元璋的铁杆嫡系。但要说他追随朱元璋，只是出自他算命先生老爸的卜语，未必尽然。

不过，假设这段相面故事为真，那么郭山甫可称中国五千年来排名前三的神相。因为正如他预言的，郭兴、郭英兄弟，一个封巩昌侯（死赠陕国公），一个封武定侯（死赠营国公），成为未来大明王朝的外戚兼开国勋臣。作为郭宁妃的父亲，郭老先生也是一位老国丈，累次加赠，也冥封到“营国公”（此为郭英追封之爵的移赠）。老先生这一网，捞起一妃二侯三顶桂冠，还有比这更便宜的事儿吗？

郭山甫还有一子，叫郭德成，也随姐夫打天下。只是此人不嗜功名，一心贪酒，所以名位远不及两位兄长显达。朱元璋瞧在宁妃面儿上，想给内弟一个大官做。郭德成却推说自己庸暗不能做事，人生贵在适意，但多得钱、饮醇酒就满足了。

如果郭德成不是这般烂泥扶不上墙，或者说，他也如一般俗人一样，亟亟于名利，以他的身份，掇个侯爵，不在话下。那么，郭山甫的相面故事就更完美了。

话说朱元璋的好命，真的是前世天定，被郭大师一相一个准？

其实，朱元璋的好面相，早经人鉴定过了，诚为贵人之相！此人为谁？正是他现任的主公兼干丈人郭子兴。

古人好说天命，史书喜欢将伟大人物的命运归之于天命，并不厌其烦地记述许多预言或兆瑞，弄得香烟缭绕，云山雾罩，莫辨是非。看官莫要以为书中所言是，那便是了，历史书好比账本，没有一家生意是不做假账的，史书中自然也掺着许多空头账单。

如史书所记，大圣人朱元璋——或者我们该依他当时的名字，称他为朱重八吧——所承受的天命，最早就是从他奇异的状貌显现出来的。

看官！若你发现身边有许多人长着一副入阁拜相、出边挂帅的漂亮脸蛋儿，却还在奔小康的路上嗟跌，辄应知道，相面之书是顶不靠谱的。读史必须具备一些科学世界观的前提，否则会越读越晕，迷迷糊糊，失去了读史本为聪明的本意。

朱元璋是至正十二年(1352 年)闰三月，在朋友的介绍下，来濠州城投军的，不料在进城时被当作间谍抓起来，不由分说，就要杀害。郭子兴闻讯，急忙派人来救，面谈之时，见他“状貌奇伟异常人”，就开始注意他了，将他留在身边，当了一名亲兵，从而开启了他的皇帝之路。

郭子兴会看相，是有家学的。他父亲郭公，本为曹州人，是“日者”(即以卜筮星历为业的术士，今天称之为风水大师、算命先生)出身，据说言人祸福寿夭，无不奇中。但这么一位牛人，一直到壮年，还没娶到媳妇。

郭公不甘心，而他的机会很快就来了。

算命的一般都是游僧，不练坐摊儿。郭公一路游历，这一日来到定远县。城中有家富户，家里趁钱，可惜小姐是个盲人，嫁不出去，请郭公来推命。

郭公马上意识到机会到了，心里打定主意，一推之下，便佯装惊道：

“贵人也！”

他借了这个口词，便向小姐的父母求婚。

本来，他一个跑江湖的术士，富家小姐要是眼睛不瞎，怎么也不会看上他。可既然小姐双目已然失光，郭公又打了贵人的包票，只好将他押在身边，好将来做个验证。郭公这便掇来奇福，娶到一位富家小姐，换言之，也就是富人家的女继承人。这位郭公是一位极聪明的人物，一时灵机飞来，让他瞬间抓住了命运的转捩点。

自从娶了“贵小姐”，郭公不必再四处游荡了，小日子越过越旺(大概谁娶了有钱人，有个土豪丈母娘，都会这样吧)，还生了三个儿子，其中的老二，就是未来的义兵元帅郭子兴。

当子兴初生时，郭公给他算了一卦，得大吉之兆，喜道：“此儿得佳兆，异日当大贵，兴吾家者必此儿也！”郭子兴长大后，破家起兵，成为一位地方武装的头子，顶多算一位地方小军阀，他离“大贵”，还差得远呢！

以上所写，皆据《明太祖实录》。实录在《郭子兴传》里把他爹“郭大师”的事迹揭出来，其实是在暗示，郭子兴“奇太祖状貌”，是专家的权威眼光，不是乱盖的。而郭子兴生时，“郭公卜之吉”，说他将来“当大贵”，其实亦着落在朱元璋身上。郭氏虽然在乱世的缝隙里舞了几棍子，得一时之小盛，但始终受制于人，说“盛”也不过昙花一现，到末了还绝了后——这哪里谈得上“吉”嘛！所谓吉，不过因为郭子兴提携过朱元璋，死后承他的情，封王立庙，白吃了三百年冷猪肉。这个㞞样，郭公若还称之为“吉”，未免也太昧良心了！

郭子兴与朱元璋因“相”结缘，因为赏识他的能力，将养女马氏嫁给他，为朱元璋在郭部地位的崛起创造了条件。郭子兴去世后，郭部放弃了江北的两块地盘：滁州与和州，全军渡江，向江南发展。但郭家长子郭天叙不幸战死，郭家势力急剧衰落，而朱元璋的力量却稳步增强，最后成为占据南京的一方诸侯，开始角逐天下。

郭子兴的三个儿子，头两个都战死了，最小的一个被朱元璋害死了，男子汉都死光光了，郭氏遗属只好依附于昔日的赘婿。为了自存，郭子兴的妾小张夫人被迫将自己的亲生女儿嫁给朱元璋，并且甘愿居养女马氏之后，做了朱元璋的妾。

她便是朱元璋的第三位夫人，郭子兴的亲生女郭氏，未来的大明郭惠妃。而郭子兴在他死后，也由朱元璋的干丈人，“升”为亲泰山了。

第四章　省级高干朱姑爷的黄金时代

朱元璋的两位郭妃，都为朱元璋生有子女：

神相之女郭宁妃，生第十皇子鲁王朱檀(1370—1390)。

旧恩主之女郭惠妃，生三王：第十一皇子蜀王朱椿(1371—1423)、第十三皇子代王朱桂(1374—1446)、第十九皇子谷王朱橞(1379—1417)；还有两个女儿：十二女永嘉公主和十五女汝阳公主。

两位郭娘娘，归朱氏皆早，生育却晚，所出皇子与公主都在大明建国

（1368 年）之后。

朱元璋一生妻妾众多，在建国前开入其寝帐的，已有马皇后、郭宁妃、郭惠妃、孙贵妃、阇氏（陈友谅妾侍，详见后文）等多人，建国后享天子利权，更是下陈充盈，指不胜屈。然而，《明史·后妃传》只收了其中四位。

第一位，没说的，自然非孝慈高皇后马氏莫属。

明代开国史上的许多传说，都有马皇后一份。她在历史上是帝王贤内助的典范，民间则流传着“大脚马皇后”的传说。关于马皇后的材料，主要来自《明太祖实录》，特别是洪武十五年（1382 年）八月，马皇后去世之日的传记，这份传记材料长达 3700 字，长长的文字，把这位贤后吹成一位女中尧舜。

其实民间关于马皇后的故事更多，不少夸张之词，如说朱元璋打了败仗，竟要劳她一个女子背了逃命。她一心扶持老公打天下，好容易熬到老公出人头地了，不骄不傲，照旧任劳任怨，精心伺候老公的饮食起居，挨打挨骂，义无反顾——岂止是史上第一好皇后，简直是天下第一三八红旗手！可惜当时没有《感动大明》这一档电视节目，否则请马皇后在大旱之年上镜，一定能让甘霖普降，天下转危为安。

洪武元年（1368 年）正月，朱元璋即位，册马氏为后。典礼结束后，他满怀感激地与侍臣忆起当年创业的艰难，他拿马皇后与唐太宗的长孙皇后相比，说道：

“我数为郭氏所疑，朕是个直人，哪理会得这些！然皇后甚是用心，将士们所送的服用之物，她都拿来献给郭氏，以慰悦其意。郭氏几度欲对我不利，都靠皇后从中弥缝，才得渡过难关，苟免于祸患。”

朱元璋说的是，当年他寄郭氏之篱下时，处境的确很艰难，多亏郭氏养女马氏从中调护，才屡屡转危为安。当时军中所获战利品，朱元璋都分给部下，而郭部其他将领，有所获则献给主将。郭子兴见朱元璋无所献，颇为不悦，认为他目中无人。马皇后探知其意，以后凡将士有所献，都先拿来孝敬子兴之妻张氏，干妈欢喜了，马皇后再以和顺事之，细心调剂，使郭氏父子对她老公的猜嫌渐渐得到消释。朱元璋说，此“殆又难于长孙皇后者”！

在朱元璋眼里，马皇后是唯一与他生死患难的糟糠之妻，所以即便在她死后，也没让她"下堂"，再册立一位新的皇后。他的皇后之位，永远为马皇后留着！

《明史·后妃传》的第二位，是孙贵妃。

这位贵妃也得于建国之前，是朱元璋极为宠爱的妃子，可惜年轻轻就死了（洪武七年）。朱元璋甚是不舍，特在其妃号前追加"成穆"二字的谥，故又称成穆贵妃。贵妃死后，朱元璋特令第五子周王朱橚为她执慈母之丧，包括太子朱标在内的众子都为她服丧一年，足见她多么得宠了（此事关涉诸王身世之谜，详见下卷）。

孙贵妃是陈州人，父名和卿，母晁氏。孙父在常州做过一任判官，就以任所为家。元末兵乱时，贵妃父母双亡，长兄孙楧（又作孙伯英）远游未归，生死不明，年仅十三岁的贵妃随二哥孙蕃避兵扬州。但扬城不久为青军所陷，孙蕃死于乱兵之中，贵妃不幸成为乱世中飘零的一片孤叶，为青军元帅马世熊所得。

天可怜见！马元帅没拿这个小女孩填补中馈，而是将她收为养女。

元末群雄，都有收养义子女的习惯。收养义子是为了在军中强化"超血缘"的权力基础，养父子关系非常重要，甚至主将与部将之间本有血缘关系，也要通过收为义子来予以强化。比如元朝大将扩廓帖木儿（王保保）本是察罕帖木儿的外甥，同时被他收为养子，察罕被刺身亡后，由扩廓接管其军权。又如朱元璋驻军滁州时，他的亲侄驴儿（大哥朱重四的次子）和亲外甥保儿（二姐之子）来投，都被他收为养子，分别取名为朱文正和朱文忠（后复名李文忠）。

至于群雄广收义女，前文已云，主要是将义女作为一种利益交换的工具，或如郭子兴，用以配人，牢笼部下，或如青军元帅，将另有妙用。

所谓青军，是忠顺于元朝的"义军"的代称。因为反叛朝廷的武装多着红巾、红衣，被称为"红妖""红贼"，力挺朝廷的义军便服青色衣服以别之，故称青军。

就在朱元璋占领南京后不久，北方形势大变。韩林儿龙凤政权三路北伐受挫，元朝在剿灭“韩宋”的北伐之师后，军威一度复涨。朱元璋感受到来自元军的强大威胁，不得已，只好也学被他百般讥讽的张士诚，与元朝秘密联络，准备接受招安。

如果朱元璋接受了大元的官爵，他的部队将摇身一变，转化为“义军”。在那样一个世道里，义与不义，经常改换门面，许多队伍面目不清，常依据形势的变化，随时转变立场，戴上青天白日帽徽便是国军，摘下帽徽就是共军。俺们“神功圣德”的朱皇帝，也不例外。

那时，朱元璋的地盘稳步扩大，他兵马太少，不够播撒，开始捉襟见肘起来。于是在刚刚占领的太平、建康、镇江、宣州、广德五府民户中强拉壮丁，谓之“民兵”。对外则采取武力攻打与招抚两种手段。当时扬州一带，有长枪、一片瓦、青军等许多杂牌队伍，互相攻伐，无一日之安。但他们面临一个共同的困局：缺粮。尤其是在江北，经过多年的混战，早已赤地千里，部队很难生存，于是长枪军首先接受朱元璋的招抚，全军渡江，投靠朱军。

朱元璋又差人往扬州，招安了青军元帅单居仁、马世熊等部军马，令该部过江，前往常州协防。常州是朱元璋与张士诚争霸的前沿，此时为张军控制。不想青军到汛地后，很快发生兵变，单居仁的儿子单大舍叛降了张士诚，还抓走了军中“头目”（应是朱元璋派往该部的监军）。

朱元璋听说单大舍降张后，替张士诚把守宜兴，就派他老爹单居仁亲自去招降。有心急的看官或许要问了：朱元璋派老单去招小单，不怕“赔了儿子又折爹”？他父子俩要一块儿降了张士诚，该怎么办？老单此去，定是肉包子打狗，一去不回了。

看官，您若作是之想，则低估了朱元璋的智力，咱且先看老单逃不逃。单居仁来到宜兴，对儿子说：“上位（上位是明初对皇上的尊称）待我甚厚，你妻子皆在，你回来吧！”真是满腹苦情，然而逆子竟回道：“我已投人，不复顾父母妻子。自古忠孝不两全！”遂决绝而去。

单居仁只好独骑回来复命。他是舍不得朱元璋处的光明前途吗？非也。他是舍不得满门妻小！自单居仁率青军投靠朱元璋后，即被削夺兵权,全家拘为人质,失去自由。朱元璋有他的章程,无论是嫡系的旧人,还是投顺的新人,凡驻兵于外,家属都须留在南京。朱元璋利用亲情这一手控驭部下,的确有效:你叛我,是你不忠;我杀你全家,是你自杀之,亦是你不孝。单居仁没有受大舍的蛊惑一起叛逃,即忌惮于此。而单大舍要当张士诚的忠臣,则不再理会家人的安危了。

后来朱军攻克张士诚的大本营苏州,生擒单大舍,朱元璋对单居仁说:"你儿子已就擒,交给你,你自处之。"这一手真狠,他让做父亲的自己说,令郎该如何处置?我不禁想起商纣王令周文王食其长子伯邑考之肉的故事。单居仁只得像文王一样,忍住内心巨大的悲痛,说道:"不忠不孝,当碎其肉!"他亲爹都说此子该死,那还等什么!朱元璋当即下令,将单大舍捆赴市曹,凌迟处死。

单大舍因何抛妻弃子,投奔张士诚,原因不详(我想他不会无缘无故拼了全家性命,给张士诚当忠臣的)。他的不幸在于他主子失败了,假如最后得天下的是张士诚,未来"大周国"的史书里,还不知如何刻画这位舍亲就义的慷慨好汉呢!

刘辰《国初事迹》说单居仁是朱元璋的"乡里旧人",尽管他儿子做出了叛逆之事,但因为他坚决地与逆子划清了界限,亲口判了儿子死刑,朱元璋便大度地"仍以乡里旧人待"之,许他全身而退,休致还乡。

这里不惜笔墨说单居仁的惨史,是因为他与孙贵妃大有干系。因为还有一说,称孙贵妃是被单居仁收养的。其实不管孙贵妃的养父姓单,还是姓马(单、马原是一部),结局没有不同:两位青军元帅投顺朱元璋不久,就把十八岁的养女献给了新主。养女孙氏,不过是元帅备下的一张牌。

孙贵妃是如何进宫的?毛奇龄《胜朝彤史拾遗记》载曰:

"(朱元璋)求有容德者纳宫中,人或以妃告,及按(考察),果然,遂纳之。"

所谓"容德",即有容有德,既要温良恭俭让,还要脸蛋儿漂亮,这是朱元璋的择偶标准。朱元璋"求有容德者纳宫中",未知是派太监四处选妃,还是放出后宫选美的讯息，令四方有志人士都来报名？

“人或以妃告”说得轻巧，好似某位快嘴媒婆听说老朱家要娶媳妇儿，赶紧跑来说媒拉纤，撮合好事。其实不然，朱元璋本有妻妾数人，他不自“求”，孰为应之？

应该说，孙贵妃是应选入宫的。随着朱元璋在南京站稳脚跟，不断收编杂牌部队、强拉壮丁，势力越来越大。作为龙凤政权的省级高干（由行省丞一直做到丞相），他的后宫事业也是高潮迭起、喜事不断，大肆招兵买马、扩充美色队伍。

刘辰《国初事迹》记了一件事，说“太祖选用宫人，访知熊宣使有妹年少。”这一“选”一“访”，真情毕露，原来朱元璋帝业未成，立足刚稳，已派出选美队到处替他物色美女了。看官可还记得他说过：“我取天下，岂以女色为心？”这个问号加得好！

且道朱元璋听说熊宣使的妹妹貌美，立时邪淫之心荡漾，未等垂涎落地，已派人去下聘礼，要征进宫来享用。

“这可不行，主公！”

不想有个叫张来硕的员外郎多嘴，竟然不知死活，跑出来谏阻：

“熊氏已经许给了参议杨希圣，您若娶之，于理未当。”

朱元璋被当面撅了面子，又羞又怒：

“谏君不当如此！”

当下教人用刀将张来硕满口牙齿全部敲落。

来硕何罪，来硕之牙何罪！

本来，朱元璋不知道熊氏已被聘为他人之妇，糊里糊涂娶将进来，成其好事，谁敢说半个不字！都怪张来硕，张口就说，一件喜事，被你这只乌鸦叫一嗓子，新郎官的兴致，十分也煞去了五分，他还不打得你满地找牙？

朱元璋掌了“乌鸦”的嘴，还不解气，又迁怒于杨希圣：两家送聘礼撞车，谁叫你小子先我一步！他暗暗把情敌的名字记在心中。

不久，杨希圣犯事了——这老兄被主子惦记上，能不犯事？

杨希圣与江西参议李饮冰因为“弄权不法”，被丞相李善长参论。朱元璋一生最忌人弄权，此刻又见“希圣”二字，一道无名之火腾地蹿起，提笔就批道：杨、李二人“奸狡百端，诡谲万状”，宜用重刑。

重刑不是杀头就完事，他用的是法外之刑：割饮冰之乳、希圣之鼻。

李饮冰当时就死了，杨希圣没了鼻子，还死不了，被安置到淮安，从此没脸见人，与死人无异。

看到这里，或许有看官要问：那朱、杨二人所争的熊氏怎么地啦？

这时朱元璋自己把谜底揭开了，在处置了情敌杨希圣后，他又把希圣的哥哥，时任江西参政的杨宪找来，对他说：

“你弟弟弄权，我已将其罢黜，熊氏还是给他吧。”

原来熊氏还是没能摆脱魔爪，被朱元璋强抢进宫玩弄了。

看官，可还记得当年朱重八将军总守和州城时，挂榜禁止军士掳掠有夫之妇？前面做的事，曾经得到我的表扬，如今他退步了、腐化了，我就要批评他：朱，真是猪狗不如！

主上玩过的女人，就不是一般凡夫俗子再敢染指的了。杨宪听说让他将熊氏领回去，不禁大惊，忙叩头道：“臣弟犯法当死，焉敢纳之！”

朱元璋坚持：“与他！”遂将熊氏从宫中发出，与杨希圣同往淮安。

杨家的媳妇还未进门，先被朱元璋过了道手，如今玩腻了，又“天子圣德”，发还原夫。此女贞洁已失，想来回归夫家总还是个依靠吧，可一瞅，俊美的夫君鼻子没了，竟也不是原来那俏郎君了！

朱元璋就是这样摔碎了人家的团圆之镜。

未来的大明皇帝利用手中大权，如此“快意恩仇”，哪有一丝“承天命”的明君气象？近人傅斯年先生说：“太祖本濠梁一无赖，皇觉寺之僧徒，乘时窃发，原无得天下之心，其放荡不羁，恣意酒色，初未尝异于人。”诚为的论！如此想来，朱元璋诛杀婺州美女，虽然吹嘘“不以美色为心”，而其实或别有故？

皇侄朱文正驻守婺州，为他贪色的小叔物色了一位美女。俗话说，当官不打送礼人。朱文正包了个美女送人，却被人撕破礼单，打出门去，这是为何？我猜，可能是朱元璋最厌恶被人识破他好色的心事而不得不做的一场表演，这属于他自己的形象建设呢！不管怎样，他那一番“我取天下，岂以女色为心”的自述，皆属“大话王”的口径，若为实，孙贵妃也非遭毒手不可！——孙贵妃不也是被人进献的吗？

庆幸的是，孙氏被选入内廷之后，“有宠”。朱元璋不仅封她为妃，还帮她寻访到失踪已久的二哥孙伯英，赐予金银缎匹，并送了一份龙湾把关的肥差（龙湾是南京郊外的重要税卡）。孙伯英仗了他妹子得宠，一直做到河南参政、太仆寺卿。谁说朱元璋用人不“唯亲”？只是朱元璋杀人也不顾亲，把唯亲那点事给掩盖了。孙伯英后来牵涉到党案（在孙贵妃死后），也被朱元璋无情地杀死了。

在1360年时，朱元璋已升任龙凤政权的江南行省左丞相，丞相府恐怕还算不得后宫，但朱丞相贪恋女色的本性暴露无遗，孙贵妃已是他确凿可信的第四个老婆。

当时人俞本所作笔记《纪事录》，称孙氏是朱元璋的“次妃”，名位仅次于马皇后，宠爱还在二郭妃之上。官史称赞孙氏“敏慧端丽而娴礼法，言动皆中矩”（古代妇女的墓志，差不多都是这类陈词滥调），她为朱元璋生了怀庆公主等三个女儿，后来受封为贵妃，仍“位众妃之上”（洪武时还没有皇贵妃，贵妃仅下皇后一等）。

孙贵妃辅佐大婆马皇后管理六宫之事，人称“高后以慈，妃以法，皆相济得治”。这么说来，孙贵妃应是个较严厉、不讲情面、不太好接近的人。不过马皇后对她倒是赞誉有加，曾向朱元璋称赞孙贵妃是“古贤女也”。不知出自真心，还是假意。

第五章　重八公也曾游龙戏凤

《明史·后妃传》除了马皇后、郭宁妃、孙贵妃，还记载了一位李淑妃。

李淑妃与朱元璋诸子身世之谜，关系尤切，甚至有传说，她是太子朱标的生母（事详下卷）。李妃是寿州（今安徽寿县）人，其父李杰，洪武元年以广武卫指挥佥事从大将军徐达北征，战殁于阵，他的神道碑是由著名儒臣宋濂奉朱元璋之命撰写。

这篇名为《宣武将军、佥广武卫指挥司，赠骠骑将军、佥都督府事①李公神道碑》的碑文说："李杰，字茂实，世居寿州霍丘县肥之寿安乡。丙申之岁，渡江来属，上悦，使隶大将军麾下。"

丙申岁，是元顺帝至正十六年，公元 1356 年，即朱元璋率部渡江的次年。那时朱元璋收编了许多地方武装，李杰也从江北渡江来投，但从他的官职来看，他应该只是个小头目。

朱元璋那么多妃嫔，为何《明史·后妃传》只择马皇后、孙贵妃、李淑妃和郭宁妃四人来写，余皆刊落不录呢?

因为它选人入史的标准是"权位"。

皇后是一宫之主。孙贵妃"位众妃上"，协同马皇后治理内宫。而李淑妃在马皇后死后，"摄六宫事"。所谓摄，乃因朱元璋哀念马皇后，决定不再立后，用民间的话来说，就是不再续弦，李淑妃主持宫政而不居皇后之名，故称"摄"。——她们都是后宫最为尊贵之人。

《后妃传》说李淑妃死后，继之摄六宫的，是郭宁妃。记载应有误。

李淑妃是洪武十七年(1384 年)马皇后丧期满后才册封为妃的，而在马皇后去世到丧满的两年多时间里，后宫不可无主。毛奇龄《胜朝彤史拾遗记》则称，郭宁妃在马皇后崩后，"摄六宫事，称皇宁妃"。

在洪武年间，妃号前加一"皇"字的，似乎只有李淑妃与郭宁妃，因为加了这个字，她们在后宫的地位便与众不同。明代人黄瑜说："册而兼皇，以君视之。"(《双槐岁钞》卷一《贵妃礼制》)当时除了皇后，没有在妃号前加皇字的(皇贵妃的称号是景泰年间才发明的)，其地位之尊崇可知，等于事实上的皇后，摄宫政应无疑。

郭宁妃于洪武三年(1370 年)受封，无论是年纪还是资格，都比李淑妃

① "宣武将军、广武卫指挥佥事"是李杰的本官，"赠骠骑将军、佥都督府事"是他死后的赠官。死后所加之官，称为"赠"。

要老得多。照理说，应是郭宁妃先主六宫，在她之后，才是李淑妃。《后妃传》说李淑妃摄宫事后，“未几，薨”，也不对。李淑妃一直活到洪武三十一年(1398 年)，在朱元璋死后为他殉了葬。

这样一说就明白了，原来，马皇后以下四位，在洪武中皆为后宫之主，《后妃传》是以此为线索，将她们串联起来的。这就是“正史”的毛病，眼孔里只认握权做官的。

郭宁妃就是相士郭山甫送给朱元璋的女儿，是巩昌侯郭兴和武定侯郭英的妹妹。在洪武后妃中，像郭宁妃这样有勋臣家做后台的，并不为多。

宁妃之父郭山甫是一位神相，还在朱元璋名不见经传时，便慧眼识珠，看出他是一位贵人，预先押下宝，后来果然一门贵盛。朱元璋的众妻妾中，唯有郭宁妃、马皇后与他同起于患难。

然而有野史说，郭宁妃是被朱元璋杀死的，与她一同“赴难”的，还有李贤妃和葛丽妃。一日处死三妃，实在骇人听闻——而这正是许多“朱元璋故事”共有的特点。这是怎么回事？我先卖个关子，放到后文再考辨。

可以总结一下了，已知朱元璋的五个女人(马皇后、郭宁妃、郭惠妃、孙贵妃、李淑妃)具有一个共同的特点，即她们全是某位豪杰(除了郭山甫)之女，或亲女，或义女，而由其亲父母或干爸爸送给朱元璋(这一点全同)。这是朱元璋纳女的一种形式，也是早期的主要形式。

这么多人不约而同地把自己的“小棉袄”荐给朱元璋(不是推荐给他做革命工作或加入皇家歌舞团做文艺兵，此荐为“荐枕席”之荐)，要说重八公不贪色、贪色之名不远扬，吾不信也！只是后来的文人，把他们的太祖皇帝巧扮成一个禁欲主义者和清教徒，以待吾等今日来揭秘。

除此之外，社会上还流传着早期朱元璋纳妃(或曰“采女”似更恰当些)的其他一些说法。如明人徐祯卿《翦胜野闻》载：皇十三子代王朱桂的母亲是邳县人，一次朱元璋兵败，逃到她家暂避。请教过朱元璋的名字，她高兴地道：“原来你就是那个人啊！人们都说你将来会做天子呢！”这不是她会算，而是消息灵通。这女人颇富心计，知道贵人到了，乃默定主意，留真龙过夜。这一夜过得不踏实，只听床板吱吱乱叫，帘帐腾腾欲飞……次晨告别时，这女人羞答答问："我若有娠，当如何？"明摆着被朱某人宠幸了。朱元璋便留下一把破梳子作信物。

看官明察，可看出这故事的毛病？

第一个，代王之母，不似良家妇女，乱世之中，岂有女孩子独居的道理？乍一看，恍惚还当她是一只野狐狸呢。

第二个，这个忙中偷食的汉子，究竟叫朱元璋，还是朱重八？七八分该叫朱重八吧。但既然盛传将来要做天子的叫朱重八，他为何改名换姓，把天下拥戴的佳名弃之不用呢？哈哈，显然这故事有诈。

且说败兵之将朱重八，虽然打了败仗，色心不灭，居然有闲偷情。他的精子大军也似学了阵法，败而不乱，战力强锐，居然一击成功，令那女子怀孕生子。

后来朱元璋做了皇帝，孩子也长大了，他娘儿俩一齐来投。亏得朱元璋不做负心郎，肯认这段风流债，马上命工部给她母子盖了一间大房子，唯嫌不足的，就是不许娘儿俩进宫。但朱元璋不亏待这孩子，封他为代王，他妈妈虽然不能进宫，但住在代王府里，母子相守，倒也其乐融融。

这是野合故事之一，还有之二，见明人王文禄《龙兴慈记》。

"慈"一般指母亲，所谓"慈记"，是听妈妈讲过去的事情，并将它记录下来，"龙兴"指国初事迹。王文禄说，他外祖父是国初时人，很喜欢听故事、讲故事，给他妈妈讲了不少，他妈妈又讲给他听。如此以故事为家传，还出了书，确乎一件乐事——幸好这位外祖父是"慈"的，而朱家"老奶奶"朱元璋留下的故事（以祖训、钦录、纪非录等形式），却是骇人魂飞，几乎要等于恐怖片了。

王家家传故事中，有一个讲，朱元璋兵败（正史中他百战百胜，野史中却败而又败），乘夜逃到一家妓馆。无怪乎老朱是一条真龙，到哪儿都能呼风唤雨，他在妓院待了一晚，则整夜"风雨"大作……第二日临走时，于壁间题诗一句，道是：

"二之十，古之一，左七右七横山倒出得了一，是为之土之一。"

谁也看不懂这鬼画符。

不久，那受了一夜“云雨”滋润的妓女，居然怀孕了，产下一子（这未必是“真龙”避水法力高把妓馆的防孕之术给破了，韦小宝那不知名的爹不也破了扬州丽春院的咒?)。

这妓女始终记得那位后现代主义诗人，并将他的歪诗录下来做个存念，直到听说诗人做了皇帝，才明白他留下的原来是一首谶言诗，翻译过来就是:“王吉妇生子为王!”老妓忙携了诗，带儿来认亲。大概这位皇子也跟韦小宝一样，在妓院做了几年龟公吧，如今翻身也！朱元璋听她娘儿俩来，有账还账（据说嫖资是绝不可赖的），即命工部赶造王府，封子为王，也是不召见其母。

这个故事没有指明妓女所生之子为哪位王子，但明眼人一瞅也能明白，大约便是代王。这故事是前一个代王故事的翻版，或反过来，代王故事是该故事的另一个版本。这两个故事的套路大体相同，只是道具略有差异，代王故事里是一个民间预言，而妓女生子故事则是一首谶言诗。

中国古代戏剧偏爱这样的题材:某个贵人落难了，与一位民女或贱妇暗结情缘，一夜情后，欠下孽债，许多年后，破镜重圆，皆大欢喜。这样的故事有何创意？老套得很。其实代王朱桂的身世清清楚楚，并不为谜，他的母亲就是郭子兴之女郭惠妃。此子生于洪武七年（1374 年），那时天下太平久矣。至于为什么这故事要请代王来顶缸，可能因为故事的编者是山西人，或者就是代王的封地大同之人，他们编故事，是就便取材。

代王母子平白遭人编派，借现代网络的说法，是“躺着也中枪”。但人们编这样一些故事，并不冤枉朱元璋，朱元璋猎女的癖好，对明初之人似乎不是秘密。王文禄的外公还说，朱元璋经常“微行御女”，落下风流账后，总要留个记认，好预备将来相认。只要所生之子年月相合，就封之为王，或者认为养子，至有封侯者。提醒现在一些“猿”，偷吃且莫赖账，该向老前辈好好学习！

还有一个传说，亦见于明初人刘辰所作《国初事迹》，说濠州胡家有一女守寡，朱元璋欲纳之，而其母不从。不知胡母为啥不同意，总之老娘不许，琴瑟便不得和鸣。

大约胡氏是极美的，令多情的朱元璋念念不置。后来听说胡家母女随军在淮安，胡氏还没有再适人（她若嫁了人，她夫君可要惨乎哉也，有杨希圣的前例在！），就写信给镇守淮安的赵君用，请他帮忙牵线搭桥。

这位赵君用其实是老朋友，他本名赵均用，当年同彭早住在徐州起兵，兵败后逃到濠州，与郭子兴不和，后来分道扬镳。他在朱元璋渡江的次年冬天，占领淮上重地淮安。不久为元军所破，逃到山东益都，依附于红巾军将领毛贵。此人是无信义之徒，才稍稍喘息，就把主人毛贵杀害了。但他也没落到好，不久被毛贵部下所杀。

赵均用记忆里的小朱，不过是郭子兴的赘婿，如今已不同凡响，做了坐镇江南的大兵主了。他的请求，赵均用不敢马虎，很快就将胡氏母女一起送来。胡母肯来，莫非是用了强，刀架脖子上路？总之这回是不服也要服了。朱元璋终于心满意足，“纳之，立为胡妃”。

《国初事迹》是刘辰奉成祖朱棣之命纂辑的，他不敢乱收野史，道听途说，胡写妄记。据我们已掌握的，朱元璋妃子中有两位姓胡，一位是昭敬充妃（胡充妃，“昭敬”为谥），临淮人，至正二十四年（1364 年）三月生楚王朱桢。胡充妃父名显，以功世袭定辽都指挥同知，一直做到都督（一二品武官）。另一位是胡顺妃，是功臣豫章侯胡美之女（据查继佐《罪惟录 · 湘献王传》），洪武四年（1371 年）生湘王朱柏（《明史 · 胡美传》记胡美之女为贵妃）。

若再加上这位名位不显的濠州胡氏，朱元璋至少有三位胡妃。

若论起来，姓胡的妃子们，是我讲书的“家门儿”，五百年前是一家。我不敢妄认大明的外戚，但想来由我来写朱元璋的家族秘史，或是一种默定的机缘？呵呵！

第六章　未尝妄将一妇子——例外！

战士除了在沙场上饮血噬肉，也要在床褥间肆其征服之欲。士兵们可以去买欢，甚至去强夺掳掠，而拥有实力的大人们，则可安享趋附者的进献，后宫渐渐充实。

老朱拥有自己的后宫，应该从他受封为吴国公开始。

朱元璋在1361年击败他最为主要的对手陈友谅，军威大震，成为江南最有实力的诸侯，龙凤政权为了笼络他，遂在他“江南行省左丞相”的官职之上，加封其为“开府仪同三司、录军国重事、中书右丞相、太尉、吴国公”，并在1363年追赠其父、祖、曾祖三代为吴国公与国公夫人。

至此，作为龙凤政权的右丞相（元末以右为上，右丞相的地位在左丞相之上），已是一人之下万人之上，韩林儿除了让位，再没什么新样儿官爵可以赏得出手了。

然而此时无论什么高官贵爵，都已无法满足朱某之欲望了。他在1364年遂自立为吴王，并在建康城内大兴土木，营建皇城宫室苑囿。

朱元璋的后宫，规模粗具，已经有众多的美妇充其下陈了。

男人总离不开女人，就像阴阳鱼里的那两条小鱼儿，从未停歇地互相追逐，不管他是圣贤也好，还是贩夫走卒。区别只是：圣贤说话文绉绉，把那事讳为“敦伦”；市井人物，则简洁明了，一个字：“操！”

对此，朱元璋并不避讳，但他曾公开讲“（我）未尝妄将一妇子”。自称从未非礼占有过一个女人，不占则已，占必有道。——在我听来，仿佛说“盗亦有道”。

这话是怎么来的？见于朱元璋令儒臣编辑的《大诰》一书。诰者，告也，大诰是向全国发布的文书，其法律地位相当之高，甚至在《大明律》之上。朱元璋在洪武中年编定《大诰三编》《大诰武臣》，向全国颁发，并鼓励官民学习，凡家藏一本者，犯罪可以减轻刑罚。

显然，大诰是洪武朝的重要文献，其中《大诰·论官无作非为四十三》记述玉音道：

“朕当天下未定之时，攻城略地，与群雄并驱十有四年，军中未尝妄将一妇人女子。”

“本人从不劫持女子，一个也没有！”朱元璋信誓旦旦地说。说得多好哇，可惜马上来个转折：“只是亲征下武昌时，因为生气陈友谅擅以贼兵入境，这才在攻破武昌之后，将他的妾侍载之以归。”

原来他还是没做好事！

好火爆！除了朱元璋本人，谁能如此自曝内幕？

但接着他又把话把儿转圜回去了，谓：

“朕忽然自疑，于斯之为，果色乎？豪乎？智者监之。”

短短一句话，真是一波三折，“荡气回肠”就是这么来的。如果小学生这样写作文，老师一定要批评他“中心思想”不突出了。

朱元璋说自己与群雄并驱十四年，从不强抢民女，也不信仰成吉思汗的理论，以把对手的老婆、女儿掠过来奸污为痛快事，只是陈友谅太招人恨了，他干吗要屡屡来犯我境？我实在气得没办法，才在攻破汉国都城武昌后，将陈友谅的妃子拖上床，变成自己的女人。

洪武皇帝的大诰再次证明了一个事实：凡“但是”出现之前的话，全是废话。

可他的逻辑不是很奇怪吗？你恨极一个人，非得蹂躏其妻妾才解气？岂非以阳物为报复之具？朱元璋居然涎了脸，将此可羞之事报告给全国民众听，还说他也搞不懂他这么做是色心旺盛还是豪杰本色，请大家来做判断吧！

这一篇诰文，可算朱元璋的自供，自承有污人妻子的劣迹。

自称汉帝的陈友谅，地广兵多，居长江中游，与占领长江下游的朱元璋长期反复争战，多处攻势，直到至正二十三年（1363 年）八月，才在鄱阳湖决战中大败于朱元璋。陈友谅见战事危急，从战船窗子里探头出来察看，却不偏不倚，正好被一支流矢射中脑壳。陈友谅一死，汉国的覆灭已无意外。朱元璋说：“友谅亡，天下不难定也！”大概从那时起，他才开始认真考虑开基创业的事情。

当年九月，朱元璋不理睬也自立为吴王的张士诚（这两位壤地相接的死对头，在王号上撞车，不知何故？），率大军亲征陈友谅之子陈理。十月，围武昌，湖北诸路皆下。但这场仗打得异常辛苦，武昌久攻不下，直到第二年二月，朱元璋亲往督师，猛力进攻，陈理眼看守不住了，才率群臣开城投降，而此前他们已坚持抵抗达半年之久。

“陈理御璧肉袒，率其太尉张定边等出降。”

《明太祖实录》是这么写剧本的。说汉国少主陈理来至军门，俯伏战栗，不敢仰视。朱元璋见他幼弱，起身执其手说：“不必害怕，我不会降罪于尔。”然后命宦官入陈氏后宫，慰谕陈友谅的父母，并下令：凡汉国府库所积财富，陈理可悉自取之。陈氏文武官员，皆遣之出城，妻子私财都可自随。

还说，朱元璋进城后实行赈济抚慰政策，“待友谅父母以礼”，以是“民大悦”。

看到这里，任谁都会呼一声：仁义之师啊！

然而其中情节，令人难以轻信，如遣散陈家文武百官一说，我尤质疑：是否明地里让他们宽心，吃饱了好聚好散，却待其出城，趁其不备，将其一举歼灭？他们不都带着家小吗？正好不留后患。

看官若谓不信，请看龙凤十二年（1366 年）十一月初五日朱元璋给徐达、常遇春的一封亲笔信，那时徐达等刚刚大破张士诚军，俘获六万余人。朱元璋说：“俘获甚众，难为囚禁。”叫徐达将其中精锐勇猛的留一两万，其余“不堪任用之徒，就军中暗地去除了当，不必解来”（王世贞《弇山堂别集·诏令杂考二》）。

陈氏所用的文武，当然尽是“不堪任用之徒”，他们与朱军鏖战多年，是朱元璋恨极了的死敌，如今都撞进他的老鼠笼子里，岂肯便宜他们，纵其回乡享福？想必朱元璋将他们哄出城去，秘密制造一个惨绝人寰的中国版“卡廷森林事件”（这个事件请大家找度娘帮忙打听）。

其实，朱元璋已亲口揭露了“实录”之“不实”，他向天下臣民承认：

“我自起兵以来，未尝纳人子女，今友谅三犯我金陵，四犯我太平，我甚恨之，其妻阇氏可没入掖庭。”没是没收之没，没入掖庭，就是收充为后宫之人。陈家媳妇到了朱元璋的后宫，当然不是洗衣做饭，而是侍寝——陪老朱睡觉嗒！

朱元璋坦承他强纳了陈友谅的老婆，夜夜强暴，以宣泄对老对手的愤怒。但他这么开诚布公，有个厉害的后遗症却是他始料未及的，那就是社会上开始流传关于他儿子的身世奇异版本（详见下卷《诸王身世之谜》）。

另外还有一位有名的直接受害者，也值得说一说。此人就是明初诗坛“四杰”之一的江苏长洲人高启。

高启长于诗文，一度得到朱元璋的赏识，请他做户部侍郎的高官（相当于现在财政部的副部长兼中央银行的副行长），实在是大大抬举。可高启偏不识相，恃着文人的孤傲脾性，硬是辞官不做，要回归林下，令朱老大老大不快。后来高启蒙难，于此已伏下祸机。

洪武七年（1374 年），当时的苏州知府魏观在张士诚宫殿的旧基上修建苏州府衙，被人诬以“兴既灭之基”，遭到诛杀。朱元璋见高启代写的《上梁文》（是房子上梁时的纪念文字）中，有“虎踞龙盘”的句子，勾起旧恨，就借机将高启一并判了死罪。高启死得尤其惨，他被处以腰斩之刑，年仅三十九岁。

传说朱元璋痛恨高启，还因为高启写诗，有讽刺宫禁之嫌。惹祸的诗有四句，分别出自《宫女图》和《画犬》：

宫女图

女奴扶醉踏苍苔，明月西园侍宴回。
小犬隔花空吠影，夜深宫禁有谁来？

画犬

独儿初长尾茸茸，行响金铃细草中。
莫向瑶阶吠人影，羊车半夜出深宫。

这诗要说也平常，它到底触动了朱元璋哪根敏感神经？《明史稿》的作者万斯同也搞不明白，曾经就此询问好朋友吴乔。后者说：“太祖破陈友谅,将所掳姬妾藏于别室,李善长子弟有去窥探者,高启诗写的就是这件事。李、高二人后来得祸,皆由此而来。”

吴乔说朱元璋将陈友谅姬妾藏于别室,未明别室何在,也许是宫外某处大房舍？看官可还记得朱元璋为前来投奔的野合女子起建大屋的事？否则韩国公李善长那不争气的子弟怎么能够入窥？不知高启对此是什么态度,是激愤呢,还是引为趣谈？反正才子有话说,将此事写进诗里,结果与当事人一起罹难。此为一说。

明末钱谦益在苏州采到一则野史,也说高启因宫女诗得祸。他初觉是无稽之谈,后来见到国初时所颁《昭示奸党录》等书(是公布丞相胡惟庸党人罪行的卷宗文件),其中载有李善长诸子侄的书信(钱氏没有说书信的内容,可能其中提到宫闱秘事),以及太祖宣示豫章侯胡美父子罪状的手诏(指胡美父子婿入乱宫禁被杀,事详后),才知道“季迪(高启字)此诗盖有为而作”。他也认同高启写诗犯了大忌,触怒皇帝,乃假手魏观之狱,将其处死。

不过也有人持怀疑态度,如清人朱彝尊说:“二诗或是刺庚申君(即元顺帝)而作,好事者因之附会也。”他认为此诗与朱元璋无关,只是讽刺元末掖庭一本乱账,深夜还有人出入捣鬼,结果被小人附会为时事,以诬害高启。如果是这样,高启就死得太冤了。我想,高启不至于如此糊涂,敢揭当朝宫掖隐事;但他也着实糊涂,在那样一个严苛的时代,你何必去写不允许旁人置喙的宫禁之事呢？无论写谁,朱元璋一定会对号入座的。

申明:请别穿越来找我!

从上文已知,朱元璋自称“未尝妄将一妇子”,实在不老实,是有例外的。他是如何处置其他对手,如张士诚、明昇等“伪朝”宫眷的,史料缺乏记载,本人不好妄说,但他从元朝宫人中掠美,却颇有实据可查。

洪武元年七月底,明朝北伐大军直抵元大都(今北京)。

传说元顺帝妥懽帖睦儿之前先梦到一只“铁牙野豕”(野豕即野猪,猪即朱也)突入城中,又梦到二狐(狐即胡,胡人之谓)从殿上跳出,知道这是

“天所以告朕”，猪要进城了，狐狸得赶紧逃。

天兆摧毁了元帝的抵抗意志，无心坚守，一闻明兵杀来，立时弃都北逃。这是他第一次逃亡，此后在明军的顽强追击下，再无宁日，直至死亡。

元主遁得仓促，不能像红军长征一样，连印刷机、重型火炮都捎上，一件也不能少。他只能带走一些尊贵而宠幸的皇子和妃主（妃嫔和公主），绝大多数宫中女子只好抛下了，任其落入敌手。

朱元璋一得到元都已破的消息，立即派太监进入元宫善后。《明太祖实录》是这么记载的，洪武元年八月甲午，“（朱元璋）遣内官往放元宫人”，且告谕太监说：

“元主奢淫，不恤国政，以至于亡。其宫人皆良家子，幽闭深宫，诚有可愍。尔至，即放遣适人（适人即嫁人），勿使失所。”

从文字看，朱元璋怜惜元朝宫人，将其释放，并妥为安置，实行了德政。但元宫佳丽三千，个个珠圆玉润，如同刚刚摘下的葡萄，色中饿鬼朱元璋岂肯白白纵放？

请不要轻信御用“报纸”（官史实录）的头版消息，不如从旁处多了解一些信息。朝鲜李氏王朝所修《高丽史》记载，高丽大臣周英赞有一女，“曾入元，为大明兵所掳，选为宫人，有宠于帝”。周家女儿“入元”，可不是来大元旅游，途中偶遇山贼，为其所掳，不得已做了压寨夫人。高丽国素有向元朝进献“处女”的习惯，元朝的后宫，上至皇后，下到宫女，许多女人都来自高丽（高丽是朝鲜国的前身），并在元宫掌握大权。最有名的，当数元顺帝的第二皇后奇氏。

周英赞听说元明易代，自己的女儿到了新朝的后宫，且得了宠，就到中国来寻亲。《高丽史》记载了朱元璋的口语答复：

“姓周的女孩儿，从元朝寻将她来。问呵，她说姓朱，俺容不得她。问她父呵，却说姓周，我如今留了她也。”

这分明是老朱将元朝宫人收为己用之自供。从朱元璋说“想恁来十三岁的小孩儿会吃奶，恁可早送与了人”来判断，周家女孩也就十三四岁。这年龄，今日还称“幼齿”呢！

除了周英赞之女，还有一个姓周的高丽女孩，也落入明宫。洪武十三年(1379 年)四月，朱元璋在给辽东都指挥使司的一份敕谕里说："前元庚申君(元顺帝)尝索女子于其国，今高丽国使臣周谊有女入于元宫，庚申君出奔，朕之内臣得此女以归。"

朱元璋说"朕之内臣得此女以归"，明摆着是太监在元宫选美，得此异国美姝，将其带回南京，献给主子。朱元璋爽然享用，并不羞于宣之于敕谕。

朱元璋警惕性非常高。他见女孩的父亲周谊多次奉使来明，起了疑心，怀疑高丽多次派周谊来使，"殊有意焉"。他警告辽东边将："卿等不可不备，毋使入窥中国也。"

当时高丽向明朝称臣，从失败的元朝改投到朱家门下未久，两国关系比较复杂，常生波折。可能高丽探知周谊之女是朱元璋的宠儿，特派这位老丈人来充当使者，想来皇帝爱屋及乌，见了这位外国老岳丈，会格外亲切，那么此举将有力地促进两国关系的改善。我想，高丽的"殊意"，不过如此。高丽为了照顾朱元璋的面子，没有捅破这层关系，只是把人派来，大家心照不宣。朱元璋却小题大做，竟怀疑周谊是借攀亲戚来刺探军情的，还向辽东前线发出战备预警。他未免太神经过敏了！

此事明人严从简《殊域周咨录》也有记载，说元帝索女于高丽，得周谊女纳之宫中，"后为我朝中使携归"。小注还说："时宫中美人有号高丽妃者，疑即此女。"朱元璋第十四女含山公主(生于洪武十三年，1380 年)之母就是高丽妃。"高丽"二字非妃号，应为该妃的国籍。但公主之母为韩氏，并不姓周。

朱元璋后宫有高丽女子，有两种可能的途径：一部分是他在占领元江南重镇集庆路(南京)后，夺取元朝高官内眷中的高丽女子；当然最多的，还是从元朝内宫中掠来，即"从元朝寻将来"的。而朱元璋从元宫择女，早已名传海外了，只是明朝人所知甚少，且为尊者讳，不愿深究此事。

第七章　好个齐人之福！

元顺帝弃其后宫逃走，宫中女子都成为明军的俘虏，除年老或色衰者被遣散外，一些妙龄色佳的女孩，都被朱元璋派来的专差太监挑选南下，进入明朝的内廷，服侍新主。洪武皇帝的后宫，愈加充实了。

有个故事讲，大将军徐达率兵追击元顺帝，眼看要追及了，突然下令鸣金收兵，不追了。有人向朱元璋告发，说徐达有异志，故意放走了元帝。朱元璋很生气，把徐达找来，要他解释。徐达的自辩意味深长："你我都曾为元朝臣子，我若将元帝抓来，试问皇上将如何处置旧主？"朱元璋摸摸脑袋，恍然大悟："是啊！把老达达抓来，真不好办。还是老哥们儿见识远！"遂转怒为喜，把徐达夸赞了一番。

这又是无聊文人编造的故事。徐达"一生唯谨慎"，哪有那个胆子，敢于私放元主？我查洪武年间的诏令，见老朱在洪武三年时还在鼓励将士们操练好兵马："依了我说的，明日拿了老达达时节，便见你每（们）功劳。"老达达就是元顺帝。

朱元璋是决不肯放过元帝的，顺帝一家逃得好辛苦，先逃到开平，又逃到应昌，顺帝遂死在那里，由皇太子爱猷识理达腊嗣位。元朝遗裔一再遭到明军的追击，居无定所，狼狈非常，在洪武的头几年，常遇春突袭开平，李文忠突袭应昌，都俘获了大量王、妃、公主及宫眷。

直到洪武后期，顺帝之孙脱古思帖木儿嗣位，此时所谓"北元"已经势衰力弱，明军仍不放松对它的打击。如洪武二十一年（1388 年），蓝玉北征，直抵捕鱼儿海，大败元军，元帝仅携太子天保奴等数十骑遁去，次子地保奴及妃、公主以下百余人，吴王、代王及平章以下官属三千人，男女七万余人，皆被明军所俘。

在这个过程中，许多元主的嫔御为明朝的大官所"私"。传说常遇春还因此丢了性命。据明人张合《宙载》提供的逸闻材料，常遇春率军入燕，因为逼娶元主之女，为虏人深恶痛绝，遂设伏将其擒去，用篾贯其双掌，光足牵行于市，然后将其肢解。

关于常遇春之死，还有一说，也是张合提供的。称常遇春北征，道经山西，晋王朱棡请他与侯、伯四人饮宴。第二天，五个人都中毒死了。

“朱棡是奉其父密旨行事。”张合肯定地说。他还说，常遇春被毒死之地，至今（嘉靖年间）还有一座五王庙呢。

张合一下抛出常遇春两种不同寻常的死法，他也不知道哪个为真，只是道：“二说必有一是。”正史说常遇春在北征时遽然病卒，莫非其中真的另有隐情？

这是关于常大将军死法的异说，再说常遇春的小舅子蓝玉。

蓝玉北征未回，已有人向朱元璋打小报告，说他“私元主妃”，朱元璋为此下诏切责，本来要封蓝玉“梁国公”的，为此改封“凉国公”。除了梁是大国，凉为小国，是否还借“凉”这个字责他凉薄？

那位元主妃岂是自愿与一个不相识的臭男人行私？不过阶下之囚，不得已尔！被人告发后，“妃惭，自经死”。我想她的死，当然有“惭”的成分，但更多是被迫的。

自称“不以美色为心”的朱元璋，在击败一个个对手后，不仅接收了他们的政治遗产，还不客气，笑纳了本属于他们的女人。不过朱元璋想不到的是，他这么做产生了强烈的精神反抗，不久后，民间开始流传，他的一些孩儿是老对头陈友谅和元顺帝的遗腹子，他老朱看似得了便宜，其实白白替人养了儿子而不自知。嘻嘻，直可发一大噱！

通过上文条分缕析，可知朱元璋在渡江前已有两个女人，即马皇后和郭宁妃。渡江之后，他在招兵买马，扩大势力的同时，不断有美色进献于他的后宫，他甚至开始掠人之女，令仇敌之妻妾子女辗转呻吟于其床帐之间。

他的官儿越做越大，由丞相、国公而登上吴王、皇帝的宝座，他不断物色新的美女，妃嫔的来源也越来越广，后宫不断充实。

老朱这姓也好，像猪一样具有强大的生育能力，接续不停地生出皇子和公主，老来仍是有心有力。他最后一个女儿宝庆公主，生于洪武二十八年（1395 年），老头子已经六十九岁了，此时距离他第一个孩子懿文太子之生，已经整整过去了四十年。

洪武元年，朱元璋即位，马氏被册立为皇后。洪武三年五月，同时册封六妃：

孙贵妃（元朝州判孙和卿女，青军元帅养女）

胡充妃（都督胡显女）

郭惠妃（元末红军帅郭子兴女）

郭宁妃（相士郭山甫女）

达定妃（不详，有人说她就是陈友谅被掳之姬妾，实属推测之辞）

胡顺妃（临淮侯胡美女）

以上一位贵妃，五位妃，《明太祖实录》所记如此，应该是其名位的排序吧。

后宫的女人，有位号者，则是妃嫔，没得名封者，只是“某氏”而已（如那两位来自高丽的周姓女孩，就都没有封号，湮没无闻）。朱元璋在他的后宫可以随便临幸一个女人，令其怀孕生子，以广其嗣，然而这女子却未必能“母以子贵”，获得相应的名号。从历年发掘的朱元璋诸子墓志来看，如庆王之母书“母妃余氏”，宁王之母书“母杨氏”，都只称其姓氏，显然是没有封号的。

另外据记载，洪武元年九月定“宴会命妇仪”，御座居中，“于御座西畔设贵妃等六妃位”。此时朱元璋已有六位妃子，可能就是洪武三年（1370年）五月所封孙贵妃以下六妃。洪武十五年（1382年）马皇后崩，朱元璋下令，将之前已经去世的孙贵妃、永贵妃、汪贵妃三人配享祔葬。这三位妃子，生前封贵妃，死后祔葬皇陵，然而都没有生过皇子。显然，朱元璋完全以自己的宠幸程度来决定妃子封号的高低有无，与妃子的资历以及是否生子没有必然联系。譬如郭子兴之女，身份最贵，生子又多，但始终只是惠妃，没有做到贵妃，更莫想皇后呢。

为朱元璋生过皇子的，有马皇后、胡充妃、达定妃、郭宁妃、郭惠妃、胡顺妃、韩妃、余妃、杨妃、周妃、赵贵妃、李贤妃、刘惠妃、葛丽妃、郜氏，另有早夭的赵王、安王、皇子楠三子之母佚名，以及生女之孙贵妃、郑安妃、高丽妃韩氏(不知与生辽王朱植之韩妃是否为一人),再加上有据可考的李淑妃、碽妃(传闻生成祖朱棣)、胡贵妃(或许就是胡顺妃)、林氏(生南康公主,据公主墓志)、张美人(生宝庆公主,据公主墓志),以及《明太祖实录》有载的永贵妃、汪贵妃等,已达二十八人。朱元璋死后,殉葬孝陵的妃嫔更达四十六人之多。这家伙,可算享尽齐人之福了!

第二卷
诸王身世之谜

第八章　生子也要争第一

朱元璋作为一个成功者，他的起点为“零”。但他的发迹，最初却缘因娶了一个好妻子，马氏是元帅郭子兴的养女，由此给他搭起一座桥梁，将他渡入郭氏集团的核心。这说明，固然一个成功者的起点可以非常低，但欲展翅腾飞，却不得不借一些上升的风力。朱元璋成为郭元帅的爱婿，便是助他升腾的第一阵强风。

在一个主要靠亲戚和血缘关系维系的武装集团里，朱元璋如没这个身份，以他资历之低，是绝无可能进入权力的核心圈的。他自娶了马氏，便如猴子上树，几下子就蹿上去了。但他这位赘婿，名号前毕竟还有一个“养”字，关系便隔了一层，他与其他郭氏家族成员之间，不可避免地产生摩擦和矛盾，郭家人对朱元璋打一把、拉一把，都是情有可原。

可以说，在渡江之前，朱元璋的发迹史是被包裹在郭氏家族的兴衰史中的，郭子兴一死，使他摆脱了制约他发展的最大障碍。

渡江之后，朱元璋很快在南京坐稳，他借助天时地利，拿出“厚黑”的终极本领，将对手逐一铲除，到他被龙凤政权晋封为吴国公时，俨然已为江东实力最强的诸侯。他的主要对手就不再是郭氏家族成员和其他袍泽，而是陈友谅、张士诚等实力派军阀了。

老朱皇帝一生精力勃勃，老而不怠，他不单在政治上是一个力量永不衰竭的强人，作为一个男人，其强悍之能力在古代帝王中也是超群拔类的。

朱元璋一生拥有众多的妃嫔，不光田多土肥，产量也高，一共生了二十六个皇子和十六位公主，总计四十二位。他最小的女儿出生时，他已经年近七旬了。

要说起来，似乎豪杰们都很能生儿子，曹操就有二十五个儿子，只比朱元璋少一个。然而老朱家的天潢贵胄里，有几位身世颇为传奇，迷雾重重，史家讨论了上百年，也没搞清楚，这在古代帝王家事里是绝无仅有的。

为便于讨论诸王身世之谜，先将朱家少爷、小姐和他们妈妈的名单开列如下，看官可凭此检点参照。

二十六位皇子，依所生之母为次：

马皇后（按：马皇后生五子，此为官方正说，另有异说，见下文）

长子·懿文太子朱标（1355—1392）

第二子·秦王樉（1356—1395）

第三子·晋王棡（1358—1398）

第四子·燕王棣（1360—1424）

第五子·周王橚（1361—1425）

胡充妃

第六子·楚王桢（1364—1424）

达定妃

第七子·齐王榑（1364—1428）

第八子·潭王梓（1369—1390）

郭宁妃

第十子·鲁王檀（1370—1390）

郭惠妃

第十一子·蜀王椿（1371—1423）

第十三子·代王桂(1374—1446)
第十九子·谷王橞(1379—1417)
胡顺妃
第十二子·湘王柏(1371—1399)
郜氏
第十四子·肃王楧(1376—1419)
韩妃(按:称某姓妃者,疑均无妃号。妃只是尊称,或习惯称呼。下同)
第十五子·辽王植(1377—1424)
余妃
第十六子·庆王㮵(1378—1438)
杨妃
第十七子·宁王权(1378—1488)
周妃
第十八子·岷王楩(1379—1450)
第二十子·韩王松(1380—1407)
赵贵妃
第二十一子·沈王模(1380—1431)
李贤妃
第二十三子·唐王桱(1386—1415)
刘惠妃
第二十四子·郢王栋(1388—1414)
葛丽妃
第二十五子·伊王㰘(1388—1444)
佚名妃
第九子·赵王杞(1369—1371)
第二十二子·安王楹(1383—1417)
第二十六子·皇子楠(1393)

十六位公主，第十、十三女早卒未封，余如次：

第一女·临安公主(1360—1421) 实录载:母孙贵妃

第二女·宁国公主(1364—1434) 实录载:母马皇后

第三女·崇宁公主

第四女·安庆公主 实录载:母马皇后

第五女·汝宁公主

第六女·怀庆公主 母孙贵妃(实录载贵妃“生女三人,次女早卒”)

第七女·大名公主

第八女·福清公主 墓志载:生于洪武三年,母郑安妃

第九女·寿春公主

第十一女·南康公主 墓志载:母林氏

第十二女·永嘉公主 母郭惠妃

第十四女·含山公主 母高丽妃韩氏

第十五女·汝阳公主 母郭惠妃

第十六女·宝庆公主 墓志载:生母张氏

四十多个孩子，等他们长大找了对象，翻个番儿，就是八十多人，再加上老朱的妻妾四十多人，到除夕夜吃年夜饭时，一百多人，济济一堂，瞧这一大家子，能开几席？

第九章　“假子”到底是假

朱元璋第一个孩子懿文太子朱标，生于元至正十五年(1355 年)九月，也就是他干舅舅郭天叙进攻集庆路(南京)、兵败殒命的十二天前。随后几年，朱军在夹缝中求生存，渐渐扩充地盘与实力。在戎马倥偬、有时而危的环境下，朱元璋以大无畏的精神坚持大生产运动，长子朱标一出生，随后几年里，次子朱樉(1356 年)、三子朱棡(1358 年)、四子朱棣(1360 年)、五子

朱橚(1361 年)、六子朱桢(1364 年)、七子朱榑(1364 年)相继出世。他们是明朝建国前出生的七个皇子。

渡江前后,朱元璋开始独立握兵。在亲生子没长成前,他主要依赖假子干儿强化对部队的控制。收养子女,在元末群雄中蔚为风气,各有妙用。朱元璋的养子非常之多,达二十多人,如保儿(李文忠)、驴儿(朱文正)、周舍(沐英)、道舍、柴舍、马儿、金刚奴、王驸马、也先、买驴、真童、泼儿等。这从一个侧面反映出朱元璋兵势的逐渐壮大。

保儿、马儿、驴儿等,都是养子的小名,他们的大名,一概姓朱,以"文"字行辈,如沐英原叫朱文英。养子们是朱元璋最为贴己的亲信,在军中相当于朱元璋的"亲身",比徐达、常遇春等亲信心腹更近一层。养子到,即朱元帅本人到,养子们是活的尚方宝剑,他们在军中担任将领的副手,实际上执行着监军的任务。

当然,养子毕竟只是一种"类血缘"或"超血缘"的关系,是朱元璋在亲生子长成前借以控制军权的过渡措施。在众多养子中,朱元璋前期最依赖侄子朱文正,后期是外甥李文忠。

朱家叔侄年纪相仿,从小还是玩伴,朱文正到滁州投奔小叔时,已是二十出头的小伙子。李文忠于同年稍晚来投,年仅十六岁。

此时朱文正是朱氏下一代中唯一可以依赖的骨血,为了让他握有军权,朱元璋将原先的最高军事统帅机构"行枢密院"强行拆除,元勋宿将尽调往"行中书省"(最高行政机构),而让年轻缺乏经验、资历亦浅的朱文正出任新设立的"大都督府"的大都督,俨然是朱家的"天下兵马大元帅"了。

明代任大都督一职者,唯皇侄朱文正一人。后来皇外甥李文忠掌管都督府,也只称"提调都督府",而不再居"大都督"这样高的名义了。

朱文正作为"朱家军"最为嫡系的核心人物,知道自己前程远大,最初也很用心上进。他本是一好色贪婪之徒,在婺州猎得一会作诗的美女,自己不用,先拿来孝敬叔父,可见其用心之深巧。他除了发射"色弹"讨叔父的欢心,作战也非常勇敢,是在踏踏实实地为老朱家打天下。

朱文正奉命镇守的南昌,位于朱陈(友谅)二雄激烈争夺的前沿,他曾在数十万汉军的猛烈围攻下，坚守危城八十余日，为朱军在鄱阳湖一战最终击败陈友谅做出重要贡献。

朱元璋很开心，问文正想做什么官？他答得很妙：“叔父将来成就大业，侄儿何愁不富贵？爵赏应先众人而后授私亲。”假如他的下场不是那样败兴，这简直将成为一句名言，传诸千古。我想为人粗疏的朱文正没有这样的见识，定是某位幕僚所教——显然，朱文正在做了方面主帅后，幕下已集聚了一些人才。

随着朱元璋连续生下儿子，朱文正由亲渐疏，地位发生微妙的变化，原先过高的期望渐渐化作泡影。而他不是一个懂得韬晦隐忍的智者（如果派他去进修一段忍术，或许其命运将大有不同），加上性格刚愎直鲁，心中有气，忍不住就要宣之于口，经常说些怪话，甚至对叔父口出怨言。

朱元璋当然无法容忍朱文正的悖逆，数次警告无效后，亲自驾临南昌把他抓起来，给他加了许多罪名，最后痛下毒手。

朱元璋对这位侄子怀有很深的成见。后来他训斥文正之子靖江王朱守谦时，总不忘把朱文正过往的罪戾如数家珍一桩一件摆出来。如说朱文正守江西时，“恣意放纵，视人如草木，作孽无休，夺人之妻，杀人之夫，灭人之子，害人之父，强取人财”；又骂他“不听朕教，累恶不知改，出入同游者，皆是无籍小人，所游处不过强淫人妻女，强取人财物”。

他还对侄孙朱守谦说：“你若不信，回去问你奶奶（即文正之母，朱元璋的大嫂王氏），你郡主妹妹的娘哪儿去呢？告诉你吧，你妹子的娘，就是你爹抢来的，已被俺收拾了！”

以上皆出朱元璋亲口，载录于《明太祖皇帝钦录》里。

这都是二十年前的往事了，朱元璋在言语中毫无怜惜，愤愤之气犹然未消，足见他与朱文正仇隙之深，文正死了那么多年，想起来还忍不住要骂几句解气。

据说朱文正“貌类高帝”，其实这一对叔侄不单长得像，残忍的脾性也非常像。刘辰《国初事迹》记朱文正的“荒淫”，说他“专求民间闺女”，看上的玩上数十日，玩腻了即投到井里，“为数甚多”。

朱文正行恶，害怕被叔叔侦知，每次叔叔差人来，他都使大把的银子，加以贿买，以“钳”其口，使受贿者“蔽而不言其恶”。

俞本《纪事录》也记载朱文正“镇江西时，大肆不敬，强夺军民妇女，淫而杀之，填于土中，及僭用乘舆服用”。

其实这都不是啥大不了的罪状，朱元璋儿子们干的坏事，有过之而无不及；假若朱文正还有利用价值，朱元璋一定能容之，顶多严加训诫，而不会真的削其权、罢其官、夺其命。

然而，愚戆的朱文正不能认清形势，在遭到叔父警告后，仍旧任性胡为，屡屡冒犯其叔，他们叔侄之间的冲突渐渐不可挽回。

于是有人出来告发，说朱文正密谋叛降张士诚。朱元璋在给外甥李文忠的信中，也指责朱文正违反禁令，私自派人到张士诚辖区的盐场买盐，表明朱元璋已开始收集朱文正“叛国”的罪证了。一旦证据发酵成熟，即出其不意地将其逮捕，带回南京，“召而面审之”。

朱文正的头上已是乌云滚滚，霹雳震天。

如果此兄是个聪明人，此时就该磕头认罪，猛往自个头上浇粪，把自己骂得猪狗不如，方为逃生之计。可叹他大难临头，仍然刹不住坏脾气，竟当面顶撞叔父。多年之后，追忆往事，朱元璋还气急败坏地说：

“其应之辞，虽在神人亦所不容，其逆凶之谋，愈推愈广！”

朱文正到底在叔父亲自“面审”时说了什么，令朱元璋如此震怒，竟称“神人亦所不容”？有人认为，应是桀骜的朱文正不肯屈服，在受审时与小叔对骂起来，直揭其叔的“荒淫”，比方说：“你责俺夺人之妻，你自己有没有？有没有！”——朱元璋夺陈友谅之妾，又夺杨氏已聘之女，都是夺人之妻——“你要罪俺，请先撒泡尿照照自己吧！”

一个曾向叔叔进献美女的侄子，一个想尽办法征集美女的叔叔，他们的对骂，一定是异常火爆的！朱元璋气得发疯，连连说朱文正所犯为“逆天之罪”——自然，这“天”不在云霄之上，正是他本人。

此时，朱元璋已动了杀机。

朱文正的老母、朱元璋的大嫂王氏听说儿子犯事，日夜哭诉，祈求小叔宽恕，只求饶文正一命。马皇后也以文正性子刚烈，其母健在，当顾惜亲亲为由，反复劝说。

当朱元璋要杀掉自家至亲时，亲情在他内心的天平上开始倾斜。

朱文正是大哥朱重四的幼子。想当年，朱家拼尽财力，为顶门户的长子重四娶亲。1328 年农历七月，大嫂王氏嫁进朱家，两个月后的九月十八日，刚刚做公婆的朱五四夫妇生下他们最小的儿子朱元璋。虽是双喜临门，但添丁加口，给这个赤贫之家带来更为沉重的负担。所以朱元璋的二哥、三哥，都只能倒插门，入赘人家，成为被人看不起的赘婿。朱元璋从小和大哥大嫂一起生活。大嫂王氏入门后生下两子一女：长子圣保（早亡）和次子驴儿（朱文正），女儿即福成公主。几年间，这个穷苦的农家添了四个孩子，生活之拮据，可想而知。

作为一个辈分高而年纪小的小叔子，在这样一个家庭里，一定备感冷落。他对哥嫂非常不满，曾向侄孙朱守谦痛批其祖父，说朱重四因为父亲疼爱，从小娇惯，长大后行事甚为无状，“其非奉父母之道，有不可胜言”。

相比之下，只有二姐佛女还能照顾这个家，所以朱元璋说“惟姊孝专心”，而大哥大嫂做得很不够！

可以想见，哥嫂对父母都不能做到孝养，对他这个累赘肯定也是相当漠视、厌烦和缺乏疼爱关心的。

1344 年，朱家遭逢大难，朱元璋的父母、大哥、大侄四口人，在短短二十多天里，相继病故。大嫂王氏带着文正和闺女回了娘家。朱家从此解体，十七岁的朱元璋成了无人管顾的野孩子，他被命运抛弃了。

幼年的记忆是如此惨淡、悲凉而无助，它在朱元璋的内心深处，布下一粒怨怼的种子。朱元璋对大嫂和侄子怀有复杂的情感，此刻正是考验他如何抉择的时刻了。

最终，朱元璋下决心“废”掉他唯一的亲侄（老朱的口语，称杀人为“废”）。

对于像朱文正这样的麻烦人物，官修国史的惯用手法，与特工部门有几分相通，就是将棘手之人绑架，令其人间蒸发了事。《明太祖实录》对朱文正的结局，没有任何交代，只说安置于桐城居住，再无下文，仿佛此人移民去了火星。

朱文正是怎么死的？朱元璋对侄孙朱守谦说，他父亲罪恶“事觉，教之不听。未几，谋奔敌国。又觉，而方囚之，然后而殁”（《明太祖皇帝钦录》）。好像一个不听话的孩儿，屡教不改，终于被踢出局。在《御制纪非录》中，朱元璋交代得更明白：“（文正）逆凶之谋愈推愈广，由是鞭后而故。”朱文正是被他活活鞭死的。

这一年是元至正二十六年（1366 年），距离明朝开国，仅剩两年。洪武元年（1368 年），朱文正被追封为南昌王，立祠江西。他的儿子朱守谦在洪武三年被封为靖江王于广西桂林。

在朱元璋生前，编过一本《御制纪非录》，所收的都是儿子们的过失及老父的训词。在这本书里，朱守谦仿佛是朱家二代里最不听话的调皮学生，经常被撵出教室罚站，或拎到校长办公室受责罚，而且每次都要“请家长”，把朱文正从坟墓里揪出来陪骂。

《明史》说，朱元璋夫妇抚育文正、文忠及沐英等义子，“爱如己出，太子诸王生，恩无替焉”。但亲生子与“假子”怎么可能一样？只是当太子、诸王未长成前，不得不依赖于养子，毕竟养子是比功臣宿将更为亲近的一批人，他们与朱元璋有着没有血缘的“亲情”联系。为了让这些人为己所用，朱元璋恩典沛然而下，使他们获得较大的权力。养子们知恩图报，为义父的天下浴血奋战，多数人付出了生命的代价，存活到明朝建国并得到封爵的只是少数几个人。

朱元璋称帝后，于洪武元年册封朱标为皇太子，稍后于洪武三年，同时封十个孩儿为王（包括靖江王朱守谦）。虽然朱家儿郎们还未长成，最小的王子才几个月大，朱元璋已亟不可待要将他们编织进“明帝国”的统治网络了。

第十章　暴君后宫的“托儿所”

朱元璋在未当皇帝之前,还没有史书所形容得那样“伟大”,他干过不少下三烂的事。对帝王来说,下三烂的事不包括杀人、害人和厚脸皮,这是一门权术学问,名叫厚黑学。尽管如此,做帝王还是有底线的,比如他就不得干野合及夺人之妻、强抢民女之类的勾当,但凡有一件被人知晓,写进史书里,就成了荒淫之主的铁证。

在野史里,朱元璋是一台风流播种机,到处播撒情种。如前文所记,朱元璋游龙戏凤的两个野合故事。其中一个让代王朱桂躺枪,被人无端说成野种,造成代王身世之谜,其实代王的身世清清楚楚,并不为谜。

《龙兴慈记》的作者王文禄,记下了许多家族相传的历史故事,他外公是明初时人,据他讲,太祖皇帝朱元璋经常“微行御女”,并总是记下时间,留下记认,好将来相认。这些来认的孩子,有封王的;也有认为养子,至封侯的。

王家外公说的“养子”,大概就是生封西平侯、死赠黔宁王的沐英吧。

据朱元璋自己介绍,沐英父母双亡,在八岁时被他收养,是他第一个养子,赐名朱文英。朱元璋的养子多不得善终,唯沐英以功封侯。尤令人称奇的是,从沐英这辈儿开始,沐家世代以黔国公的身份镇守云南,与明朝相始终,差不多等于异姓之王了。在整个明代,独此一家,别无分店。

朱元璋一生忌外姓夺权,何以独不忌沐氏？有人猜测,沐英其实是朱元璋与外妇私生之子,虽然没有让他归宗,但好处并不少他的。

不过野合生子多了,难免照顾不周。明代北边有句谚语,叫“宣府教场,蔚州城墙,霸州营房”。其中蔚州城墙是洪武间指挥周房所筑,雉堞峻固,虽京城不能过。据蔚州士人相传,这位周指挥不是别人,正是朱元璋与外妇所生之子,因他不随国姓,所以仅授怀远卫指挥之职(见张合《宙载》卷上)。

由上可知,明代游龙戏凤的皇帝,不止武宗朱厚照一位,太祖皇帝朱元璋也有此雅好,实为家风也。

话说“微行御女”,虽于帝王大体不雅,毕竟属于你情我愿,而强霸人妻女的事，朱元璋也是干过的，他不仅干过，还干过好几件。我们上面讲了两件，一件是夺臣子杨希圣已聘之妇，一件是夺敌国之主陈友谅之爱妾。后面这件事，是朱元璋在《大诰》中自己供述出来的，他的本意是自辩。

然而聪明人都知道，此等辩解等于欲盖弥彰，其效果将是愈涂愈黑，其实最好的办法不是“此地无银三百两”式的辩解，而是将羞鄙之事一笔抹去，永不再提，也不准人再提。孰料朱元璋竟然采取了最笨的方法，这不等于为古代的野史爱好者和帖子写手提供最妙的发挥材料？您说他是卖萌呢，还是心粗胆大？他家四公子燕王朱棣，这方面就比他高明，篡位之后，马上下令收回《大诰》，全部禁毁，其实就是在为他老爹善后，揩不干净的屁股。

不过，从朱元璋公开为自己辩解来看，他也知道，自己的这桩丑事已广为人知；但他可能不知道的是，他干的这类丑事太多，社会上开始流传关于其子嗣身世的诸多逸闻，搞得爹不是亲爹、儿不是亲儿——嗨！都怪他这爹造孽太深。

其中一则故事讲，陈友谅之妾阇氏被俘入朱家掖庭，不久生下一子，实为陈氏骨血，而朱元璋茫然不觉其异，封之为潭王。

这孩子不晓得自己的真实身世，阇氏也一直隐忍不说，直到潭王辞亲，要去封国长沙了，才告诉他：“孩子，其实你是汉王之子，你父为仇所杀，汝却认仇为父。母亲为你忍辱活到今天，你须记牢，将来好为亲生父亲复仇。”

读到这里，大约听戏的、观书的、看网帖的，一齐都兴奋起来了。

这故事接着说：潭王到封国后，气愤不过，起兵反了。朱元璋派徐达的儿子率大军去讨伐，潭王紧闭城门，抱着幼子在城头绕行，命人取过一块铜牌，上书大字：“宁见阎王，不见贼王！”掷于城外，遂举火焚宫，抱着孩子从城上跳下而亡。

朱元璋自以为收了仇敌的妻妾，却不料替敌人养了儿子，恼羞成怒，于是在后宫大开杀戒，假借天上出现妖星，尽戮其宫人，皇后脱簪珥待罪，也只是仅免，余者“悉歼除焉”。

此事见于明人王鏊的笔记，非常荒诞，不值一驳。就拿年龄来说吧，潭王朱梓生于洪武二年（1369 年），距陈友谅之死（1363 年）已相去六年，除非陈友谅的遗腹子是哪吒,否则怎能在娘肚子里潜伏那些年?

王鏊(谥文恪)在正德初年短暂地做过大学士,不久归隐。他虽是翰林出身,“久典国史”,却与同乡祝枝山一样,好记荒诞不经之事,潭王故事即为一例。然此事载入《王文恪公笔记》,表明在明代中期,友谅之妾在明宫生子的故事已广为流传。

潭王朱梓,在众兄弟中排行第八,他与七皇子齐王朱榑同为达定妃所生。这位达定妃封于洪武三年,她被许多人认定就是朱元璋在《大诰》中对外宣布的那个女俘。万历时人何乔远在《名山藏》中即言之凿凿地说:潭王之母达定妃,是“故陈友谅姬”,妃心实不平,经常给潭王讲她所以为妃之故,“故王不胜忿,闭城反,竟自焚”。《名山藏》是一部较重要的明史研究资料,作者较为谨慎,虽然说达定妃是“故陈友谅姬”,却没说潭王是陈友谅的遗腹子。

而多数野史则不管三七二十一,大胆想象,认定达定妃就是陈友谅之妾,她的名字就是阇氏。

潭王之母的封号为“定妃”,姓达氏。“达”不是一个常见的姓,近人李晋华在《明成祖生母问题汇证》一文中说:“女人之姓原不甚可征,且‘阇’与‘达’为双声,易混为一,则阇妃、达妃本一人也。”

李先生是民国时期的明史研究专家,功力极深,唯此论发乎想象,难以服人。恕我耳拙,怎么在我听来,阇(音赊)与达,完全风马牛不相及呢?况且,陈友谅姬妾未必就姓阇。因为“阇氏”及潭王为陈友谅遗腹子之说,均出自破绽百出的《王文恪公笔记》,既然遗腹说不攻可破,凭什么“阇氏”说独能成立?

目前并没有证据证明达定妃就是陈友谅被掳之妾,而陈友谅之妾姓阇,以及达定妃就是阇氏,皆属无根之言。

洪武三年(1370年),朱梓年仅两岁就被封为潭王,十八年(1385年)就藩封地湖广长沙。长沙是大郡,物阜民丰,应该算是美封。朱梓和他众多兄弟一样,也爱好文艺,经常在王府召集儒臣,摆酒赋诗,亲自品定其高下。

如此优哉游哉，清闲度日，完全看不出有积极谋反的情节。

潭王妃于氏，是都督于显的女儿。按洪武年间的魔咒，谁要和朱家结亲，几乎等于犯了死罪，多不得好死。果不其然，就在朱梓就藩后的第五年（洪武二十三年，1390 年），朱元璋再次大兴前丞相胡惟庸党案（胡案发生于洪武十三年初，至此已过去十年，仍追究不休），于显和他的儿子于琥，都被牵连进去，遭到处决。

朱元璋在杀人时，从不考虑此人与我有亲无亲，该出手时就出手，一出手就要致人死命，而且他的手特别滑溜，投鼠从不忌器。

可是杀死第八子的岳翁，老八会不会想不开，做出傻事？朱元璋还是有点担心，特地遣使去安慰，并且持金符召他入见。不料朱梓听说老子要见他，非常害怕，竟然同王妃于氏一起自焚了，成为朱元璋第一个死于非命的孩子。他没有儿子，“潭国”也就除封了。

父亲逼死亲子，虽在帝王之家，亦属人伦惨变，况且朱元璋还那么爱他的儿郎们，他在祖训里特别申明：诸王犯法，要以劝诫为主，即使犯了不可宽恕的逆天之罪，也不可加以杀害。然则潭王何以畏父如畏虎，才听说召见，就吓得先死了呢？

这些记载不清的问题，留下一个大大的疑窦（窦，洞也），吸引人爬进去一探究竟，或游神思，大胆猜测，以图得出合理的解释。潭王是陈友谅遗腹子的传说，大约就是从这样的洞洞里钻出来的。

至于这故事为什么选潭王做主角？我想有两个可能：一、潭王是唯一一个被朱元璋逼死的儿子，虎毒不食子嘛，除非潭王不是他亲生的。这是很自然的联想。二、在社会上流传较广的《天潢玉牒》一书中，潭王的名下注了“除名”二字。除名是将其从宗谱里开除，不承认他是朱家子孙的意思。从上面故事来看，潭王不体会老父的苦心，决然自毙，老父亲虽然痛心，但有什么理由将他从宗族中开除，不认他是子孙呢？除非他本不是朱家血脉！这也是引发“小说家”猜想的重要原因。

总之真相如何，只有下黄泉向朱元璋本人请教了。但若朱元璋能知后事，与闻种种传言，知道他的后宫竟变成了仇敌的托儿所，不是元顺帝的遗腹子(成祖朱棣,见下文),就是陈友谅的孽种(潭王),都拜托他来养,还不得再气死一回?!

第十一章　燕王自证嫡子

朱元璋的长子朱标,生于元至正十五年(1355 年)九月五日,官史称其为"孝慈(马)皇后所出也"。清人毛奇龄《胜朝彤史拾遗记》补充了一点细节,说朱标出生在太平府富民陈迪的家里。

当至正十五年六月,郭军闹哄哄挤在湖船上、乘风夜渡时,并没有明确的战略方向。这次行动主要是被江北连年的大饥荒所迫,他们最直接的目标,就是到江南打粮草。所以全军轻装飞渡,而把家属和辎重都留在和州。

当时马皇后已身怀六甲,她担心水路随时被元军断绝,遂果断地率领部分妇孺继之渡江,随后就在繁昌县富户陈迪家产下长子朱标。

不出她预料,元将阿鲁灰、蛮子海牙随即截断姑孰口,袭据采石矶,民兵元帅陈埜先所属水军康茂才部亦巡行江上,江之左右遂"道中梗"。郭军被截断为南、北两部。经过激烈的争夺,直到次年二月击败戍守采石、天宁洲的康茂才,江路才恢复畅通,郭部将士妻小及辎重方得全部过江。

从以上记载来判断,马皇后只是率领朱家"老营"渡江,郭部其他将领的家属,恐怕未易托付给她。因为自郭子兴一死,"郭家军"虽然没有解体,但各部互不相下,差不多自行其是了。

繁昌为太平路(太平府)属县,陈迪是该县富户。关于陈迪,实录仅记一事,说他在朱元璋占领太平之后,曾有进献金帛之举。马皇后在他家生子,倒在情理之中。

马皇后于兵危之际生下长子朱标,在接下来六年里,又接连生下四个儿子和宁国、安庆两位公主。一些书想当然地说马皇后不能生育,是因为不知道她还有两个女儿。

在明代官书和一般人的认识里,马皇后诞育了最长的五位皇子,即长子朱标、次子秦王樉、三子晋王棡、四子燕王棣和五子周王橚。他们是朱元璋的嫡子，其他皇子皆为妾侍（妃嫔）所出，都是庶子。

话说明代人对马皇后生太子及秦、晋、燕、周四王，本无异见。不想到了明代中后期，“马后生五子”说在人们的心目中，渐渐变成官方的宣传，不那么可信了。关于诸王的身世，有了新的说法，而主要的争议，都集中在第四子燕王朱棣，也就是后来篡夺大位的永乐皇帝身上。

假若朱棣只是一位安分守己的亲王，他是嫡是庶，不会有人关心。可这位四王子当建文帝削藩之时，敢兴叛逆之师，并且创造奇迹，推翻了朝廷，堂而皇之地登上宝座；他即位后，因得位不正，乃大施惨杀，血洗庙堂，成为又一位嗜杀的君主——这就不能不让人说道说道了。

朱棣给自己定制了一顶“冠冕”，将他的叛逆行为阐释为“靖难”——靖者，平也；靖难即是平定朝廷内难之意。他与朝廷争战数年，不过为争权夺利，在史上却被称作“靖难之役”。什么是挂羊头卖狗肉？这个正是。

朱棣从起兵就欢喜说、反复说、逢机会就说“我太祖高皇帝、孝慈高皇后嫡子，国家至亲”“朕是高皇帝嫡子”“顾予匪才，乃父皇太祖高皇帝亲子，母后孝慈高皇后亲生，皇太子亲弟，忝居诸王之长”。显然他很在乎，并急于表白他的嫡子身份。

朱棣去世后所修《明太宗实录》①也善体其心事，动辄提供“太宗文皇帝”与“朝廷”具有特殊亲密关系的材料。如建文元年七月，载燕王上书曰：

“窃念臣于懿文皇太子（朱标）同父母至亲也。于今事陛下（建文帝），犹事天也。”

十一月，燕王上书曰：“陛下与臣皆出自太祖高皇帝、孝慈高皇后，于属最亲也。”——这是自证其为嫡子的身份。

建文三年（1341 年）闰三月，燕王上书曰：“臣之所恃者，陛下至尊至亲

---

① 朱棣的庙号最初为“太宗文皇帝”，至嘉靖年间，乃改称“成祖文皇帝”。“祖”相对于“宗”，抬高了一级。《明太宗实录》修于宣德初年，是永乐一朝的官修国史。

也。”这回，建文帝有了反应，“览之，益感悟”，竟被反贼一番话打动，对方孝孺说：“燕王是孝康皇帝①同产弟，朕叔父也。今日无辜罪之，他日不见宗庙神灵乎？”——这是借建文帝之口，以证明朱棣嫡子身份。建文帝在此做出深刻检讨，承认自己对燕王是“无辜罪之”，还说：“我将来死了，怎么有脸去见太祖皇帝哟！”这假造得很有些过分。

建文四年（1342 年）六月，燕王以战胜之姿，巍然立于宝座之上，诸王及群臣上表劝进说：“殿下为太祖嫡嗣，德冠群伦，功德社稷，宜居天位。”诸将又劝进说：“殿下文武英明，宽裕仁孝，为太祖嫡嗣。”群臣再劝进说：“殿下德为圣人，位居嫡长，当承洪业。”——这是借宗室、群臣之口，以证明朱棣嫡子的身份。

朱棣即位后，此性不改，在接见来朝的嗣晋王（朱棣三兄晋恭王朱棡之子）时还忍不住说“吾与尔父皆皇考妣所生，自少友爱深厚”云云。其实晋、燕二王不和，从未“友爱深厚”过，此言太伪，后文即将揭出。

对朱棣之生，官方记载是怎么说的呢？《明太祖实录》记：“（庚子年）四月癸酉，皇第四子生，即今上皇帝，孝慈（马）皇后出也。”因为今本《明太祖实录》是朱棣即位后重修，故称朱棣为今上皇帝。朱标以下五个弟兄，实录均注明“孝慈皇后出也”。

有朱棣本人的自述，有文武群臣的公论，有建文帝的亲口证言，再加上官史的权威记载，朱棣是太祖高皇帝与高皇后亲生嫡子，应无可议，板上钉钉了。殊不知此地无银三百两，话说得太多，不仅没起到强化作用，反而物极必反，勾起人们对他身世的最早怀疑。

明朝嘉靖、万历时期的著名学者王世贞，熟知典故，他在编本朝诸王表时，所取仍为马皇后生五嫡子说。本书称之为“正说”（当然，正说未必就是正确的）。但王世贞在搜集史料的过程中已发现有异说，他见过一本叫《皇明世系》的书，称朱棣与周王朱橚为马皇后所生，而懿文太子与秦、晋二王

---

① 孝康皇帝，指建文帝之父懿文太子朱标。建文帝朱允炆即位后，谥故太子为孝康皇帝，庙号兴宗。皇帝的尊号，在朱棣即位后废除。

为诸妃生。此一说王世贞已无法考证其是非，只能备书存疑。

还有一位与王世贞同时期的人，名叫郎瑛，他见过一种《鲁府玉牒》，其中也说马皇后只生二王——燕王棣与周王橚（见郎氏所著《七修类稿》）。

《鲁府玉牒》应是鲁王府所藏皇室牒谱。《皇明世系》一书作者不详，该书现已佚失，但它既以“世系”冠名，应该也是一部记载皇家谱系的书。

皇帝的家谱，称之为玉牒，由宗人府根据历年档案，若干年续修一次。明代的玉牒，今已不存，但坊间流传一本名为《天潢玉牒》的书，被人视作明朝玉牒余存之一种。

《天潢玉牒》今存五个版本，有趣的是，它们在朱元璋头五个儿子的身世上，所记并不一致，形成两个系统。一个是这样记载的——

皇子二十四人（两个夭折的孩子未计入），第四子今上（朱棣）、第五子周王，马后所生也。

长懿文太子、第二子秦愍王、第三子晋恭王，诸母所生也。

第六子楚王、第七子齐王、第八子除名潭王、第九子鲁荒王、第十子蜀王、第十二子代王、第十八子谷王、第二十二子唐王、第二十三子郢王、第二十四子伊王，皇妃所生也。

第十一子湘献王、第十三子肃王、第十九子韩王、第二十子沈王，皇贵嫔所生也。

第十四子辽王、第十五子庆王、第十七子岷王，皇贵人所生也。

第十六子宁王、第二十一子安王，皇美人所生也。

（明人邓士龙辑《国朝典故》本）

这本《天潢玉牒》说马皇后只生了老四燕王、老五周王，唯这哥儿俩是嫡子，而老大懿文太子与老二秦王、老三晋王，都是“诸母所生”的庶子。与《皇明世系》和《鲁府玉牒》所记同。

此本的一个疑点是，为什么它单说懿文太子及秦晋二王为“诸母”所生，难道皇妃、皇贵嫔、皇美人就不是“诸母”（即妾、庶母）吗？其中似有蹊跷。

关于朱元璋诸子的身世，一共有四种异说，以上是第一种，即马皇后只生了老四与老五，唯这俩嫡子，其他诸王都是庶子。

此说最为骇人之处在于，一向根红苗正的懿文太子朱标竟非马皇后所生，被排除在嫡子之外！

众所周知，朱元璋在“祖制”里多次强调、重申嫡长子继承制。朱标作为皇长子，先被立为吴王世子[①]，在开国之年又被立为皇太子，二十五年间，其地位从未动摇；即便他于洪武二十五年（1392 年）去世后，朱元璋也没有从众多的儿子中另择继承人，而是册封朱标的嫡子，亦即嫡长孙朱允炆为皇太孙。朱标的嫡子身份甚明。假如只有老四与老五是嫡子，朱元璋怎么会公然违背己说，立庶子为储君呢？或换言之，朱标若非嫡子，他干吗要在祖制里不停地鼓吹嫡长子继承呢？岂不是自打耳光，同时亦令皇太子难堪？此说太不通，难以使人信服。

第十二章　大哥的身世四弟说了算

《天潢玉牒》的另外一种本子，其记载与《明太祖实录》相同，持“正说”，即马皇后生五子说。

一本书何以会出现正、异两种不同的版本？

《四库全书总目提要》指“异说本”《天潢玉牒》记懿文太子为诸妃所

① 亲王的法定继承人称世子，世子之于亲王，犹如皇太子之于皇帝。

生，马皇后只生燕、周二王，与正史不合，“盖当时谀妄之词，不足据为实录者矣”。清代学者都不取此说，认为它是玉牒的编者为“取媚”朱棣而擅自篡改编造，并不可信，所以《明史》的立场仍持“正说”。

因为解缙担任过二修本《明太祖实录》①的总裁官，人们怀疑此说可能也采入了《明太祖实录》。第一稿《明太祖实录》是建文朝修的，指斥燕王为逆党，朱棣自然不满，即位后下令重修。具有讽刺意味的是，监修官竟然是率兵“征燕”失败的大将军李景隆！但监修一般只挂名，具体负责编纂的是总裁、纂修等官。这一稿修改完毕上呈后，朱棣没有任何不满的态度。然而九年之后，突然下旨重修，理由是监修官李景隆、茹瑺“心术不正，编辑不精”。所谓“心术”，只能与靖难之役有关，此时李、茹二人皆已败死，而实录中存有对朱棣不利的材料可能于此时遭到揭发。

还有一种说法，称有人在朱棣面前进谗言，说解缙任意篡改世系，把懿文太子说成庶出，太过骇目，他这么做，是故意给皇上伪造身世留下罅隙，以此激朱棣之怒。解缙失宠被杀，与他修史时自作聪明有关，也算是“聪明反被聪明误”。

朱棣被人提醒后，恍然大悟，于是下令再次重修实录——这回，懿文太子与秦、晋二王又回归马皇后亲儿的建制。这就是今日所见《明太祖实录》之“正说”，《天潢玉牒》也重新做了修订，以从“正说”。然而几年间，玉牒已经多有颁赐和流传（如鲁王府所藏），抄不尽抄，便留下了两种不同的记载，使朱棣改窜身世的秘密露出了马脚。

如果说解缙故意将众所周知的嫡嗣储君懿文太子降为庶出，而把朱棣升为嫡子，可是他为什么一定要拉上周王朱橚，也说他是嫡子呢？

在第一种异说里，唯称燕、周二王是嫡出，余皆为庶出。奇怪之处在于，这位周王爷并非嫡子，不仅证据确凿，而且名声很大。说起此事，与朱

① 《明太祖实录》初稿完成于建文年间。朱棣即位，即命重修，是为二修本。永乐九年复命再做修订，是为三修本，也就是今存之本。而前二修之本皆已佚失。

元璋的宠妃孙贵妃有关。

洪武初年,孙贵妃在宫中的地位仅次于马皇后,洪武三年封贵妃,“位众妃之上”。但天不假年,孙贵妃活到洪武七年九月就死了,年才三十有二。对于爱妃的死,朱元璋满心悲痛,追封她为“成穆贵妃”,因为孙贵妃没有儿子(但生有三个女儿),命第五子朱橚“行慈母服三年”,为之服孝三年,而东宫及诸王皆一体服丧一年。

过去的人家,妻妾多,对孩子们就有嫡母、庶母与生母之别。嫡母是主人的正妻,即爸爸明媒正娶的大婆,对皇帝就是皇后。庶母是他的妾、小老婆,说好听些,也称侧室、次夫人,对皇家而言,就是众妃嫔。生母是孩子的生身之母,她可能是妾,也可能连妾都不是,比如老爷在柴房里欺负的一个丫鬟,便宜占了,孩子也生了,可始终没名没分。

在这个大家庭里,嫡母身份最重。然而这只是宗法制度确立的地位,嫡母有没有威严,到底还是一家之主的老爷说了算。有的老爷喜欢在外面偷吃,不顾家,或者在家偏心眼,溺爱妾侍,夜夜只往厢房里钻,把原配晾在一边,这位嫡母就只有干着急的份儿,说话毫无分量。但嫡母的财产权和宗法权,是得到法律保障的,尤其是在老公死后,只有嫡母才能进祠堂;老公做了大官,什么孺人、安人,乃至一品夫人的桂冠,只有嫡母才有资格戴;嫡母所生的孩子,在家族中居于绝对的优势地位。所以嫡母的好处,往往体现在老公死后,而狐媚小妾,只在老公生前得势,老公一死,她在家庭中的地位就岌岌可危,如果妾侍没生孩子,甚至可能被家里女主人“找媒婆领了,发卖出去”。这样的故事,在“三言二拍”里不为少见。如果用我们今天熟悉的词来比喻,那就是:嫡母是单位的正式工,庶母是合同工,生母之无名分者是临时小工。

朝廷是万民的表率,宫廷所执之礼,对于天下百姓具有表率作用。朱元璋发动所有的皇子,包括作为嫡子和储君的皇太子朱标,一起来为庶母孙贵妃服丧,这是前无古人、于礼无据的新例,是“哀礼”的创新。

老五朱橚为孙贵妃“行慈母服”,守孝三年。这个“慈母”可不是“自古慈母多败儿”的慈母,“三礼”之一的《仪礼》是有标准释词的:

“《传》曰：慈母者何也？《传》曰：妾之无子者，妾子之无母者。父命妾曰：‘女（汝）以为子。’命子曰：‘女（汝）以为母。’若是，则上养之，终其生如母，死丧之三年如母，贵父之命也。”

这段话意思较为浅近，说一位妾没有儿子，一个妾生的儿子失去了母亲，作为家主的父亲就分别对他俩说：“让他给你做儿子吧。你就认她为母亲吧。”两下一撮合，本不相干的庶母（父之妾），就成了慈母（即养母），妾生的儿子（庶子）以母事之，死了为之服三年之丧。

三年的丧期，名曰“斩衰”，是最重的哀礼。为什么为慈母要“服三年”之丧呢？这是“贵父之命也”——因为父亲老大人就是这么安排的！

看官您看，古礼的着落点，往往在男权主义之上。

朱元璋为了证明他理论的正确性，敕令儒臣编了一本书，名为《孝慈录》。书里明白记着：“子为慈母，谓母卒，父命他妾养己者。”说明孙贵妃在生前就与老五朱橚结了个对子，成为养母子关系，而不是孙贵妃突然死了，无孝子领衔哭丧，临时拉个皇子来充数。孙贵妃是“妾之无子者”，而周王正是“妾子之无母者”。换言之，周王绝非马皇后之嫡子，他不过是个没人疼的孩子，幸而得孙贵妃照顾了几年，不幸孙贵妃也死了。

这从情理上也讲得开。洪武七年（1374 年）时，马皇后还没有死，朱橚若为马皇后所生，作为嫡母之子，怎么可能降为庶子，给侧室去当孝子呢？还要“主丧事”，服三年之孝，就像过继出去一般。依常理，朱元璋要为孙贵妃择嗣，定然从诸子中择一孤苦伶仃且俊美乖巧的孩子，怎会去夺马皇后所生之子？况且马皇后活得好好的，凭什么送一个儿子给别人养？

在传统社会，嫡庶界限森若壁垒，嫡子出继给庶母，不是小可之事。服三年丧又是件极苦的差事，不仅苦（饮食穿着及婚嫁等事都会受影响，比如性生活、穿花衣服、吃大鱼大肉，都不行，结婚也得等一等），还须摔孝子盆儿，尽哀大哭，九叩八跪，呼天抢地，若其生母健在，瞧在眼里，真要尴尬到死，大呼晦气。

朱橚又不是一般小孩子，他在洪武三年封王，洪武七年时已经十六岁了，虽然父命如宙斯之雷霆，他不敢不从，但让尊贵的小王爷没来由地去淘这等晦气，心不满情不愿，也非老父亲的本意呀。

总之，从周王朱橚为孙贵妃服三年之丧这件事，我们可做如下判断：

第一，周王小小年纪，已失其怙，他的生母应该在他很小的时候就去世了，他自己从未对生母行孝，而慈母（养母）豢养有恩，所以令他当孝子，一则知生母情，一则报养母恩。

第二，如果周、燕二王同母，那么燕王也是很小就失了生母，亦必养于某宫，周王既养于“位众妃上”的孙贵妃，则年长些的燕王养于马皇后，应该也有可能。

明末人张岱即认为燕王是庶妃之子，至于如何变成马皇后嫡子的，他断言道：

“成祖（朱棣）生，孝慈皇后妊为己子，事甚秘。”

“妊”指怀孕，意思是说朱家老四要生了，马皇后先装起大肚子，待孩子生下来，就当作自己身上滚下来的肉，仿佛是狸猫换太子故事的重演。但既然“事甚秘”，张先生如何得知？不过猜测之词罢了。他的观点是，朱棣乃一宫人之子，为马皇后收养长大。

周王朱橚为庶母服丧这件事，在当时影响很大，还出了书，所以内外都知周王是庶子。然而《天潢玉牒》等书将“今上”与周王绑在一起，到底有何好处？假如朱棣是冒嫡，那么他与庶出的周王认亲兄弟，对他相当不利。如果说解缙是为了献谀，故意贬低懿文太子的身份，这好理解，但他何以连皇上已经去世的二兄秦王、三兄晋王也一并贬斥，都说成是庶出？他又为何独爱周王，一定要将他与“今上”一起抬举为嫡子？

有学者解释说，燕、周同母，朱棣咬定自己是嫡出，只好强扯了周王，一道改换门庭，投到马皇后的膝下。吴晗先生《明成祖生母记疑》一文即持此说。

这种解释貌似有理，其实经不起推敲：周王扮孝子的事，是写进了《孝慈录》《明太祖实录》的，不单掌管礼仪的官员，一般内外朝官都知道，不单朝官，宫廷内外谁人不晓？就是一班皇子，也都为周王的慈母服过一年丧，在丧礼期间，老五兄弟还是众王子的楷模，如依今日的情势，还要发动全国人民一起来向周王学习，或请周王上电视讲话呢！这样一位大名人，朱棣拉他一起来“升天”，摇身一变，孙贵妃的孝子忽然变成马皇后的嫡子，败露起来，岂不更快？

傅斯年先生曾见一抄本，所记皆明代笔记，其中一条说，周王府中传说，成祖与周王同母，皆非马皇后所出，故建文帝削藩时，周王受责最重，而燕王尤感不安。待燕王战胜入京，与周王相持痛哭。其后周王骄奢，终为保全，所赐恩泽亦最重。如果傅先生所记无误，则在明代时，燕、周二王同母而皆非马皇后之子的说法已有较广的流传。从实录来看，燕王即位后，对周王独厚，是有目共睹的。但对周王好一点，并不一定证明他们就是亲兄弟，这只是“合理”的推测，而非笃实的证据，这个问题至今没有弄清楚。

第十三章　大明天子竟然“非我族类”

上文指出关于朱元璋前五子身世的两种异说，其一，唯朱棣与朱橚为马皇后所出嫡子，余皆庶子；其二，朱棣与朱橚同母，皆非马皇后所出。

此外还有一种异说，谓朱棣为达妃子。

王世贞《二史考》引黄佐《革除遗事》说：“《革除遗事》则谓懿文、秦、晋、周王为高皇后生，而太宗（朱棣）为达妃子。”经查，今本《革除遗事》并无此条，疑为脱文。

“达”，在明代指漠北蒙古人，如达官、达虏等。《革除遗事》所说的“达妃”，应指一位鞑靼人妃子。

此说与五子皆嫡的“正说”正好相反，唯将朱棣从嫡子中开除出去，还非常不客气地说他是“达妃子”，很有些“非我族类”之意。

《革除遗事》记建文朝史事，其基调是同情建文君臣，故此说存在刻意贬低篡逆者之嫌。但该书并非无中生有，在明代中后期，关于成祖生母为鞑靼人的传说，流布甚广，甚至在蒙地都有流传（见下文），该说只是其中一个变种而已。

《革除遗事》未能指明那位“达妃”姓甚名谁，大致同一时期，达妃开始有了具体的姓氏，但仍不统一，有碽氏、洪吉喇氏及甕氏等多说，其中碽妃说影响最大。20 世纪 40 年代，傅斯年先生作《明成祖生母记疑》一文，引发了关于明成祖生母之谜的大讨论，吸引了好些位史学大家的参与，如吴晗、朱希祖、李晋华，还包括频频提供材料的陈寅恪、孟森等先生。多数论者认为，明成祖的生母不可能是马皇后，应定为碽妃，唯朱希祖先生坚持“正说”。

朱棣为马皇后之子，本无甚异议，直到碽妃像孙悟空一样从石头里蹦出来，而这颗“石头”，便是明朝末年出现的《南京太常寺志》一书。

太常寺是掌握祭祀的衙门，南、北二京都设有太常寺机构，南京太常寺负责南京内府及孝陵、懿文太子陵等处祀礼。“志”，是记职掌及沿革之书。《南京太常寺志》不止一部，《四库全书》载入“存目”（指存其名而不收其书）的，是在嘉靖朝任南京太常寺卿的汪宗元所辑十三卷本。一些作者误以为记载碽妃的就是这部书，其实不然，抛出成祖身世惊人内幕的，是沈若霖所著四十卷本《南京太常寺志》，该书成于天启三年（1623 年），今已佚失。

该书在明末引起人们的重视，主要因为它记载了明成祖生母为闻所未闻的碽妃，并定懿文太子及秦、晋二王生母为李淑妃（至关重要的周王，该书阙载）。可怜的马皇后，被剥夺了一切子嗣，变成“无出”了——此为又一种“异说”。

虽然此前民间已有成祖之母为达妃的传说，但多数人还是相信成祖为马皇后嫡出，想不到《南京太常寺志》这样一部记载祀典的志书，竟然爆料说成祖生母为不知名的碽妃，而包括懿文太子在内的诸子都非马皇后所出，令人惊愕，所以该书面世后，立即引起时人的关注。

此说与玉牒及正史抵牾，为独家材料。而该书所记为“南太常职掌相沿”，颇具权威性，故孰是孰非，愈难辨明。何乔远《名山藏》虽然录入此说，但表示无法做出结论，“谨备载之以俟后人博考”。说实在的，“博考”到今天，仍无令人信服的定论。

也有许多人完全接受了《南京太常寺志》的观点。如谈迁《国榷》直言

“成祖，母碽妃”，将来历不明、虚无以考的碽妃坐实了。

谈迁的主要依据是《南京太常寺志》所载太祖陵（南京孝陵）享殿内众后妃的位序。过去宗庙配享是论位次的，规矩是“左昭右穆”，即中间为祖先，其下左（东）为昭，右（西）为穆，依长幼尊卑之序排列。碽妃的位置是“穆位第一”，即太祖夫妇以下，右（西）列第一位。谈迁在《枣林杂俎·彤管篇》中转载了《南京太常寺志》所记太祖孝陵享殿内神主的排列顺序及与诸王的关系，图示如下：

太祖与马后

西列（穆）	东列（昭）
碽妃（生燕王）	淑妃李氏（生懿文太子，秦、晋王）
	皇□妃□氏（生楚、鲁、代、郢、齐、谷、唐、伊、潭王）
	皇贵妃□氏（生湘、肃、韩、沈王）
	皇贵人□氏（生辽王）
	皇美人□氏（生宁、安王）

享殿里，朱元璋与马皇后居中南向，诸王之母皆居东列，唯独一个名不见经传的碽妃，独立于西列。这让脑筋里记得太子及秦晋燕周诸王都是马皇后嫡子的人，一眼瞧去，不禁怪诧：原来懿文太子不是马皇后所生，成祖也非马皇后所出，官史上说生了五个嫡子的马皇后，膝下竟如此荒凉，没有一个子息——这未免盛亦太盛，衰亦太衰了！

谈迁并未轻信《南京太常寺志》的记载。孝陵享殿深密，外人不得而窥，谈迁曾拿着这本书向守陵宦官请教，“野外调查”的结果是：“孝陵阉人俱云，孝慈高皇后无子，具如志中。”看守孝陵的太监也说马皇后无子，印证了《南京太常寺志》的记载。

这么说来，该书的内容应极可靠了。然而孝陵享殿的配位名单及其次序，却与《天潢玉牒》不同，对此谈迁只是说："享殿配位出自宸断，相传必有确据，而微与玉牒牴牾，诚不知其解。"他也是好生疑惑，然难以解答。

当时许多人对此都很感好奇，例如《三垣笔记》的作者李清，弘光元年(1645 年)元旦这一天，他和礼部尚书钱谦益奉命拜谒孝陵。钱谦益是明末大才子，素称博学，写过《明太祖实录辨证》一文，是洪武朝史事的专家，他又是礼部尚书，祀典正为其管下之事。可是，李清和他说起此事，他也搞不明白。李清就建议，不如亲自去享殿查验一番，《南京太常寺志》所记对不对，自然一清二楚。这正中钱谦益下怀，于是两人祭毕，觑个空子，一起跑进享殿里做考证。掀开重帏一看，果见其中的排位顺序与记载相同。

太祖众妃神主的排列次序，不单孝陵享殿如此，南京大内奉先殿亦是如此摆设。万历十四年(1586 年)，南京太常寺卿沈玄华曾作《敬礼南都奉先殿纪事》诗，道奉先殿里"高皇配在天，御幄神所栖。众妃位东序，一妃独在西。成祖重所生，嫔德莫敢齐。一见异千闻，实录安可稽?"沈玄华指出，碽妃一人独立于西，是"成祖重所生"的缘故。

可见，孝陵的配享状况，在万历年间便已如此了。

碽妃之事，既载于职掌志书，其祀典布置，又为多人亲眼目击，证据力非常强，所以当 20 世纪 30 年代学界重新讨论明成祖生母之谜时，多数学者都认定朱棣非嫡子，其母为碽妃，几为明史学界的定论。

在《南京太常寺志》之前，已有一些关于成祖身世的逸闻，但都影响不大，自此书面世，人们便全像脑残粉丝一样追随碽妃而去，几乎再没人相信朱棣是马皇后的儿子了。

"《南京太常寺志》为官书性质，当无诞妄，此与传说不同。"傅斯年先生认为，"在此等互相矛盾而两方面皆有有力之史料为之后盾之时，只有一解可以通者，即成祖生于碽妃，养于高后，碽氏为贱妾，故不彰也"。

朱棣生于碽妃，养于马皇后，故自称嫡子，这是傅先生的观点。他进而解释说：碽妃之所以默默无闻，是因为她出身贱妾，所以声名"不彰"。傅先生且认为，这是唯一可通的解释。

在明成祖身世的讨论中，论者多引今已不存的《南京太常寺志》，以为是可信的史料，却少有人对该志本身进行探究。其实这部书未必就是“官书性质”，其内容大有可疑。

首先该志记载的孝陵享殿的配位太奇怪了，自洪武以来，没有哪位皇帝的享殿里会安排妃子的位置。道理很简单，有谁在祖庙和祠堂里见过妾侍（庶母）的牌位？而恰恰在太祖陵寝的享殿里，排演了那样一场热闹的大戏，一班妻妾齐上堂，左侍右立，好不热闹！难怪那么多知名学者讨论如此之久，也没把问题完全澄清。

根据“正说”，懿文太子以下五兄弟皆马皇后所出，而孝陵享殿配位则完全相反，在这里他们都变成了庶子，马皇后则成为光杆女司令，昔日风光一把伞似的于此尽收。

假如南京孝陵享殿及奉天殿里所供之碽妃，确实是朱棣为了私祀其生母，刻意安排的，那么享殿里只应列三人：他爸爸朱元璋、嫡母大妈马皇后和亲生母亲碽妃，这才合理。他何必帮对头懿文太子等人张罗，把他们的母亲也一并供起来？他如果存心诬蔑懿文太子等兄弟，这么大一桶潲水，搁在他妈对面，不怕臭不可闻？似绝无此理！孝陵深邃的享殿里，众多妃子，都是多余的。

在一夫多妻制度下，妻妾争宠，一大家子闹得死去活来，这是常态。妻妾活着争宠，死了照样争——也就是死活都要争。“死去元知万事空”，死了还争什么呢？要争牌位往哪里摆，遗骨往哪里葬。

我们知道，祠堂里的牌位不是乱摆的，祭祀是古代礼制的核心，“随便”二字可以用来做雪糕的牌子，“三礼”里可绝无随便二字。即便是皇帝，他若随心所欲，坏了规矩，搞不好就要像嘉靖初年的“大礼议”一样，闹出多年不息的大风潮和大政争！

然而，朱元璋孝陵享殿内，妃嫔们的配享之位，就礼制而言，完全是怪胎。

前文提到，关于诸王身世的种种异说，主要是天启三年《南京太常寺志》撩起的。作为记载祭祀典礼的职掌之书,应该明确记载所祀妃子的姓氏及其封号,可是书中没有。当时在社会上流传较广的《天潢玉牒》一书,对于众妃子,也只囫囵地写皇妃、皇贵嫔、皇贵人、皇美人生某子,一概无名无姓,也没有具体载明某妃生某子。其体例与《南京太常寺志》大体相同。如果《南京太常寺志》是孝陵祀典的真实记录,为什么诸位妃子皆阙其姓名及封号呢?朝廷每年花那么多钱办祭祀,孝陵祀典每次都由南都大员亲自领衔奉进,那些猪肉、羊肉到底给谁吃了,不整明白能行吗?这样含混而书,对于一部专载朝廷祀典仪礼的"官书",是难以想象的。

我怀疑《南京太常寺志》其实是抄录、改编《天潢玉牒》而成,它的作者还不愿做深入的考订,随便用一些"□"(阙字)来代替姓氏及妃号;该书还吸收了当时社会上关于诸王身世的流传之言,或者听信了守陵太监的话,对玉牒的有关内容随意做了改窜。于是一部"官书性质"的志书就出现了。

其实朱元璋的儿子们,除了太子及秦、晋、燕、周四王身世出现异说,其他儿子的生母都是明确的(参见前文所列太祖诸子及其生母表),只要稍加对照,即能发觉《南京太常寺志》与诸书记载多不合,且有明显的错误。

《国榷》的作者谈迁早已注意到这一点,他指出:《南京太常寺志》将楚、鲁、代、郢、齐、谷、唐、伊、潭九王,说成一母所生,"亦奇"——实在奇怪得很哪!

这九位皇子并不同母,事实是:胡充妃生楚王,达定妃生齐王、潭王,郭宁妃生鲁王,郭惠妃生代王、谷王,刘惠妃生郢王,李贤妃生唐王。这在王世贞《弇山堂别集·同姓诸王表》及郑晓《吾学编》中记得清清楚楚,部分王爷还有墓志为证。作为国家祀典,岂可如此马虎,将尊贵的"龙生九子"随便归给一个无名氏(即"皇□妃□氏")辄了事?

朱元璋二十四个儿子(本来是二十六子,因第九子赵王杞及第二十六子皇子楠夭折,故除名不计,而第九子以下诸王排序均进一位),该志只记了二十人,缺少周王、蜀王、庆王与岷王。皇子也能搞丢!尤其是周王朱橚,他与燕王朱棣的关系纠缠不清,最为紧要,《南京太常寺志》里竟不见其踪影。

可见天启三年《南京太常寺志》是一部质量粗劣、漏洞百出的伪官书，而学者多不察，对其过信，奉之为宝书，这也是“明成祖生母为碽妃”说为人深信不疑的基础。

第十四章　李淑妃白得了三个儿子

《南京太常寺志》将懿文太子与秦、晋二王归于李淑妃名下，也是令人怪讶的。

《天潢玉牒》中，对于太祖皇帝的众多妃嫔，只记李淑妃一人，这是因为李淑妃为朱元璋殉葬了，特留此一笔，以做表彰。

《明史》有李淑妃的传记，说她是寿州人，父李杰，洪武初北征，殁于阵。洪武十七年(1384 年)九月，马皇后三年之丧期满，李氏被册封为淑妃，摄六宫之事，旋又进封皇淑妃，成为不是皇后的皇后。但没过多久就薨逝了。

《明史》里的李淑妃，与《天潢玉牒》中那位为朱元璋殉葬的李淑妃，是同一个人。

李杰战死后，归葬南京，明初著名文臣宋濂，奉皇帝之命，为他撰写了神道碑。碑文说李杰是寿州霍丘县(今属安徽)人，丙申之岁，渡江来投，被划归到大将军徐达麾下听令。洪武元年，随徐达北伐中原，于当年十二月不幸战死。第二年，他的遗体被运回南京，安葬在聚宝山之南(李杰墓今在南京雨花台，已非原址)。李杰的夫人茆氏，封太夫人。亲男二人，老大李文谅官中军都督府都督，次子李文忠，官旗手卫指挥。他的女儿，“今即皇淑妃”，也就是李淑妃了。

从碑文可知，李杰卒年三十八岁，当生于公元 1331 年。丙申之岁，即 1356 年，那时朱元璋已占领南京，李杰是众多游龙过江前来依附的豪杰之一，时年二十五岁。

李杰在建国之初，只是中级军官，他生前任广武卫指挥佥事，是正四品武职，宣武将军为从四品的武散官。据文物部门在李杰墓侧所立碑文介绍,李杰之女为朱元璋所纳,是在洪武十五年,即马皇后去世的那一年。可能因为这个缘故,李氏虽然极得宠爱,却没有得到妃的封号。但李父仍然得到恩荫,被追封为镇国将军(从二品武散官)、都督佥事(正二品武官)。洪武十七年九月,马皇后丧满,才“除服”(脱去丧服,指丧期的结束),李氏立刻被册立为淑妃,并主持后宫事务,随后又进封为皇淑妃。

李淑妃是朱元璋进入老境后所得的新欢,但她并非像《明史》说的,在摄宫事后不久就死了,因为《天潢玉牒》明白记着,李淑妃是在朱元璋去世后的第六天,即龙柩下葬之日自杀殉葬的。

今立于李杰墓前的神道碑文虽为宋濂所作,但立碑时间则迟至“洪武三十一年夏五月二十日”,宋濂死于洪武十四年,至此作古已十七年了。我怀疑“夏五月二十日”为“闰五月二十日”之误(碑文引自朱希祖《再驳明成祖生母为碽妃说》),因为朱元璋死于三十一年闰五月十日,此碑显然是李妃殉葬(闰五月十六日)后,为表彰其“义烈”,特地给她父亲新立的碑。

李杰墓今天作为南京“明功臣墓”的一部分被公布为全国重点文物保护单位,其实是一座外戚墓。李杰本人生前官职不高,去世多年之后,因为妃子的恩泽而被追赠为都督佥事。据考察,李杰墓的规格颇高,其墓前石刻与生前封侯、死后追封国公的吴良、吴桢、仇成等功臣墓相当,这才得以跻身于“功臣墓”,被列入孝陵合并项目,得到国家的保护。李杰的墓葬,很可能是在竖立神道碑时重新加修改建过,其礼制已大大超过他本人的实际地位。

李淑妃之父死于洪武元年冬,她本人在洪武十五年(1382 年)入宫,年纪应在十六七岁,则李淑妃大约生于元至正二十五六年(1366 年,或 1367 年),卒年约为三十二三岁。

李杰至正十六年(1356 年)始追随朱元璋,而太子朱标已于头一年出世,无论如何李淑妃都不可能是太子与秦、晋二王之母。《南京太常寺志》之说必为妄语。就像没有人会祭错祖先,国家祀祖之典更不可能错得如此离谱。《南京太常寺志》既然号称太常寺职守,其内容却如此荒诞不经,表明该书并不是一部官修的志书,只是民间“典礼”爱好者私纂的一部私史,而它的作者勤于抄写，对诸书载记，乃至野闻故事，广收杂取，却惰于博考，失于明察，故该书不足为据。

朱元璋死后，殉葬者四十余人，《天潢玉牒》只记李淑妃一人，可能与她在后宫女性中地位最高有关。但在不明就里的旁观者看来，“这里面一定大有名堂”。忽又见一种版本的《天潢玉牒》，称懿文太子和秦、晋二王都是未知名的某位“诸母”所生，而南京聚宝山下李淑妃父亲的坟墓既宏壮且伟丽，好事者不由得产生联想，将太子等人擅自拨予李淑妃名下，这不是没有可能。

从已确知的事实可以判定，《南京太常寺志》一书疑点重重，问题很大。若此书为伪，则一切关于成祖之母为碽妃的讨论都成缘木求鱼了。可是，偏偏热心的谈迁先生早去孝陵找守陵太监求证过，李清、钱谦益两位先生还不辞劳苦地进行了实地调研，都得到肯定的印证：孝陵享殿中碽妃确有其人，且独立于西列之首。文献记载可假，庄严深邃的皇陵享殿是可以作假的吗？

坦白地说，行笔至此，我也有点“望电脑兴叹”了。

关于明成祖的身世，似乎任何见解，都难免左支右绌，无法给出完美的解答。有高明者或许会说：此事极易，只要打开懿文太子、秦愍王、晋恭王、周定王四位皇子的园寝，看他们墓志上怎么说，不就解开谜局啦？

这确实是个令人振奋的方向，我顺着这个思路求证了一番。

懿文太子朱标葬于孝陵之侧，其陵又称东陵。孝陵已入选世界文化遗产名录，二陵一体保护，恐怕永无发掘之期。秦愍王朱樉和晋恭王朱棡的墓地，已确知其址，但尚未进行考古发掘。

周定王朱橚墓在河南禹州，已然发掘，并发挥古人余热，开始卖门票，供好古者入穴探奇了。我们知道，周王朱橚此人非常重要，他与朱棣关系最为纠缠不清，对找到他的墓志我抱了最大的希望。可令我大失所望的是，周定王墓中居然没有发现墓志！

从现在发现的明代王陵来看，墓志应是王墓中应有之物，如周王的弟弟楚昭王、辽简王、庆靖王、宁献王、唐定王，墓中都出土有圹志。但并不绝对，如鲁荒王、伊厉王墓中就没有发现墓志。有人怀疑，朱棣篡改史实，无所不用其极，竟连已经去世的兄弟们的墓志都不放过，一定要打开地穴，将书刻了他们生母姓氏的墓志"物证"取出销毁。假如此说能够成立，那么将来即便打开秦、晋二王园寝，恐怕也找不到墓志。

虽然几位王爷的墓志现在都还没法考证，我倒另外发现一条新材料，或许能证明三皇子秦王朱樉不是马皇后亲生。

这条材料见于《明太祖皇帝钦录》。该书内容都为朱元璋御笔，真实性非常高。我说的这条材料是洪武二十八年(1395年)朱樉暴亡后，朱元璋亲自撰写的谕祭文。近人俞平伯先生说："那篇《祭秦王祝文》是很有趣的文字。祭文我见得很多，无非痛悼赞美不休，真真是'肉麻当有趣'。至于把它们作得和檄文一般的……我想你们还没有见呢。"怎么叫檄文呢？原来朱元璋这篇祭文，竟像对着朱樉坟头宣读的一篇讨伐宣言(朱元璋经常做一些前无古人后无来者的事情，体现出惊人的创意和想象力)，他对死去的二儿子说：

"你虽然死了，你的罪过犹然显著，今天我就把你活时造的孽，一条条、一款款列出来，你好生听着也！"

我摘其中一条，请大家来领教一下老朱的自创体祭祀文吧。祭文第一条说：

"尔居母丧，未及百日，略无忧戚，不思劬劳鞠育之恩，辄差人往福建、杭州、苏州三处立库，收买嫁女妆奁，孝心安在？"

这一条是指责秦王"居母丧"不孝，说朱樉居丧还不到百天，就开始张罗女儿的嫁妆，顿忘母恩，孝心大大的没有！

如果秦王之母为马皇后，那么他居马皇后之丧的时间，应在洪武十五年八月(马皇后崩)至十七年九月(除服)之间。在这二十多个月的守丧期内，不仅不能办喜事，当孝子的还要对外做出一个悲戚之状。

朱樉生于1356年，洪武十五年(1382年)时，年仅二十七岁。这样一个小伙子，就要嫁女儿了吗？

似乎很不可能。朱樉纳妃是在洪武四年(1371 年)九月,其正妃是元朝的河南王王保保(即著名的扩廓帖木儿)的妹妹,王妃未有所出。洪武八年(1375 年)十一月又册立卫国公邓愈之女为次妃。洪武十三年(1380 年)十月,皇第九孙,秦王之子朱尚炳出世。此子被立为世子,后来成为秦藩第二代亲王,即秦隐王,应为长子。马皇后去世时,朱尚炳还是个不到三岁的孩子,难道他的一个姐妹就要出嫁了?我想,朱樉嫁女儿时,怎么也应该到了洪武晚年。这样说来,那个对秦王有"劬劳鞠育之恩"的母亲,肯定不是马皇后,当然更不可能是李淑妃。

但不知什么缘故,这位生育了秦王,且一直活到洪武晚年的女子,史书中看不到一个字的记载,她也没有得到应有的封号,至死不名。

经考证可知,在号称嫡子的五位皇子中,至少秦王与周王都不是马皇后所出。受周王的牵连,燕王朱棣不是嫡子的可能也很大。晋王不详。而太子朱标应该是马皇后嫡出。我做出这样的判断,是基于他牢不可破的政治地位,从吴元年被立为吴王世子,朱标始终处于储君之位,从未动摇过。如我们下文将介绍的,晋王与太子关系相当好,而与燕王关系恶劣,这或许表明,晋王朱棡与太子朱标,他们才是马皇后亲生之子。血缘上更为亲近,使他们在政治上结合得更为紧密。

第十五章　孝陵太监的导游解说词

可能有看官看腻烦了,您先生絮絮叨叨扯了半天,到底南京孝陵享殿——该建筑现存,听说已改造为一家旅游品商店——众妃的配位你怎么解释呀?朱棣到底是不是马皇后所生?碽妃到底怎么回事?你不能光分析,不给出明确结论啊。大侦探波洛和福尔摩斯,他们在探案时,可都是先给出结论、揪出凶手,再做案情分析的——你整个儿主次颠倒了!

容我拱手作揖,请诸位再稍微保持一点耐心。我以上的分析,是采取排除法,先确定了马皇后夙生五子之中,有两个已不可靠(秦王、周王)。这说明我们现在看到的所有关于诸王身世的材料，无论是“正说”，还是“异说”，都是存在问题的，不可偏听偏信。

在这些材料中，以南京孝陵享殿的妃子配位最为难解，因为它是为多人所目击的朝廷祀典，当时的典礼即如此，你却说它不可信，必须给出合理的解释嘛。对此，我只好本着“大胆假设”的精神，试做一点考察与推测：

孝陵享殿里众妃的排列班次，稍思之，你会发觉它其实蛮好笑的。

首先，明代以左（东）为上，明成祖既要尊他生母，何不请她立于东列？则为班首第一人。否则她还是位居站在她对面的李淑妃之下。

其次，明代不乏生母卑微，皇帝继位后，追崇生身之母的，如孝宗、熹宗等，都在继位后追封其母为太后，并不惜泄了王气，打开先皇的陵寝，请棺床上的先皇与嫡母往边上挪挪，好给他生母腾出地方。你们去十三陵神宗定陵看，棺床上正好三口棺材，并驾齐驱，迎接四方来客。

明成祖既然敢在孝陵享殿里布设那样一个绝密的“天罡北斗阵”，那么，他再稍进一步，把他生母的牌位抬上阁去，与马皇后左青龙、右白虎，两旁夹侍太祖皇帝，而睥睨阁下诸妃，岂不伟哉？这么做，有何不可？他生母立在下面，到底还是个妾！与成祖有光吗？

再者，朱棣若在孝陵享殿及南京奉先殿秘密地（实际上不可能做到隐秘）为他生母竖了牌位，生母之灵算是有托了，可是生母的遗体与坟冢又将如何？要不要重修一下，挪个近陵的地方？还是已秘密打开孝陵，悄没声息地和太祖皇帝合葬了？或仍是学享殿的例，只悄悄在坟上做了个记号，暗地里派太监去祭扫下？

我想，以朱棣之雄豪刚愎，他不会做这等小气之事。而且，假如他的嫡子身份是冒充的，他肯定会希望永远欺骗世人，而非蒙人于一时。那么他在孝陵享殿里搞那些小动作，布设那样一个谜局，不怕为后人留下把柄？这很不像他反复洗改实录、玉牒的做派。

我很难相信，孝陵享殿的配享妃嫔及其位次，出自朱棣的授意安排。那么钱谦益等人所见不虚，又当如何解释？我怀疑，是明代后期看守孝陵的太监根据社会上的传闻擅自更易了享殿的神主。如果碽妃、李淑妃之位在永乐时就已排定，不会在以后一百多年间，毫不为外间所知，直待天启三年为《南京太常寺志》抛出，才引起轰动。

明末纲纪废弛，南都事体久不为当国者重视（如根据明朝定例，南内宫殿任其废坏，不准修理），而阉宦不学，好听传闻，于是妄逞私意，乱做改易，在享殿里造了那样一个景，几百年来骗得历史学家们团团转。

明朝末年纲纪之废弛，从普通游客能私自进入孝陵参观可见一斑。

本朝列祖列宗的皇陵，是极其威严肃穆之地，不仅陵区内所有民户都要迁出，近陵村落的百姓，也禁止入内樵采打猎。因为陵区内一草一木皆沾灵气，处处关系龙脉，是绝对禁止砍伐和随便动土的。谁能想到，本朝太祖皇帝的陵寝，有朝一日会成为卖票参观的景点？还不必等到旅游业昌盛的“新中国”，早在明朝晚期，一些文人雅士，只要肯掏钱，已可公然入陵游赏了。

明末著名才子张岱，在崇祯十五年（1642 年）的七月，就借中元节祭祀，潜进孝陵，大饱其游兴。他还把游览见闻，写入《陶庵梦忆》一书。

享殿是张岱重点考察区域，他怀着兴奋的心情，推开油漆剥落的殿门，走进灯光昏暗的享殿，只见殿后并不宽绰的暖阁内，周围以黄龙帐幔围护，上面摆列两把交椅，褥以黄锦，正面绣龙，甚为华重。

暖阁地上铺着厚厚的毡席，张岱为暖阁中的神秘气氛所感染，竟忘了脱鞋，一步踏进去。带他进来的太监忙拍他一下，张岱慌不迭地蹬掉鞋，高抬脚，轻落步，走进阁中。

他太紧张了，喉咙发痒，忍不住咳了几声。那太监恼火了，作色叱道：“莫惊了驾！”张岱连忙掩住口，眼珠子乱转，向太监抛去歉意。

其实要我说，那太监一定是受了贿，才放闲杂人等进来参观游览的，张岱不过是他的顾客，他却故作神秘，营造肃穆的气氛，好让游客觉得花钱值。

张岱再不敢放肆，躬身掩口，缓缓地往暖阁里张望。“这两把交椅，大概是为太祖皇帝和马皇后准备的吧。”张岱心想。

交椅下有许多座席，其中一座最前，太监告诉他，那就是成祖生母碽妃之位。

“告诉你，这是一件大秘密！”兼职担任导游的太监，忘了刚才“莫惊驾”的教训，开始绘声绘色地大讲起秘闻来：“其实成祖不是马皇后亲生的，你不知道吧，成祖的生母就是这位，磒妃！她怀着成祖爷爷时，马皇后便装出大肚子，对外宣称怀了孩子，等成祖一生下来，就被马皇后收养了，当作自己的儿子来养。”

“那他生母磒妃怎么办？”张岱问。

“这个……”太监眯眼一笑，“宫闱秘事，哪能都那么清楚！”

张岱不得其解，所以他在书后只交代一句：“事甚秘！”便如那死太监一样，没了下梢。

不过各位看官，太监的话您只可当导游词来看，不要以为那真是被斯诺登公开的什么绝密情报。

张岱再往下看，愈发奇怪：“再下，东西列四十六席，或坐或否。”

据他的描述，当是磒妃独占一行，最前，下面还有四十六个妃子，分东西排列，有的站着，有的坐着。这场景，显然与沈若霖《南京太常寺志》所记，或与钱谦益、李清所见，皆不相同。他们都称磒妃一人独立于西列，而张岱所见，是磒妃“稍前近阁下”，她的席位最前，离交椅最近，在她下面东西分列着四十六名妃子的席位。从她们“或坐或否”的形态来看，似乎都是塑像，而非神主了。

我摸着脑袋生疑：难道孝陵守陵太监为了发展旅游产业，竟如此下本，为太祖的妃子们都塑了泥像？

不知张岱所记，只是出自他的目击，还是参考了他人的记载？嘉靖时人郑晓在《今言》一书中说：“太祖孝陵里不知祔葬了几位妃子。我见祭陵时，旁边列四十六案，或坐，或不坐，大抵都是太祖的妃嫔。”其中文字与张书相似，大概暖阁中席位太多，张岱不暇细数，引用了前书的材料，也未可知。

郑晓与我们多次提到的王世贞，同被称为明代的“掌故大家”，郑晓在嘉靖中期还一度任过南京太常寺卿，掌理南京祭祀，其言是可信的。然而

《今言》一书中全无关于碽妃生成祖，或李淑妃生太子的记载，我想如果郑晓有幸见到孝陵享殿的热闹家宴，如此宝贵的内幕材料，他一定会迫不及待地写进他的书里。他没写，应该是那时还没有。

孝陵享殿内设立四十六个妃位，显然是将孝陵殉葬妃子都安排进来了，而不是像《南京太常寺志》所记那样，配享孝陵的仅仅是生有皇子的妃嫔。

瞧，同样是当事人、亲历者，张岱与李清两人参观的时间只隔三年，而所记已大不同。这只能说明，南京祀典因为不为朝廷所重，守陵太监任意操弄，胡作非为（如张岱亲眼所见，亲鼻所闻，祭陵之日进膳，“牛羊已臭腐不堪闻矣”。想不到英雄一世的朱元璋，死后只能吃臭肉，他的子孙也不来管管），他们随意改变祀典，是完全可能的，甚至为了迎合游客的需求，增加“旅游收入”，乃根据社会上的传说来“设计”祀礼都有可能！现在一些旅游景点，不都是这样做的吗？

这或许是一个可以想见的缘故吧。

第十六章　永乐皇帝也着了道

碽妃之碽，极为少见。《康熙字典》采了此字，下注道：“明（太）祖妃碽氏。”字典收这个字，显然是根据明成祖生母为碽妃的传说而来，除此之外，再见不到此字用在别处的例子。这似乎说明，是先有了碽妃的传说，人们再根据她姓氏的音写成文字，所以才出现这样一个不寻常的怪字。

碽妃是什么人，什么来历？谁都说不清楚，在史料上更是毫无蛛丝马迹可寻。很喜欢下断语的吴晗先生，这回也为难了，摇头道：“碽妃则行历不详，只好阙疑。”他虽然主张明成祖生母为碽妃，却也承认，实在搞不清楚碽妃是什么来头。

碽妃本是无从考证之人，然而但凡论成祖生母的文章，几乎毫无二致地把碽妃当作一位“达妃”。这看起来合乎情理：“碽”不似一个汉姓，更像一个音译字，容易让人联想到碽妃是一位外籍女子。而就元末明初的时势来看，她可能是蒙古人（“韃靼”通“达达”），还有可能是色目人，或高丽人，而绝不会是红衣大炮国之人或印第安人，因为那时的中国根本就没这一号人。

为什么说只有达达人、色目人和高丽人才有可能呢？

蒙古人自不必说，他们是刚刚过气的统治民族，现在虽然逃回朔漠去了，但在长城内留下了大量族裔，他们被通称为达达人。达达人在明朝做官，与汉人通婚，分布亦广。

在元朝兴盛时，大量来自西域、中东等地区的色目人，进入中原。他们在元朝的种姓排行榜上，仅次于蒙古人，而高于人口数量庞大的汉人与南人①。

高丽是元朝的属国，高丽国王还兼着元朝的征东行省丞相。高丽男人在中国的不多，女人和“半男人”却不少，他们主要生活在大都（今北京）的后宫里，是服侍皇帝的妃嫔、宫人与阉宦。高丽直到洪武二十五年（1392年）才为李成桂建立的李朝所取代，并由朱元璋赐国名为朝鲜。

在以上三个种族中，傅斯年先生首先否定了色目人。他的理由是：来自西域的色目人深目长眉，不符合内地人士的审美习惯，与朱元璋吃不到一个碗里；他又说蒙古人面饼体阔，憨厚朴实，缺少风情，与高丽人相比，差之太远，故他将碽妃定为高丽人，至少碽妃为高丽人的可能性最大。可我说，傅先生差矣！如果碽妃是你老先生的妃子，此理还站得住脚，可那是朱元璋选妃，他好吃哪一口，不好吃哪一口，哪有您这样替他分析的？实在令人莞尔。

总之，学者在成祖之母是异族女子这一点上达成共识，但对其具体的种族，却各有高见。这就造成传说在流传过程中，各随传播者的雅好和喜尚，发生分流，有说她是“达妃”的，有说是“高丽妃”的，有的干脆说她是元顺帝的妃子。

这种选择所体现的个人取向，在口碑流传中尤为明显，比如现在网上讨

---

① 汉人大致等于北人，即中国北方地区的民众，南人则包括了生活在中国南方地区的各个民族，其区分以宋、金疆界为线。

论碽妃到底是达妃还是高丽妃，有人就浑说：我宁愿她是一位达子，也不相信她是一个“棒子”。以此推想过去的著书家，他们不也有着各自的喜好和倾向吗？

再举一例：南京南郊的大报恩寺，是朱棣为纪念其父母所建，文献里明明记着，被纪念者是太祖朱元璋和马皇后。自碽妃出来后，人们再提到大报恩寺，就津津乐道说，那是成祖为纪念生母碽妃而建。这位碽妃，比起朱元璋夫妇来，似乎更招人待见。

可传说毕竟与文献矛盾，怎么解决这个问题？新说很快出来了，称大报恩寺明地里是纪念朱元璋和马皇后，暗地里却是纪念碽妃，这就是兵法里的“明修栈道，暗度陈仓”。

凭什么这么说？很快又出现了实物“证据”，这就是大报恩寺地宫之谜和一个所谓的“碽妃殿”。民国时人陈作霖，小时候到大报恩寺游览，见正门内有一座大殿，始终封闭，谢绝参观。有“金陵故老”告诉他：“大殿里供的是明成祖生母碽妃，故名碽妃殿。”这不是很好笑吗？明朝亡国都三百年了，大报恩寺数遭兵火，焚了又焚，瓦砾成堆，还有谁尽忠职守，替明成祖看守他妈的（不是骂人）“碽妃殿”？

我觉得不大可能是那位“金陵故老”随口编个故事，拿少年陈作霖耍子玩笑，很可能是大报恩寺的和尚们，同看守孝陵的太监一样，念完经，抛开书，直撞入红尘，他们欲借用碽妃传奇，利用游客的好奇心，来发展本院的旅游事业，增加门票收入，贴补三界外的用度。结果不单陈作霖上当了，好些历史学者也上了当，把陈作霖所记当作宝贵史料来用，以为是确有碽妃的力证。难道我们随便走到某座山里，见到一个什么“妃子洞”，听当地导游说，当年黄帝的正妃曾在此歇脚，就可深信不疑吗？

写到这里，我手敲键盘叹息：有时候我们真不知道，我们所读之书，到底是历史呢，还是旅游景点的解说词？

明代晚期，社会上已普遍传言，成祖朱棣是“达妃”之子。但这位“达妃”姓甚名谁，说法不一，有说弘吉喇氏的，有说甕（瓮）氏的，也有说碽氏的，这些字样都不寻常，皆非汉人姓氏，而碽、洪、甕三字音近韵同，很可能是流传中的错讹与变异。

成祖之母“达妃”，除了鼎鼎大名的碽妃，还有一个弘吉喇氏，被人确指为元顺帝之妃。如果说碽妃说太过讳密，那么此说称明成祖是元顺帝的遗腹之子，简直就迹近于神奇了。

此话要从洪武元年说起。这年秋天，明军北伐大军非常顺利地攻至元帝国的统治中心京畿，元朝末帝妥懽帖睦儿一听到明军前锋已至通州的消息，马上放弃都城逃跑了。

朱元璋因为他没有抵抗，就说他是“顺天应命”，在他死后，追谥他为顺帝——这就是元顺帝的由来。而妥懽帖睦儿的子孙给他上的庙号是惠宗。

我不耐烦去查对谥法书里是怎样解释“惠”这个字的，凭印象来说，好像凡皇位坐之不稳，或坐不长久，带着过渡性质的人物，常被加上这个字。如建文帝朱允炆，天下没守住，把皇位弄丢了，他在宗庙里便没了位置，直到明朝要亡国了，弘光帝意识到“团结就是力量”，才给这位先祖补上庙、谥，称之为“惠宗让皇帝”①。

除了顺帝或惠宗，这两个带有史评性质的称号，还有人以妥懽帖睦儿的出生之年，称他为“庚申君”，如元末明初人权衡撰写《庚申外史》，讲的就是这位末代皇帝在位时期的事。对于元朝遗民，这种称呼，恐怕是两平之法吧。

妥懽帖睦儿本人肯定不会喜欢“顺帝”这个称号，但本书为行文之便，只好强人所难，还是以“顺帝”来称呼这位不祥而多难的末代君主吧！

顺帝妥懽帖睦儿是达达人的总头目，被称为“达主”，他的妃子弘吉喇氏正是一位“达妃”。

在切入正题之前，不妨先抽回身，说一位古人。而要扯住这位古人的衣襟，则不得不往回跨越三个朝代（明、元、宋），直追向元朝投降的那位宋恭帝。

---

① 惠宗是庙号，即在皇家宗庙里的名号，“让”是谥号。

南宋于1276年亡国，恭帝时年仅六岁，他还不晓得投降是啥玩意儿，反正糊里糊涂地就由君降为了臣。元人倒还厚道，没有杀他，封他做了一个瀛国公。可惜这位公爵大人既无封地，也没法世袭，为了避祸，他甚至削去头发，做了一名游僧，在甘、藏一带修行。可是降君难当，数十年后还是因为做了一首牢骚诗，被勒令自杀了。

潦倒的瀛国公与失国后颠沛流离的元顺帝，分别是两个朝代的末代皇帝，八竿子打不着，没有半毛钱关系，可偏偏被人撮合在一起，有人说，元顺帝是宋恭帝的私生子。

想象一下，宋恭帝站在珠峰之崖，远望白头神山道："我失了国，不打紧，我的儿子终将成为你们的可汗和皇帝！你们听着，我的儿子还将断送你们的王朝，让万马奔腾，碾碎你们的财富、荣誉和生命！"——还有比这更爽的快意恩仇吗？可惜这只是绝妙的想象，毫无事实根据，怪只怪元朝享国太短，居然让前后两个朝代的末帝扯上父子关系。

如果细细掰扯宋恭帝与元顺帝的关系，那就彻底跑题了，我们还是继续讲元顺帝与明成祖的"父子情缘"。这又是一幕怪诞喜剧，而贯穿剧情的中介人物，就是顺帝之妃弘吉喇氏。

明人王世懋《窥天外乘》说："成祖皇帝为高皇后第四子，明甚，而野史尚谓（成祖）是元主妃所生。"王世懋是王世贞的弟弟，都是嘉、隆、万时期的人，据他的报告，朱棣是元帝妃子所生的传说，在明朝中后期已经流传开来。

这位"元主妃"是谁？成书于清康熙元年的《蒙古源流》说她是弘吉喇部的女孩。

该书记载了一个在塞外流传的故事，大意说：元顺帝（原文为蒙古托衮穆尔乌哈噶图汗）岁次戊申年（即洪武元年，1368年），朱洪武年二十五岁，袭取大都，即汗位，称为大明皇帝。

"朱洪武"显然不是本朝士民对太祖的尊称，如朱元璋在《满文老档》中被称作"朱太祖"。清太宗天聪三年，皇太极致辽东军民书中说："尔朱太祖原系僧人，赖天眷佑，起为皇帝也。"朱洪武、朱太祖等称谓，皆非敬语。

《蒙古源流》接着说:朱洪武即位后,自称大明皇帝。此时,元顺帝的第三福晋,即弘吉喇特托克托太师之女弘吉喇氏,已经怀孕七个月了,洪武汗竟纳她为妃。

过了三个月,仍在戊申年,生一男孩。朱洪武降旨说:“从前我汗曾有大恩于我,其恩应报,可以此儿为我子,尔等勿以为非。”他明知弘吉喇氏所生之子是元顺帝的遗腹,仍将这孩子认作己子,抚养长大。朱元璋解释说,元顺帝对我有大恩,我这是报他的恩德。大概蒙古人才这么淳朴吧,朱元璋可没有像草原一样广阔的胸怀。

且说朱洪武还有一位汉人福晋,育有一子,名叫朱代,加上这个“夷种”,朱洪武就有了两个儿子。

朱洪武在位三十年,在五十五岁上死了。官员们集议,该由哪位皇子来继承大统?大家都说,蒙古福晋之子虽然为兄,但他长成后不免与汉人为仇,汉福晋之子虽为弟,乃是嫡子,应奉为汗。于是众人共奉朱代即位,是年二十九岁。然而朱代在位四月即卒,没有儿子,群臣只好仍请蒙古福晋所生之子即位。该子时年三十二岁,在位二十二年,于庚子年五十岁上去世。

这就是《蒙古源流》讲的故事。

《蒙古源流》的作者似乎数学没学好,他讲蒙古福晋之子三十二岁即位,在位二十二年,死时不是应为五十四岁吗?怎么五十岁就死了呢?谁偷去了那四年时光?

其实这故事错漏百出,只具民俗学上的意义,而毫无历史价值,不必细辨。但此说在蒙地流传甚广,如蒙古《黄金史纲》(17世纪初成书)也记载:大都城破时,顺帝的妃子弘吉喇氏已怀孕三个月,未及出逃,躲在一个大瓮中避难,为明军搜出。朱元璋喜其美色,将她纳为妃子,称为瓮氏——原来“瓮”是这么来的,不知“碽”又怎么讲?

“我已怀有身孕,南朝那个傻皇帝还不知道。”弘吉喇氏心中惶惶不宁。“可七个月后,足月生产,孩子的身世一定暴露,必然被杀。怎么办呢?”思来想去,唯有怀胎满十月,朱元璋才会把孩子当作亲生之子,抚养他长大成人了。于是弘吉喇氏虔诚地向天祈祷,请上天再多添三个月的孕期,好保存顺帝所余的一点血脉。

幸亏老天作美,弘吉喇氏足足怀胎十三个月才分娩,产下一子,即是被封为燕王的朱棣。

这故事说,朱元璋纳元顺帝有孕之妃,生一遗腹男孩,后来这孩子登上了大明的宝座,等于元顺帝所失之国又"飞去来"也。这与瀛国公私生顺帝,顺帝登元朝大宝,讲的都是国家失而复得的故事,其主旨何其相似,难道不是同一故事的翻版吗?

朱棣为元顺帝遗腹子的传说非常不可信。朱元璋在称帝以前从未经略河北、中原,洪武元年兴兵北伐时,生于至正二十年(1360年)的朱棣已经九岁了。他怎么钻,也钻不到顺帝妃子的肚子里。

这个传说不知是先出口再转内销,还是被驱逐出关的达达人,生造出这意淫故事,然后辗转输回内地。然而此说被野史采纳,在民间广为流传,并经加工,产生数个变种。

如清初人刘献廷听"燕(北京)之故老"说:"成祖非马后子也。其母甕氏,蒙古人。以其为元顺帝之妃,故隐其事。"明宫中别建有庙,专祀生母甕氏,其祀典由太监负责。如其所言,朱棣在北京建有奉慈之庙,"世世祀之",那他还不是一个薄情寡义的人,虽然冒了嫡,到底不忘本。可是这个庙究竟有没有,要打一个大问号。因为没有任何材料能够证明,在北京皇城内,有这样一个庙存在过。虽然刘献廷说,此事"不关宗伯",即事不关礼部,但明末太监刘若愚写的《酌中志》,记内府事最详,也无只言片语的记载。

刘献廷记载的意义,不在于证明北京也建有成祖生母庙,而在表明,自明末以来,北京地区已流传开成祖生母是元顺帝妃子的异说。唯这位达妃不是弘吉喇氏,而是甕氏(《黄金史纲》则将弘吉喇氏与瓮氏糅成一人,认为瓮氏是弘吉喇氏归明后的别称)。

我们把古今故事做一番梳理,发现其中有一个连环套:元灭宋,宋末帝瀛国公生元顺帝,还是赵家人做皇帝,宋亡而不亡;明灭元,元顺帝遗腹之子乃拱倒朱洪武的亲子，做了皇帝，仍是元朝衣钵，这是元亡而不亡；还有奇的，元顺帝遗腹子朱棣推翻他侄子建文帝，死后传仁宗，仁宗传宣宗，这位宣宗是谁呢？有传说道：“宣宗皇帝，乃建文君之子。传至世宗（嘉靖帝），皆建文之后。”原来朱棣白忙一场，后世还是建文帝的天下。这正所谓一报还一报，冤冤相报不得了。

第十七章　老朱家是一个“大家庭”

絮叨了许多，该是总结的时候了。我们把朱元璋头五个儿子身世的各种说法列表如下：

<table>
<tr><th></th><th>懿文太子　秦王　晋王</th><th>燕王</th><th>周王</th><th>来源</th></tr>
<tr><td>1</td><td>诸母</td><td colspan="2">马皇后</td><td>异说本《天潢玉牒》《皇明世系》</td></tr>
<tr><td>2</td><td colspan="3">马皇后</td><td>正本《实录》、正说本《玉牒》</td></tr>
<tr><td>3</td><td>马皇后</td><td>达妃</td><td>马皇后</td><td>《革除遗事》及其他野史</td></tr>
<tr><td>4</td><td>李淑妃</td><td>碽妃</td><td>？（阙）</td><td>天启《南京太常寺志》</td></tr>
<tr><td>5</td><td></td><td colspan="2">同母，皆非马皇后所出</td><td>傅斯年所见明抄本</td></tr>
</table>

以上诸说中，懿文太子与秦、晋二王总是被拴在一起，其身世存三说：一为马皇后嫡子（正说），一为“诸母”子，一为李淑妃子。正统的意见是，懿文太子朱标是马皇后亲生嫡子。在20世纪30年代关于成祖生母之谜的大讨论中，多数学者对此意见较为一致，我本人也持马皇后生懿文太子说。

从上文的考察来看，如我根据《明太祖皇帝钦录》发现的新史料得出秦王朱樉是庶子的结论，至少可确定，懿文太子与秦王并非亲兄弟，那么懿文太子与秦、晋二王，他们在史料中的结合体即告分崩离析，于是以上三说，皆不成立，至少秦王与太子不同母。

包括周王朱橚在内的皇子身世之谜，其实都是被老四燕王勾出来的，学者们主要是为了弄清朱棣的身世，才不惜烦琐地考察诸王身世，发现有关史料疑点重重。

最初没人怀疑燕王朱棣是马皇后嫡出之子，直到明中后期，才渐渐传出异说，认为他是庶出。至于其生母，较为复杂，图示如下：

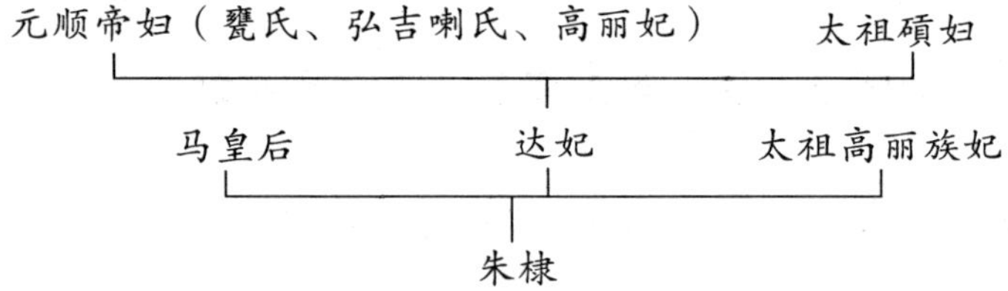

其中“高丽妃”存两解，一是元主之高丽族妃子，一是朱元璋所娶高丽族妃，如果将其拆开，则关于朱棣生母的“异说”，达到六种，若再加上马皇后嫡子这一正说，则成祖朱棣生母为谁，总计有七种说法了！

看官，您不要嫌我笔力不够，把诸王身世这件事讲得云山雾罩、头晕脑昏，实在是说法太多，它要负主要责任哩！

傅斯年先生深疑朱棣之母是一位高丽人。高丽（朝鲜）号称“小中华”，其人久染中土之风，在元代即大量往帝国后宫输送美女。《庚申外史》记：元顺帝的第二皇后祁氏，就是高丽人，而宫中给事使令，大半为高丽女子。京师达官贵人，必得高丽女，然后为名家。以故四方衣服、靴帽、器物皆依高丽样式，成为一时风气。

此风到明成祖时尤盛，朱棣多次责令朝鲜进献“处女”，其后宫宠妃，如贤妃权氏等，多为朝鲜之人。这正印证了《庚申外史》所说“高丽女婉媚，善事人，至则多夺宠”的话。因为朱棣爱朝鲜美女，对其“情”有独钟，人们因此推断，他的母亲也是一位高丽女人，他具有高丽血统，似乎也就“情”有可原了。

“达妃”说也可拆分，有指她是一位被朱元璋所纳的达达女人，如碽妃即是；也有指她是元顺帝的达族妃子，如弘吉喇氏、瓮氏。这三说，皆可归入“达妃”之列。

另外，即便元顺帝的妃子是一位高丽人，她也算是一位“达妃”，其意义则是“达主之妃”。至于有人将“达妃”等同于“达定妃”（齐王、潭王之母），则纯属误会了。

朱棣这么多妈妈，除了马皇后，属碽妃名气最大，可她的来历也最不清楚，此人毫无痕迹物证可以追踪，怕是美国的李昌钰博士来了，也只能同我等一样干瞪眼。不过碽妃即便存在，也肯定不是元顺帝妃，这就像朱棣不是元顺帝遗腹子一样，是可以一言以定，不劳争议的。

诸王身世，写到这里，可以终篇了，但对于成祖朱棣到底是嫡是庶、他妈妈是谁？我与大家一样，着实也晕着咧！

我只能将朱棣众多的妈咪中明显不可信的，如与元顺帝有关的人物先剔除掉，首先便是弘吉喇氏、瓮氏和元主的高丽妃。想来，弘、瓮二氏既不可信，那么碽氏大概也站不住脚了吧！况且我已经证明，天启《南京太常寺志》这部书颇有可疑，而碽妃唯见于此书，则皮之不存，毛将焉附？

朱棣生于1360年，在此前一年，朱元璋占领元朝在江南的重地集庆路（南京），从时间上来看，朱元璋从蒙古贵族府中强纳一达族或高丽女子为妃，然后生下第四子朱棣，并非没有可能（但未必就是碽妃）。

那么现在就变成一个两选一的选择题：

A. 马皇后

B. 朱元璋占领南京后纳妃所生

老朱占稳江南这块地盘后，开始兼收并蓄，接受四方献纳的女子，如果选B，那么这位女子可能是汉人，也可能是蒙古人，或是高丽人。

您选A，还是选B？

我倾向于选B。对此我并无确凿的证据，可能会委屈了马皇后。当然，这与在茶餐厅吃饭一样，选A餐还是B餐，全凭口感而定，我这么选，源自我对所有相关史料糅合在一起后形成的总体感觉：朱棣冒嫡的可能性比他是嫡子的可能性，要大那么一点点。

解开朱棣生母之谜的这把钥匙，其实不在朱棣身上，而系在皇五子周王朱橚的脖子上。朱橚因为替孙贵妃执过丧,由此还钦定颁行了一部《孝慈录》,其庶出的身份最为彰显。所以在傅斯年、吴晗等人讨论明成祖生母之谜时,都将周王定为庶子,且认为他与燕王朱棣是亲兄弟,朱棣冒嫡,不得不拉上他一起来冒。

然而在诸王身世的多种记载中,除了天启《南京太常寺志》阙载,其他诸说,都将周王记作嫡子。这位周王到底是嫡还是庶呢?搞不明白!有人认为,朱元璋也有可能令其嫡子为他心爱的女人服三年之丧。此说未必全无可能,毕竟老朱行事,常出人意表,难以常情度之。

在官史中,朱棣与朱橚一起称嫡,朱棣即位后,五位最为年长的兄弟中,就这哥儿俩还活着,他们的关系异常亲密。要是能破解了周王的身世,对他是嫡是庶做出定论,则朱棣是否为马皇后所出,也就能够论定了。但我仍不能解释,秦王非马皇后嫡出,朱棣干吗要拉上秦王一起称嫡呢?

总而言之,由于明清以来,印刷术大为发达,私家著述极为昌盛,众人摇笔,或道听途说,或人为编造,鱼龙混杂,使历史真实愈加扑朔迷离,难以辨别了。

傅斯年先生说:"大凡官书失之讳,私记失之诬。"傅先生是主张明成祖生母是碽妃的,他说:明代官史略去成祖的生母,是讳,而野史谓成祖为元孽(元顺帝遗腹子),即是诬。成祖愈讳言其生母,私家愈侈言其"真父"。

我们可就傅先生所论稍加发挥:论者谓朱棣生母为达妃,其实是对这位暴君的"污名化",是对他负面评价的一种另类的表现形式。

这并非无故,缘太祖朱元璋肆行惨杀,世人所望,唯在太孙朱允炆。皇太孙浸润儒术,性格宽和,天下归心,惜乎谋国不善,亡于燕王。而朱棣上台后,益肆屠戮,种种倒行逆施,更不在其父之下。傅斯年《明成祖生母记疑》一文说:

"在明人心目中,永乐非他,绝懿文(太子)之裔、灭方孝孺之十族者也。偏偏其生母非汉姓,而洪武元年直接至正(顺帝年号),庚申帝(元顺帝)为瀛国公(宋末帝)子之说甚嚣于人心,则士人凭感情之驱率,画依样之葫芦,于是碽妃为庚申帝妃,成祖为庚申帝子矣。"

终明之世，士大夫心中固以建文为正，以永乐为篡，建文君明明死了，偏要凿空编出种种“革除遗事”，不准他死；又凭感情之驱率，以成祖为达妃之子、为庚申君子，虽年代之不合，不问也！

总之，对失败者同情，对暴虐者不齿，人们借各种离奇的故事以施嬉笑怒骂，“大恶人”未必一定都要钉在“历史的耻辱架”上，将其扔在一个令他羞耻的地方，也是对他的严惩和鞭挞——而史实之真，亦非唯一的追求了。

最后我们再总结一下，朱元璋长大的二十四个儿子中，身世存异说者有：

懿文太子标、秦王樉、晋王棡，称李淑妃或“诸母”生；

燕王棣，称为元顺帝遗腹子，或达妃、高丽妃或碽妃生；

代王，野合所生；

某王，与妓女所生；

潭王，陈友谅遗腹子。

第三卷
凄风惨雨明皇宫

第十八章 “蓝胡子”朱皇帝

朱元璋一生妻妾众多，在他死后，妃嫔四十余人全部殉葬，埋在孝陵龙穴的两侧。

以人殉葬，在先秦时代就有了。

首先得澄清两个概念，陪葬与殉葬，词意并不相同。陪葬是两人或多人死后葬在近处，以卑附尊，故为陪，如唐代，名大臣得以陪葬于皇帝陵区，是极大的哀荣。殉葬则是某人死后，迫令他人以死从殉（偶尔也有自愿的），多属生命的突然中断，是非正常死亡。陪葬可以是物，如秦兵马俑称陪葬坑，或以衣冠、锡器、珠宝入殓，皆称陪葬。而殉必为人，用物不应称殉，譬如一位末代皇帝，把国家败亡了，可称“国与之偕亡”，或“以国陪葬”，如果把他的死，再抛个光，可称作“以死殉国”，而国不可殉他。

然而陪葬与殉葬亦常混用，如某遗老冥顽不灵，花岗岩脑壳，拼死抗拒时代变革，过去我们写史时，常呼一声口号：让他为旧时代陪葬吧！——这如同言“钉在历史的耻辱架上”，是一样俗不可耐的套话。

以人殉葬，只要稍存人性，就该视作极不仁之事，予以痛革。中国人都是读圣贤书的，不应忘了，孔子说过：“始作俑者，其无后乎！”孔夫子为人温文尔雅，咒人断子绝孙的恶语，平生就说过这一句。圣人之意，不单把人拿来殉葬不可，就是用木俑来做替代物，心中存了这样不道德的念头，也是不可以的！

人殉是野蛮的，也是极其自私的。《汉武故事》讲汉武帝年老后，还想着“幸女子”，那话儿不听话，只好加紧服食辟谷之药。可药吃多了，身体愈加羸瘠虚乏。忽一日，大白天睡觉就没气儿了。辅政大将军霍光操办完武帝的葬事，想先帝爷心事未了，遂将他生前“常所幸御”者，自婕妤以下二百余人，全迁到茂陵（武帝之陵）去住。

已经嗝屁的汉武帝竟然夜夜都来临幸这些女子，就如活着时一般无二。霍光听说了，马上又押送来大批宫人，使“死魂灵慰问团”的总人数增加到五百余人，她们都是供“死活人”汉武帝纵淫的！

《汉武故事》是一部志怪小说，其中的内容当然不是信史，今人以科学眼光来审视这件怪谈，亦只把来当笑话看，不会相信它。但古帝王奢望死后继续享受活时的大福分，凡他染指之物皆视为禁脔，却是万古一心的，难怪要唱“我真的还想再活五百年”，可惜老天爷吝啬，不肯随便借人五百年，他们只好尽力向阳间搜罗，尽可能地把好东西都搬到坟墓去。

只是依佛家观念，如此贪淫、好杀之人，直该罚下十八层地狱，永受那拔舌、凿顶、油炸之刑，并不许他托生的。佛教自东汉浸染东来，但佛徒之中，似乎淫僧、贼秃、花和尚之类很不少，而许多人更是一边拜泥塑、念佛号，一边纵淫虐杀，两不耽搁，不知何解？

朱元璋就是个典型。他一头礼佛斋僧，大办法会，一头高举屠刀，滥施淫杀，一点儿不觉其矛盾与过恶。在朱元璋的虐威之下，他的后宫，仿佛一个大屠场，人人自危。

如明初时人俞本《纪事录》载：京师内府有个浣衣局，犯了重罪而遭籍没的官员眷属，多发到这里服劳役，替官府浣濯垢衣。有一天，在局里发现了一个被遗弃的初生婴儿。局中女子皆为“犯妇”，并无男子，如何珠胎暗结的？守门宦官不敢隐瞒，赶紧上报。朱元璋怀疑浣衣局妇女与外人私通，但不知道是哪一个干下的好事，竟然将全局五千余人全部剥皮贮草以示众，就连守门宦官都没放过，也把皮脱下来给朱元璋做了标本。

这是多么骇人的记录啊！令人难以置信。难怪有人论定《纪事录》出于清人的伪造，是故意给朱元璋抹黑的黑材料。而我怀疑，“五千余人”剥皮，可能是“五十余人”在传抄中的笔误，或为传闻之误（如朱棣活剐宫女数千人，亦属此类）。不过纵然无误，如果将朱元璋种种的惨杀记录合而观之，此事又似乎没什么大不了的了。

朱元璋以元朝宫廷秽乱为戒，非常害怕有外人入乱宫闱。我们来看祖训对宫廷“关防”的记载：

凡宫人有病，须请医生入宫来诊治，朱老汉定的规矩是：“须要监官、门官、局官各一员，当直内使三名、老妇二名，同医人进宫看视。”一个医生进宫来瞧病，需要内官监太监、守宫门太监、御药局太监各一人，连同当值太监三名、宫中老妇（老年宫女，又称老婆子）两名，也就是内廷“各有关单位负责人”八个人相陪。

一件小事，有必要劳驾这许多人来凑热闹？当然不是为了人多力量大，让医生会诊时大家一拍脑壳点子如头屑般往下落，而是让他们互相监督，省得闹出甚狐臊丑事来。

如果不守此规矩，则当如何？

朱元璋把丑话说前头啦：假如陪同之人不及八人的定数，监官、门官、局官各杖一百，当值宦官、老妇各杖八十；假如当值太监并各官偷懒不动，只让老妇把医生带进来，那就更要命了，监官、门官、局官皆斩，当值太监并医生、老妇皆凌迟处死。

若是后宫妃嫔、女孩儿（应指皇女）等生病，病情较轻的，就在乾清宫诊脉，只有病情较重的情况，才许医士在白天到病人房中看视，而在夜间唤医士进宫，是绝对不允许的，如违，连同请医生的一并斩首。

若是宫中下人生病，轻的就到宫门去看，重的则出赴养容堂等死或诊治，由监官、门官、局官、内使人等同医士就彼发药医治。

凡宫中妇女乘轿外出，须至西华门下轿，出了门才许重新上轿，这是防止轿中有夹带。外官命妇入宫朝贺，乘车轿者，亦如此例，在西华门外门下轿,步行至里门上轿;必令守御太监及军士看见,不许朦胧抬坐出入。违者,守御本门军官杖一百,罢职,太监处死。

无论是妇女,还是太监,凡出入宫城、皇城,都有严格的搜检制度。朱元璋以严刑峻法来做制度的后盾,动辄凌迟、斩首,甚乃剥皮,令人想着都头颈生疼,浑身发麻。

故而《明史》对朱元璋整饬宫闱的举动非常推崇,说“终明之代,宫壸(音捆)肃清,论者谓其家法之善,超轶汉唐”。清人是站在明代没有女主干政这一立场来称赏的。他们当然不会关心,朱元璋到底有多少婆姨?他的婆娘们日子过得可舒坦,心情可愉悦?是否都能得到善养善终?

《明史·后妃传》里,明太祖的后妃,只有四人有传,其他嫔御、美人之属,只有肚子里滚下带把儿的肉团,才许在《明史·诸王传》里留一个姓,还是沾了她们儿子的光。

朱元璋死后,这些妃子,不管有子无子,一概殉葬孝陵。而如我们所知,秦始皇死后,秦二世勒令其父后宫所有未曾生子的妃嫔,全部殉死,陪葬始皇陵。这是又蠢又暴的二世所为,但他令后宫女子从殉,至少还有区别,即生有子女的,可当免死金牌用。而朱元璋浑不理这些,全部都要带走!他在这件事上,连起码的人情都没有,真是连秦二世都不如。

难怪传说中,朱元璋的许多妃子,都是被他用“非刑”(非常之刑、法外之刑)处死的,其情之惨,可用惨绝人寰来形容。常为人所引的有两例:

其一,称鲁王之母郭宁妃、唐王母李贤妃、伊王母葛丽妃,不知因何事触怒她们的老公,被朱元璋一齐处死,用一个大筐盛了,埋在南京太平门外。待朱元璋气消了,复念起昔日同衾之情,想赐她们一个像样的葬地,结果在重新装殓时,三人的遗体高度腐烂,已无法分辨“谁是谁非”,只好囫囵修一座“三妃墓”。后来唐王朱桱怀念母亲,只敢偷偷溜到墓前,忍泣浇奠一番。

其二,楚王朱桢之母胡充妃,因为在宫里发现丢弃的死胎(请注意,此事与前引浣衣局弃婴事相类),怀疑是她所为。经审问,供称胡充妃发现自己怀孕,担心孕期挺着一个大肚子失爱于皇上,干脆把孩子打掉。朱元璋大为震怒，立刻将她杀死，遗尸城外——大约就是喂狗吧。充妃之子楚王来朝时，看不到母亲，尸体也找不到，只寻得一条练带，带回封国下葬。

前文曾介绍，朱元璋有几位胡姓妃子。这个故事里的胡妃，不大可能是楚王朱桢之母，因为楚王的墓志已经发现，上面分明写着“生母昭敬太充妃”，胡充妃死后有谥，应该不是那样惨死的。

这个故事里的胡充妃，会不会是胡顺妃之误呢？或许有几分依据。顺妃之父据《罪惟录·湘献王传》说，是临川侯胡美。

胡美原名胡廷瑞，是朱元璋最厉害的对头陈友谅“大汉国”的江西行省丞相。陈友谅在安庆、江州连败后，胡廷瑞见势头不好，急忙转舵，暗地里与朱元璋通款，在讲定不解散他部队的条件下，将南昌（那时叫龙兴）献给了朱元璋，时间在至正二十二年（1362年）正月。胡丞相一变节，整个江西望风而降，朱家的版图沿长江往上游铺开一大片，战略形势发生根本的变化。

胡廷瑞原是个投机家，可朱元璋把他的功劳看得很高，甚至拿他的归降同东汉窦融归汉相提并论。建国后大封功臣，封侯者中专门划出一类，叫“持兵两雄间，可观望而不观望来归者”，一共七个人，这位胡爷就是其中之一，封为临川侯。其实胡廷瑞原是陈友谅的部属，怎么能算是“持兵两雄”的观望者呢？他就是如假包换的“叛徒甫志高”。

胡廷瑞归顺朱元璋后，因为新主子字“国瑞”，两“瑞”发生冲突，他只好避让，改名为美，成了胡美。胡美的长女不知何时归于朱元璋，想胡美降附较早，胡氏应该是在至正二十二年（1362年）胡美“起义”后不久进宫，作为她父亲献媚新主的礼品。朱元璋后妃中，功臣家的女孩不多，这位胡妃有后台，很快做到贵妃（《明史》说胡美之女为贵妃）。

俗话说，“好花不常开，好景不长在”，洪武十七年的一天，临川侯兼国丈的胡美突然犯事了，本人被赐自尽，儿子和女婿都被处死（看官，别忘啦，朱元璋也是胡美女婿咧，要论起来，老朱与这位女婿还算是连襟兄弟）。

在洪武中后期腥风血雨的政治环境下，胡美只是众多受难者中的一个，谁也不晓得他犯了什么罪，反正糊里糊涂就被处死了，也没人敢过问。

直到过了六年，太师李善长也被赐死，朱元璋下手诏，条列“奸党”的罪恶，才把谜底揭开。朱元璋按照他素来不遮羞、不隐恶的作风，大曝内幕，说胡美仗着自己的女儿在宫里为贵妃，多次带儿子、女婿潜入宫中……老泰山率领子弟兵进宫，所为何事？诏书没有细表，只道是“入乱宫禁”。

苏州“四大才子”之一、与唐伯虎齐名的祝枝山，不知从哪里听来秘闻，忙不迭地记在他的《九朝野记》里，道：豫章侯胡美，长女入宫，贵居妃子之位。他本人两次入乱宫禁，起初是被阉人赚入（“赚”这个词在《水浒传》里较常见，有骗和诱导之意），明知不可，很快又再次混入。而且他本人未入之先，阉人已带其小女婿和两个儿子，在宫中暗行走动已经两年有余。至洪武十七年事发，胡美之子、婿都被刑死，本人被赐自尽。可叹，杀身亡家，姓氏俱没！

祝枝山的书里，连胡美“入乱”几次、前后延续的时间，都记得清清楚楚，想必有所本，胡美是罪有应得的了。

胡美父子因乱宫被杀，胡贵妃的结局想必不会好。“胡妃”被杀，可能是在宫内秘密处决，但当时在外间应该有所传闻，故朱元璋惨杀胡妃，可能不是完全子虚乌有，或许还是有一些依据的。只是胡充妃不是胡美之女，此胡妃非彼胡妃也，传说有可能张冠李戴了。

再说胡充妃。

胡充妃归朱元璋较早，是洪武初年所封六妃之一，生皇六子楚王朱桢（生于1364年，即平汉之年，楚王之号亦由此而来）。传说既称胡充妃之死在楚王之国（洪武十四年，1381年）以后，则胡充妃被杀死时，起码在四十岁上下，这个年纪的妇人，还有多少俏可卖？她能为了留老公在床上多辗转一会儿，乃忍心堕腹中之胎？那个时代可没什么“平价人流”，把肚子里的胎儿钩下来，非常不易，还要冒生命的危险，即便成功，大概也要卧床休养一个月，不能行房事，且形容憔悴，身体浮肿，亦难讨老公欢喜。再说了，堂堂一位妃子，在宫里堕胎，能瞒得谁去？退一万步说，假如真有堕胎之事，她能偷偷把孩子打下来，难道就想不出法子把死婴偷运出去，非要扔在宫里，让人发现，报告给那位可怕的皇帝老公，惹出惊天大祸？五千妇女所剥之皮，还挂在那里呢！怎么想，胡充妃也干不出那等事来。所以我说，这个故事漏洞甚多，极不可信。

好些史籍，特别是现代某些“文史专家”“网络写手”写的通俗读物，不加辨别地采用这些传说，人云亦云，既不辨其真伪，也不明其来处，拿来就用，讨读者欢心。例如，据说是成祖朱棣生母的碽妃，仅见于明末天启年间成书的《南京太常寺志》，他处绝无只字记载，只是在民间，有碽妃受“铁裙之刑”而死的传说。究竟有无碽妃其人都还没弄清楚，铁裙之刑更是闻所未闻，一些著作已堂而皇之将碽妃列入“被朱元璋杀死的妃子”之列。

一些读物讲，因为李贤妃和葛丽妃不服郭宁妃，常因琐事吵架，把她们共侍的一夫吵烦了，干脆将她姐仨儿一块儿拖出去砍了。这是毫无根据的向壁虚构。这三位妃子之死是“咋整”的，并无载记，我在此只能述其生平，加一点分析，是非由看官自己判断。

再来看郭宁妃。

郭氏很早就追随朱元璋，可追溯到郭部渡江之先，她之归于朱元璋，是其父郭山甫神算的结果，那时朱元璋地位尚微，郭氏可谓糟糠之妾。郭氏的两个兄弟郭兴与郭英，都封了侯爵（追封公爵），尤其是郭英，极得朱元璋宠信，两家亲上加亲，郭英九个女儿，有两个嫁给朱元璋之子，儿子郭镇，尚永嘉公主，十六个孙女中，最长的一个还许给了燕王世子朱高炽（仁宗）。郭家是与皇室三代关系都异常紧密的姻亲和外戚。

郭妃在马皇后死后，还一度摄六宫之政，在妃号上破天荒地加一“皇”字，称皇宁妃（另一加皇字的，是洪武后期最得宠的皇淑妃李氏）。纵是疑似精神病人的朱元璋，也很难想象，他会毫无顾忌地杀死与他共过患难且地位尊贵的郭妃。黄瑜《双槐岁钞》说：“郭氏亦进号皇宁妃，没而服衰，以母视之。”这是说郭宁妃去世后，诸皇子们还为她服过丧，享受过与孙贵妃相近的哀荣。

故郭宁妃之死法，不可信、不可信也！

再说李贤妃。

该妃事迹无存。她的儿子唐王朱桱是皇第二十三子，生于洪武十九年(1386 年)九月十八日,与朱元璋同月同日生,老父与幼子一起过生日,这对已进入老年的朱元璋,应该视作一件奇事,此子或许还能得到他特别的钟爱呢。爱子而及其母,不是很正常的情理吗?

最后说葛丽妃。

葛丽妃所生皇第二十五子伊王,是朱元璋倒数第二小的儿子,生于洪武二十一年(1388 年)六月。葛丽妃也无事迹留存。但既然说郭、李、葛三妃是一起死的,那么时间应不早于洪武二十一年六月。这故事中还有一个唐王偷偷到娘坟上祭哭的情节。一个孩子要有这一行为能力,至少也得七八岁吧,则时间下限更得往后推,或许要到洪武二十六七年。此时朱元璋已入晚境,他还那么暴虐,乱发狂躁之症时,连为自己生了儿子的老婆都无法幸免吗?

假如此时郭宁妃还活着,已是五十出头的老妇,而李贤妃、葛丽妃还是拖着小小孩儿的年轻母亲,她们究竟犯下什么样的致命错误,竟使伟大的丈夫对她们加以如此残害?

我虽然无法考证以上杀妃传说之非,但不得不保持强烈的怀疑。这是在下读史的一贯毛病,病入膏肓,无可救之药。下面不妨继续发病,简单考察一下胡充妃何以“死”得那样惨。

第十九章　以青春的热血去浇那具枯骨

还接前文说,在给朱元璋生过儿子的妃子中,有两位姓胡:一位是胡充妃,生皇六子楚王朱桢;一位是胡顺妃,生皇十二子湘王朱柏。一楚一湘,皆是湖广之地。有些书籍说胡充妃是豫章侯胡美之女,是把两位胡妃搞混了。清人毛奇龄是《明史·后妃传》的主要编纂者,他私修的《胜朝彤史拾遗记》一书说,胡妃是临淮人,父显,以功封定辽都指挥同知,晋都督,后改武昌护卫。两位胡妃都是洪武三年所封六位妃子之一。

胡充妃卒年不详,她头胎产子在甲辰年(1364 年),那么她应该出生在

14世纪的40年代，比马皇后小约十岁。她的儿子楚王朱桢在洪武三年封王，洪武十四年(1381年)十七岁时，就藩湖广武昌。楚王外公胡显改武昌护卫，即在此时。

楚王朱桢在诸皇子中属年长者，洪武中后期多次统率大军征讨西南夷族，在朝廷设立宗人府后，任右宗人。无论在朝廷所奠立的以亲藩为核心的军事架构中，还是朱姓宗藩体系中，楚王朱桢都具有重要地位。对这样一个正所倚毗的儿子，朱元璋能够以那样残酷的方式虐待其母吗？

胡充妃即便有罪，令其自尽，以礼安葬，这才是朱元璋经常向儿子们教导的行事循礼。只要读一读《明太祖皇帝钦录》(该书多为朱元璋给儿子的私信)，不难发现朱元璋对儿子的要求不外亲睦、守分、循礼，经常告诫他们，若率性任为，是取祸之道，是失富贵之由。比如次子秦王朱樉初到封国，不住宫殿里，却住在城楼上，在朱元璋眼里就是了不得的大事，反复劝谕警告。在皇子们来朝时，他还以身说法，请皇子们参观他的寝宫，以此告诉儿子们，老父是如何循规蹈矩的。在皇族内部关系上，朱元璋最讲"睦族"，他制定的宗藩政策，非常愚蠢，一心维护老朱家的利益，但凡姓朱，皆是宗室，不管近支远派，亲疏远近，生下来都有爵有封，有铁杆的皇粮吃。他料不到数世之后，朱家人口大爆炸，国家的财政根本无法满足那样巨大的消耗。可见，朱元璋不是一个有远见的政治家，但他绝对是一个异常会打小算盘的精明家伙。

在以上的故事中，朱元璋共同的形象特点是极端的暴虐，连魔鬼都自叹不如。民间再恶毒粗暴的老公，也没有杀死自己的妻子，再将其遗体随便抛置街上，供人围观，或供野狗品鉴的啊！这太超出常理常情了。而超出常理之事，要搁在一般人身上，读者一定会批一个大大的问号，摇头说：写书的，你莫骗我，我却不信！可此事放在堂堂的洪武皇帝身上，读者想象力的边界却突然变得无疆了，好比那五千妇女剥皮之事，人们放开胆子信仰起来，不单信，还加以热烈讨论。

似乎只有死得那样出奇而惨目，才够得上是朱元璋的妻子！其中的受众心理，颇值得玩味。

野史所载明太祖朱元璋自屠己妃，未必为实。朱元璋是个毫不矫饰扭捏的暴君，他主张依靠峻刑来推动其政令，好比他看不惯武官子弟狎优、唱曲、踢球，就下令凡嫖娼者割鼻尖，唱曲者削其唇，踢球者断足等等。他身边的女人，哪能处处周到，随时得其欢心？倘若这魔头一不高兴，将会怎样？这都为后人猜想他如何在后宫施虐，留足了想象的空间。

朱元璋的女人们，末了都没落到好下场，这是无争议的。自两汉以来，以人殉葬的例子已经绝少。不想到了明代，由小和尚出身的朱重八起头，这种野蛮落后的陋俗，又大面积复活了，且传承数代，成为宫廷惯例，许多身份尊贵的女性终不免于被活活扼杀生命，香销玉殒，令人惋叹。

朱元璋与马皇后夫妇合葬于南京孝陵，关于后妃的祔葬，《明太祖实录》仅记载洪武十五年十一月，以成穆孙贵妃、永贵妃、汪贵妃三人配享马皇后。配享与祔葬不同，是指将已经故去的三位宠妃的灵位摆在孝陵享殿内，开饭时，大家还一同吃冷猪肉。祔葬则要将枯骨迁来，因是生前相好，将藏骨之穴移到一起，阴间还可守望。明孝陵宝顶明楼前左右，有许多竖井，其中埋了许多妃子，她们是一起死亡，一起下葬的，她们的死，美其名曰"从主升天"，或"从龙于地下"，其实是被谋杀的。

《明史・后妃传》载："太祖崩，宫人多从死者。"毛奇龄《胜朝彤史拾遗记》说："初，太祖以四十六妃陪葬孝陵，其中所殉，惟宫人十数人。"这大约是为了隐讳而故意玩的文字游戏，从字面看，似乎四十六妃只是祔葬，殉葬者唯有宫人。

其实，为朱元璋殉死的，可能有一般"宫人"，但主体上还是妃嫔——清代都称"主子"。清人查继佐《罪惟录》说："陪葬诸妃四十六位。"

成书于永乐初年的《天潢贵胄》一书，仅记李淑妃一人殉葬。而明朝官史对此全无记载，大约那些专门替主子挠痒痒肉的史官们也不认为这是好事（在本系列中，我骂修史的同行太多，幸亏他们与被他们乱写的古人一样，不能从坟墓里爬出来诉我侵权，打起名誉权官司）。

《大明会典》是一部记载明朝典制的官书，其中《礼部・陵寝》条载：

“孝陵四十妃嫔，惟二妃葬孝陵之东西，余俱从葬。”

孝陵是朱元璋之陵，在这里以陵寝指代本人，下文称长陵（朱棣）、献陵（仁宗朱高炽），皆如此例。会典记载说，朱元璋四十位妃嫔，除了两人，其余的都殉葬了。

万历时人沈德符认为，葬在孝陵东西的那两位，都是洪武中先殁的。则她们是祔葬，或陪葬，不是殉葬。孝陵殉葬之妃，清初史籍多记为四十六位，《大明会典》则记为三十八位，或应以典制之书《大明会典》为准。人数虽有不同，但可以肯定的是，老朱“挂”时——此处不书“崩”，也不用逝世、去世、死去等词，只写一个字“挂”，以表明吾人之态度——将他大小老婆，不管有无生育，一起都带走了，真是丧心病狂啊！

那时，他最小的女儿宝庆公主才三岁，公主的母亲亦不能免。

《明太宗实录》在记宝庆公主出嫁时说：“主，太祖皇帝第十六女也，生而太祖崩，母张氏亦卒。”实录说“生而太祖崩”，其实有误。宝庆公主的墓志已经出土，志里写公主生于洪武二十八年（1395 年）二月初一日，太祖崩时，已经三岁了。实录说“太祖崩，母张氏亦卒”，此为曲笔，掩去的是张氏从殉的一把辛酸泪。

可怜这位年轻的母亲，抛下不懂事的孩儿，就那样死了。实录称之为“母张氏”，公主墓志也只说“生母张氏”，显然宝庆公主的母亲生前没有位号，即便殉葬之后，也没有得到追赠。否则实录和墓志不会只写“张氏”二字。

这些女人以青春热血，去浇灌那一具朽骨，将得到什么？

建文帝嗣位后，将张凤、李衡、赵福、张璧、汪宾、孙瑞、王斌、杨忠、林良、李成、张敏、刘政十二人，分别由锦衣卫试百户、散骑、带刀舍人晋为本卫千、百户等官，全都带俸世袭。这些人的官，本是靠他们的女儿或姊妹入宫侍奉皇帝挣来的（明朝妃嫔的至亲家属可以在锦衣卫挂个衔，领干俸而不管事，也就是“带俸”），如今女儿和姊妹们被老儿谋害了，各家倒落得一个世代为官，人称“朝天女户”。程嗣章《明宫词》说：“掖庭供奉已多年，恩泽常忧雨露偏。龙驭上宾初进爵，可怜女户尽朝天。”这样的官儿可是做得的？说好听些，他们是愚忠，话若刻薄些，他们是以自家女孩、姐妹的血荐他们的官帽子哩！

我还想大骂一个人。

过去凡说建文帝朱允炆，都赠他一个“仁”字。此人在太祖死后，替他行此惨不忍睹之事，闻哀声而不顾，这是哪门子的仁，简直不是人！以为几顶传家的破官帽就可以买断一个女人的生命，这是哪一家所谓之仁？

若有人替他辩解，说这是太祖遗命，孝孙有啥办法？可是，建文小子上台后，干的几乎每一件大事，都在反太祖之政——比如削藩，变易官制，连宫殿之门他都给改了——这位孝子贤孙哪曾把太祖遗训做过真？如何在绝后宫女性（这些女子论辈分，都是朱允炆的庶祖母）之命上，他倒做了个乖孙儿！

建文帝固然是一自私之帝王，可他的谋士方孝孺，怎么也不进一言相劝？

方孝孺是一位愚忠之臣，最后碎身以殉其君，可他这位道学先生，是否忠于其道呢？堂堂大明，自称驱逐鞑虏，恢复中华，然中华之礼仪文物，就是这般鄙陋可憎兼且残酷无情吗？你老先生整日价捧一本周礼，和建文帝对坐深宫之中，讨论复古改制，这个官该叫这个名儿，那个门该叫那个名儿，你在宫里指手画脚，坐而论道时，可听到那些薄命女子被人推下黄泉时的哀号？你可有一字谏言？难道老先生的“道”经里，就无怜悯二字？可是你的“经书”里，偏生出了离间人家父子亲情的恶计！

史书看多了，发现与观察问题的角度也多起来，造成一个什么样的结果呢？不再为任何人轻唱赞歌。我发现，往往批评相对于赞美，更经得起考验些。

第二十章　殉葬也有人情讲

建文帝办完祖父的丧事，即给孝陵殉难者（此处我用殉难两字代替殉葬）的父兄都加了官，但他没有追封那些可怜的女人，赠其妃号名位，以荣其哀。莫非他是为了掩盖这件与圣德有亏的丑事？若其如此，则建文帝倒还知道以人殉葬不是一件美事。

殉葬从此成为明宫的一件成例，从此入宫为妃，成为一出悲剧的开演，那些粉白黛绿的女人们，以生命销一时之荣华，终将走向悲惨的结局——不是活个半截子自己死了，就是末了被死鬼皇上逼带了去。

《大明会典》载："长陵十六妃，俱从葬。"

明成祖朱棣埋骨于十三陵的首陵长陵，长陵在这里代称其本人，下文的献陵（仁宗）亦同此例。《大明会典》说，朱棣的十六位妃子，都从他去了。从他干啥去了？可不是买菜逛超市上游乐园玩去了，这趟过去，再也回不来了也！

这些命苦的妃子中，有一位是我们确知的，她是永乐十五年（1417 年）入朝的朝鲜"处女"韩氏，很蒙朱棣宠爱，封为丽妃。可她伴君不过七年，就被迫死去了，死后追谥"康惠庄淑"。朝廷诏书给她的评语是：

"丽妃恭事先帝，允称贤淑，及六御升遐，陨身以从。既加封谥，以旌贤行。"

"六御升遐"是说皇帝驾着六匹马拉的宝车升天了，"陨身以从"，即是殉葬。韩妃殒命时，她的乳母金黑就在现场，目击了整个过程。她亲眼看到："及帝之崩，宫人殉葬者三十余人。"此皆为宫闱秘史，从未为外人知晓，直到金黑在宣德十年（1435 年）回到朝鲜，这一内幕才得以公开，并记录在朝鲜《世宗实录》里，从而保存了一段苦史的真相。

其实，朝鲜人早就听说"天朝"在行人殉之事。洪熙元年（1425 年）十月，朝鲜君臣在论礼时还提到："太宗皇帝（朱棣）之葬，殉以宫女十五人。"并对这种做法私下表示了不齿，说，"中朝之礼，不合于古者多矣。至于葬礼，虽童稚犹知'作俑无后'之语，而今太宗皇帝之葬，殉以宫女十五人，返虞之日，动乐娱尸。如此者，虽中朝不足法也。"

他们认为天朝上国这种"娱尸"的做法是不合古礼的（不过中土的习俗，死了人是该请来乐队，大吹大擂一番的），连童子都知道孔子"始作俑者"的语录，朝廷却还在行野蛮的人殉；由此得出结论：中朝之法，许多是

“不足法”，不值得模仿和学习的。

《大明会典》还记载了为仁宗从殉的情况：

“献陵七妃，三葬金山，余俱从葬。”

金山在十三陵侧，是专门埋葬夭折皇子与妃嫔的地方。仁宗一共七个妃子，有三人葬在金山，据万历时任京县宛平知县的沈榜，在《宛署杂记》所记，她们是李贤妃、赵惠妃、张敬妃，皆非从殉者。如果“余俱从葬”，则应为四人。

洪熙元年七月，宣宗上大行皇帝仁宗尊谥，同日给郭贵妃、王淑妃、王丽妃、谭顺妃、黄充妃五人赠谥。这些女子在身份上是宣宗的“皇庶母”，她们都不是仁宗皇帝的新欢，早在仁宗还是皇太子时就已侍奉东宫，是仁宗在“潜邸”的旧人。如顺妃谭氏，湖广湘潭人，《长沙府志》存有她的简传，说她父亲曾任浙江道御史，永乐二十一年（1423 年）选入东宫，仁宗崩后，自缢而亡。府志明确记载，谭顺妃是殉葬死的。显然，与之同列的郭贵妃等，都是为同样原因丢了性命，才每人得到两个字的追谥的精神奖励（如恭肃、贞惠等）。

王淑妃以下四妃，可能都没有生育。但地位尊贵的贵妃郭氏，却生了三个皇子，滕怀王、梁庄王和卫恭王。

仁宗去世时，他的皇后张氏还在，张皇后是宣宗的母亲，当然不会殉葬。仁宗的妃子亦不止这五人，是什么原因挑中了她们，去顶这苦差？明人沈德符就此提出疑问，他说，宣宗登基时，所封有贵妃郭氏、贤妃李氏、惠妃赵氏、淑妃王氏、昭容王氏，其中唯郭贵妃、王淑妃二人殉葬，李贤妃、赵惠妃、王昭容三人为何不殉？那么由此产生的疑问是：择定殉葬者的条件与依据是什么？

仁宗未崩前两个月，封张氏为敬妃。张敬妃是太师、英国公张辅的女儿，封册中对她赞美甚备，如此好女，仁宗如何舍得不把她带走？

沈德符的解释是：“盖以乃祖、父勋旧特恩也。”说白了，就是张辅说了情，使他女儿免于一死。

可见，在选择谁来殉葬上，有着较大的通融余地。既然有人能通融活命，也就有人能挟势威逼，使不想死、不当死之人也殉死了。沈德符怀疑郭贵妃就是一个受害者。因为郭贵妃生有三个皇子，妃之有子者，竟不蒙格外开恩，难道真是贵妃本人“衔上恩，自裁以从天上”？这当然是骗人的鬼话。好比明明是从死鬼于“地下”，偏偏说成从先帝于“天上”，这不是明摆着糊弄人吗？谁信谁就是骗子一党！

沈德符说：国初时，六宫之中，以贵妃为极贵，只下中宫皇后一等。直到宣宗时，才给孙贵妃加了“皇贵妃”的封号，孙妃不久正位中宫，做了皇后，从此诸妃中才以皇贵妃为最重。① 沈德符话说到这里，戛然而止，他没有把郭贵妃是被逼迫而死的怀疑说出来。但他说出了事实：地位仅次于皇后、极为尊贵、兼且生了三位皇子的郭贵妃，不当死而死，其中必有不可外传的隐情！

我很赞同沈老先生的意见，更联想到两件事：

其一，仁宗之后张太后，是个顶厉害的女人，她在其子宣宗暴卒、其孙英宗以幼冲即位的条件下，曾主持大政多年，有点垂帘听政的意思。后人一说起所谓“仁宣之治”和英宗初政，总会把她推出来赞一赞。其实不过是些文人的马屁，实在有些过誉。举例来说，正统年间有名的大太监王振，就是张太后用得惯熟的私人。历史证明，往往只要太后主政，就会产生一个专权的大宦官，张太后也不例外。可后来大伙儿集中火力，一齐来骂王振，却忘了张太后才是王太监的后台大老板，王振正是张太后一手抬举起来的。更有无聊之人，编出一个故事，说张太后听说王振专擅跋扈后，将他召来，忽一个眼色，两旁女官齐刷刷拔剑，架在王振脖子上，要立取他性命，若不是英宗下跪力请，王振这个大祸害已经是死人了。

这故事骗了不少人，常见古今之人论史，一边嘉赞张太后是女中豪杰，一边摇头叹息，谓英宗不该来救，使王振活命，乱了正统之政。可他们怎不想想，如果张太后真要除掉王振，何必一定要杀他，将他贬斥出外不就可以了吗？玩那些女官耍剑的把戏干什么！这一幕，我大胆发人所未发，将之定为一出折子戏，名为《张太后伪斩王振》——实际上，此事在史上纯属子虚乌有。

---

① 又有说，景泰年间封唐氏为皇贵妃，是皇贵妃封号之始。

张太后在朱高炽做太子、做皇帝时，在后宫就没有竞争对手吗？后宫女子所争者，不外是正妃、皇后之位，对她们来说，固宠与床笫之欢，竞争也是异常激烈的。郭贵妃生了三个儿子，显然是仁宗非常宠幸之人。她位至贵妃，地位直逼张后，一定令张后感到极大的威胁，进而讨厌郭妃这个人，心中嫉妒之火旺盛，你要在她胸壁里贴块面饼，保证立马热乎乎出炉。

我们知道，仁宗朱高炽不是一个强势的人，甚至可以说性格相当软弱。他作为兄长，两个弟弟，一个都不服他，作为男人，也没能使妻妾间和睦戢宁。

仁宗时，后宫关系非常紧张，宫人之间钩心斗角，甚至传出某妃欲暗害张后，误中仁宗，导致他暴毙的奇闻。后宫斗争演变到这个程度，仁宗真可谓无能矣！

在那样的环境下，张、郭很可能是两个最大的对头，而宫人们纷纷站队，两宫势同水火。谁也没有料到，仁宗即位仅一年即亡，张后之子即位，张皇后升为张太后，倚仗她皇帝儿子，占据了绝对的优势。于是她假借仁宗遗言，逼迫郭贵妃以及平日与她亲近的妃子们，全部殉葬，昔日仇怼，顿时报销，何其快哉！

后宫之争这出戏可算落幕啦！然而，竟是那样一个弱肉强食、令人苦闷的悲惨结局！

我想到的第二件事，与第一个怀疑有关。

郭贵妃的第二个儿子梁庄王，在宣宗诸弟中最受长兄宠爱。梁庄王葬在今湖北安陆，他的墓地已经发掘，出土金银珠宝等品物达五千多件，非常精美，其中有着大量出自宫廷的赏赐，这在亲王墓中，是并不多见的。

宣宗为什么对梁王这么好？会不会是宣宗怜惜其母，而对其子的一种补偿？

从仁宗妃子殉葬情况来看，谁殉谁不殉，可能有皇帝临终本人的意愿（这一方面尚无证据，而我想朱元璋身后之事应属此类），但最终决定权，还是在活人手里。好比仁宗特地交代，要张妃随他去，但张家在朝势力大，人面儿熟，再使些银子，他家的女儿就不仅不必死，而且必不死了。而那些无依无靠的、政治上失势落败的，只好接受殉葬的悲苦命运了。

宣德十年(1435 年)三月,又一批烈女出炉了。《明英宗实录》[1]里记着,追赠皇庶母何惠妃为贵妃,谥端靖;赵氏为贤妃,吴氏为惠妃,焦氏为淑妃,曹氏为敬妃,徐氏为顺妃,袁氏为丽妃,诸氏为恭妃,李氏为充妃,何氏为成妃,并各赐予两字之谥,一共十个人。她们的哀册之词,虽然照例是大话连篇,但毕竟说出了真相:

"兹委身而蹈义,随龙驭以上宾,宜荐徽称,用彰节行。"

这十个女人都随宣宗这条死龙上九天做客去了,她们是"蹈义"者,所以以徽号美谥相赠,用以表彰她们的"节行"。

我们读这些"蹈义"的话,简直要大骂一句混账!中国历史上,这类混账文章太多,要骂是骂不过来的,唯请看官平下心来,且听我往下说。

《大明会典》记宣宗景陵殉葬事例:"景陵八妃,一葬金山,余俱从葬。"说宣宗一共八位妃子,除了一位,其余的都殉葬了。

这里需要特别说明一下,明代无妃子从葬皇陵之制(如有名的万贵妃、郑贵妃,皆在十三陵区内择地另葬,并不祔于宪宗与神宗之陵寝),会典所谓"从葬",实为殉葬二字之代名词。看官可别误读了。

查《太常续考》,这八位妃子是:"荣思贤妃吴氏,二妃、三妃、四妃、五妃、六妃、七妃、八妃,俱无谥号、姓氏,七位从葬,一葬金山。"其中贤妃吴氏是景泰帝(英宗朱祁镇之弟,名祁钰,初封郕王)的生母,葬金山者应该是她。其余七人均为殉葬,与宣宗不同生而同死了——这种"爱情",真要命!

不过上两种文献记载的殉葬人数与《明英宗实录》宣德十年三月所记追赠和加谥名单对不上,可见《大明会典》等官书还是有粗疏之处,不无遗漏(如记太祖殉葬事,即非常含糊)。

这十名殉葬的宫人,只有何惠妃生前居妃位,其余的都没有位号,只是死后才追封为妃。但当时殉死者,亦不止此数。例如有一名郭嫔,名爱,她给自己取字为善理,是中都凤阳人。郭爱因其不幸而意外地被写进《明史

---

① 宣宗崩于宣德十年正月,此实录为宣宗之子英宗朝实录。

·后妃传》,传记说她“贤而有文,入宫二旬而卒”。郭爱入宫才二十天就死了,难道是得了什么急病?不是,是因为宣宗皇帝突然驾崩,她作为刚刚入贡的“时新鲜货”,不幸地被列入殉葬名单。

她“自知死期,书楚声以自爱”,并留下一首绝命词,曰:

修短有数兮,不足较也。
生而如梦兮,死则觉也。
先吾亲而归兮,惭予之失孝也。
心悽悽而不能已兮,是则可悼也。

这个有才华的少女,她本怀有无尽的梦想,并不愿意“随龙驭以上宾”,当她被推入死亡的深渊时,最放不下的是她的父母,为自己早死而不能尽孝而哀悼叹惋。

在这首绝命词里,她哪曾有一个字理会那具尚停灵在宫已渐腐败发臭的龙蜕皮囊!

但一个弱女子,哪里有能力改变别人强加给她的命运?除了自伤自悼,唯将惨痛的现实化作一场惊梦了。

郭嫔之“嫔”,应是对她牺牲生命的奖励。但无论是实录,还是会典,都没有留下她的姓氏。明朝国史所记的死难者的赠谥名单,全是加封为贵妃和妃的人,至于那些嫔、才人、美人,乃至宫人,因其地位微末,乃惜于笔墨,将她们一概开除了。为皇帝献身,这等“义气”,还要分个三六九等,啥正式工、临时工的,可见我国文化的某些方面是何其的冷漠无情!

第二十一章　“天使”高丽选美

中国史料对明初的殉葬,犯了官方史书常犯的毛病,即多讳,把一些见不得人的龌龊事,都为尊者讳,给隐藏掩盖起来了。就是捎带手记几句,也是囫囫其辞，语焉不详。而朝鲜李氏王朝的实录，因为事不关己，且觉得当代还行殉葬，实在荒唐，所以不单诉诸笔端，还记载了更多、更为详细的情节。

为什么明朝的这些宫闱秘史，会记在朝鲜国的史书里？

原来朝鲜从其前身高丽王朝时，就是元朝的属国，元、明易代后，高丽弃元，转而向大明称臣。不久，高丽国为其大将李成桂颠覆，建立李氏王朝（1392—1911）。李朝继续奉大明为宗主国，向其称臣，尊之为“天朝”，而自居属国。

朝鲜与明朝关系密切，每每以朝贺、谢恩、上表、请乞、贡献等名目，派出使团，经辽东入山海关，抵达北京。朝鲜使节之来，非常频繁，使团成员除了完成其固有的使命，还负有了解明朝政治、经济、社会各方面动向的任务，回国后，照例要形成书面报告，向国王详细汇报在华见闻。

明朝在英宗正统以前，也经常派遣使者去朝鲜公干，《李朝实录》也做了较为完整的记载。

于是在李氏王朝的国史实录里，保存了丰富的明清两朝史料。著名明史学家吴晗先生曾做了系统的抄录，名为《朝鲜〈李朝实录〉中的中国史料》，该书由中华书局出版，十二大册，一百余万字，足证明清两代中国史料在外国保存最多的，非《李朝实录》莫属。

朝鲜实录与明朝实录一样，都是在国君死后，由官方组织修撰，书成后藏于金匮石室，秘不示人。这部汉字书写的大书，因为不担心明朝人看到，所以记天朝之事少有忌讳，留下了许多关于明朝的记载，都较为真实，没有矫饰之弊（当然也不免传闻失真的情况）。比如，明朝前期，经常派遣宦官到朝鲜征索“贡献”，其中就包括两样在儒家观念里特别败德的东西：鹰犬和美女。

堂堂天朝差宦官来选美色，供其纵淫，对此明朝官史讳而不书，朝鲜称之为“采处女”。

朱元璋的妃子中，就有一位高丽籍的韩妃，前文讲到，他从元宫里掳获了许多宫人，其中有据可查的，至少就有两名高丽籍少女。洪武中，明与高丽两国关系持续动荡，朱元璋向高丽征求美女的可能性较小。姓韩的高丽妃，很可能也是从元朝或鞑靼人那里“接收”来的，并无证据表明她是高丽国贡献的。

然而到了永乐和宣德朝就开始经常性地差人到朝鲜，要求该国进献“处女”(即未婚之少女)，且征索之令、奉差之使，来往之频繁，令朝鲜应接不暇。

永乐皇帝求处女、阉人较多，宣德皇帝则求鹰犬较多，处女也求，不过规模较他祖父要小一些。

好色、贪玩，与圣君的形象大不合！

所以帮助皇帝到外国渔猎美色的，主要是一些近侍宦官，如永乐朝的司礼监太监黄俨等人，他们都是作为皇帝的私人代表，来做这些腌臜秘事的。

天朝圣君贪慕他国美色，像恶霸一样挟势去强求，这便似偷窃行赃，是绝不可令外人知晓的。这种事指定阉人宦官，而不是文武官员来做，就是为了避人耳目。

但是天朝内廷里一下出现了大量的朝鲜籍美女，尤其是永乐末年的一次宫乱，竟是许多“入朝处女”做主角(详见下文)，这将如何向天下后世做解释？伟大英明的君主岂不露了腚！

不要紧，我们无所不能的史官们，自有其绝技——隐瞒！他们对朝鲜宫人的来历一个字都不写，让读者一脑袋雾水，却不得其解。要是单瞧明朝的国史官书，竟是一点端倪都瞧不出来的！

这里以永乐六年(1408 年)的一次猎色行动为例，好使看官略知其情形。

这年四月十六日，“天使”黄俨到了朝鲜，先宣读了写在黄绫上的圣旨，然后肖着皇帝的口吻说道：

“恁去朝鲜国，和国王说，有生得好的女子，选拣几名将来。钦此。”

这就是所谓口宣，是将皇帝之言做口头转述之意。

黄俨说得虽然轻描淡写，但毕竟是“圣意”，朝鲜不敢马虎，马上成立选美的专设机构“进献色”，派出官员和宦官，到全国八个道去选处女。除公私贱隶外，良家十三岁以上、二十五岁以下的女孩，皆要应选；同时禁中外[1]婚嫁。

因为所采童女，是特供天朝皇帝"性福"专用的，无异于性工具，以往民间就掀起过抢嫁抗选的风潮，所以朝鲜先行禁止百姓家抢先嫁女儿、娶媳妇——是美女的，都留下，先尽皇上用！而朝鲜国凡世子、大君（大君是国王嫡子的称呼，庶子只称君）选婚，也在国内大选处女，这方面的经验也称丰富。

初选的处女陆续到京。这一选，在京（朝鲜王京即汉城，今名首尔）得女七十三人，八道共选三十人。朝鲜太宗大王为了慎重起见，多次亲自"拣阅"。经过几轮淘汰，又将有父母之丧及独女无兄弟者放还，还剩下七个人。

七月初二日，这七个女孩来到朝鲜王宫内的景福宫，接受"天使"的挑选。

可是，朝鲜好容易才从全国海选来的美女，黄俨竟嫌她们不够美，大发雷霆之威，命人赴庆尚道（在朝鲜西南部）选女的宦官朴辖捆起来——这等于大评委打了小评委—— 一边打一边责问：

"庆尚一道，为国之半，岂无美色？你以为咱不知道吗，竟敢选进如此之女！"

然后"天使"甩了手，气呼呼回到所居的太平馆。

国王听说了，大惊，忙问其详，才知道，不是这些处女不够美，而是她们都不愿意应选到中国去。所以当"天使"当面来选时，一齐约好了，不是装作中风而口眼歪斜，就是装作中风而头角发颤，还有一位，装起腿瘸来，一步一颠儿地在天使面前踅摸。

这样的美女，你说黄"天使"能不气吗？

国王很不高兴，他"事上"（侍奉上国）讲究一个诚字，急命宪司（相当于明朝的都察院，掌纠劾）对装疯卖傻的处女的父亲，以"教女不谨"之罪

---

① "中外"这个词在朝鲜的用法，与明朝相同，都是中央与地方之意。

做出严厉的弹劾，又派人去找黄俨解释，说这些女孩因为担心远离父母，食不知味，日渐消瘦，出现些奇形怪状，亦不足怪，请让她们都换上中国的服饰，您再来选！

但"天使"选退了的，不可"包装"了重新再选，于是新的一轮海选又开始了。

朝鲜派出多路官员，到各道再选。由于前一次选女时，许多人家，要么隐匿女子，不肯献出；要么针灸、断发、贴药，采取各种稀奇古怪的方法以逃避被不幸选中。所以这次复选加大了惩罚力度，敢于抗令不遵者，严重的甚至要"家财没官"。总之，必使美女一个也不得漏网。

很快，黄俨再次被请到景福宫。这次备选女子较多，衣妆首饰都用华制。黄俨感到满意，他来回巡行审视了一番，颔首道："间有三四人尚可。"

他做太监的，倒会学人玩矜持，他懂得美女的好处吗？

这回留下权执中、任添年等家女子三十一人，其余落选者都放遣归家。黄俨觉得候选处女之数还是太少，又怕朝鲜捣鬼，将真正的绝色私藏起来，匿而不献，打算亲自到外地去选，经朝鲜极力劝阻，方才打消这个念头。

各道处女陆陆续续到了，从七月九日到十月十一日，黄俨又选了十一次，经过在几百人中反反复复挑选，最后择定了五人，以工曹典书权执中之女权氏为首，任添年、李文命、吕贵真、崔得霏之女次之，其中权氏十八岁，最小的崔氏十四岁。

她们这一中选可不得了，都成了"中朝贵人"！国王和王妃都得以礼相待，亲自告慰，赐予酒果以及依华装缝制的彩缎衣服。

黄俨这回在朝鲜前后折腾了四个多月，据说"天使"近京之日，朝鲜就发生了地震。随着"处女推刷"的进行，更是搅得该国鸡飞狗跳，民怨沸腾，到处奏报灾变，都说是选女引起的"阴沴之灾"。

那么黄俨这个无根之人，他所选美女又如何呢？我没有瞻仰过，无法妄评。朝鲜太宗大王有段评语，不妨一听。

"黄俨之选定高下等第误矣。"国王对身边人说，"任氏直如观音，而无情态。吕氏唇阔额狭，是何物耶？"

对黄太监的眼光，他一点都不欣赏。

十一月十二日，黄俨辞别国王，领着五名处女和从行的使女十六名、火者十二名（火者是指没有职任的阉人），返回明朝。为了掩人耳目，朝鲜在黄俨的授意下，不称进献处女，而是假称赍进纸札等物。

朝鲜《太宗实录》载："是行也，其父母亲戚，哭声载路。"朝鲜人权近写了一首诗，说这是明朝皇帝"九重思窈窕，万里选娉婷"。中国历史上，像明朝永乐、宣德皇帝这样，不远万里，派人到属国去征索美女的情况，真是非常少见。

黄俨携处女一行，由陆路经辽东入关，回到北京。永乐七年（1409 年）二月初九日，朱棣北巡，已提前抵达这里，他立刻召见了这几名女子。

最知主子心者，莫过奴才。黄俨是随侍朱棣多年的老奴，他对皇帝的好恶情趣揣摩得那是一个底儿掉，果不其然，朱棣一见权氏等人，大为欢心，立刻封权氏为显仁妃。权妃之兄权永均亲自送妹妹来朝，被授予光禄寺卿，秩正三品，并得到了大量彩缎、彩绢及金银马匹的赐予。其他处女的家属，也都得到相应的官爵。

权妃很快成为朱棣最为宠爱的妃子，后文还有故事。

话说朝鲜送走瘟神，好容易缓一口气，不料第二年五月，黄大人①又奉旨而来。

黄太监口宣"天子玉音"，开口就让国王吃了一惊：

"去年尔这里进将去的女子，胖的胖，麻的麻，矮的矮，都不甚好。"

怎么，去年那么精挑细选的处女，皇帝一个都没看上？朝鲜国王不安起来。

黄俨见朝鲜国王脸色变了，忙和颜悦色道：

"皇上说了——只看尔国王敬心重上，封妃的封妃，封美人的封美人，

① 朝鲜对宦官也像对其他文武大臣一样，称之为"大人"，没有"公公""婆婆"那一套。

封昭容的封昭容，都封了也。王如今有寻下的女子，多便两个，小只一个，更将来。”

国王这才明白，原来是皇帝吃着甜头了，色心勃勃，吃着碗里又看着锅里，却假意说前番所选的不好，责令朝鲜再选，他不过是想再多要几个美女。

可国王看破了，却无法说破，不得已，只好遵旨，重置进献色，再下各道选女。

很快又选拣到女子两名：郑氏，十八岁；宋氏，十三岁。

为了皇帝“不好色”的面子，这回朝鲜使的障眼法，是假称国王的亲兄患有风病，日益加深，乃差人带着药单，上京来收买药材。后来又有送“执馔婢”“唱歌婢”等诸多名色，皆为装幌。殊不知，这些处女才是“药材”，来疗大明皇帝的色疾的。

朱棣就像一只发情的狮子，尝到甜头了，不断要尝鲜儿，尝了还要尝，没完没了。他在朝鲜这边矫情作态，在国内却怕臣民知晓，于他“圣德”有亏，不敢令翰林院撰旨，留下文字证据，只准太监黄俨等辈来“口传”（口头转述圣旨），而使这些阉狗借机假传圣旨，大肆行私，闹得朝鲜乌烟瘴气，自己也是丑态百出。

这回朱棣真的嫌郑氏不够美，命黄俨将她退回，并让朝鲜再选美色来替。然而朝鲜国王已经得悉，大明刚刚在北征漠北的战争中遭到惨败，大将军淇国公丘福以下一公四侯皆死，全军覆没，他私下里对左右说：“中国正当兵兴，采女岂其时乎？”他怀疑朱棣在这局势严峻的当口，频频遣使来采童女，“乃佯为舒泰耳”，是故意装镇静，采女不过是个幌儿。

是不是如此，我无评价。

第二十二章　亲手剐人，皇帝发疯了！

天作孽犹可违，自作孽不可活。如果朱棣只是自己作孽、自己承受，或许还值得同情。可是他是手握千万人性命的君主，他的乖戾与坏脾气，不仅影响到国家的走向，更直接牵系着无数人的生命。不说那些在无休止的征发中死去的军民，单是在这个暴君的后宫里，就有不计其数的人无辜丧命。

永乐中多次发生“宫乱”，引发持续的大屠杀，受害者多为宫中妇女。这些宫闱惨史不仅在官史中无只字可寻，就是私家著述，也绝少记载，但在朝鲜李朝《世宗实录》中，幸运地保存了一份第一手的亲历材料。这份宝贵史料的提供者，是朱棣朝鲜籍妃子——丽妃韩氏的乳母金黑。韩氏在朱棣死后殉葬，仁宗念金黑孤苦，曾打算放她回国，但因为担心她回朝鲜后，将明宫的秘密，尤其是野蛮的殉葬泄露出去，最后还是将她留在宫中。直到宣宗去世后，才由宣宗之母张太后特许，准金黑归国。

果然，金黑一回国就把发生在明朝宫廷的那些惨案，告诉了好奇的国人，并被载入史册。若无金黑的口述史，明代宫闱史上那凄风苦雨的一个片段，将湮灭无闻了。

这首先得从永乐皇帝的宠妃权氏说起。

权氏是永乐六年(1408 年)由太监黄俨挑选来华的“处女”。据《明太宗实录》记载，永乐七年二月朱棣第一次北巡，在车驾出发前，册立多位妃嫔:张氏为贵妃，权氏为贤妃，任氏为顺妃，王氏为昭容，李氏为昭仪，吕氏为婕妤，崔氏为美人。一共七人，其中张贵妃是河间王张玉之女、英国公张辅的妹妹，王氏为苏州人，而另外权、任、李、吕、崔五位，都是朝鲜贡来以充掖庭的“处女”。

权氏在五人之中，年纪最长，对她的长相与情态，朝鲜史籍没有评价，但中国野史称她“色白而质穠粹，善吹玉箫，窈眇多远音”。因为这部野史(《胜朝彤史拾遗记》)的作者参加了《明史》的编纂，野史也便进入“正史”的殿堂，《明史 · 后妃传》在介绍权妃时，即说她“姿质穠农粹，善吹玉箫”。可见在说到风情时，正史与野史，气味还是相投的。

权氏以她的肤白与多才，得到皇帝的“爱怜”，被封为贤妃(朝鲜实录作“显仁妃”，疑为音译之误)。那时徐皇后已死，朱棣便“教权妃管六宫的事”，与前朝李淑妃、郭宁妃一样，“摄六宫之政”，做了不具皇后名号的皇后。可是一个年轻的外国友人,语言不通,中国特色还没搞清楚,由她来主六宫之政,这后宫不乱才怪。

皇帝一爱就要封官,本是题中应有之意,朱棣一宠着权妃,把她抬得太高。此事虽然于理不通,但论情上,还是"唯我霸道、当仁不让"的,假如再进一步,权妃生出儿子,那"老冤家"皇太子朱高炽该更着急上火了。

爱还有衍生义,即爱屋及乌。朝鲜处女们的父兄们,都以押送贡物的名义来到北京,他们其实都是送自家女孩来的。朱棣马上发辛苦费:权妃之兄权永均(《明史》误作权妃之父,权妃父名执中)被授予正三品的光禄寺卿,其他人也都授予四、五品的京官之衔。

权氏在《明太宗实录》中,仅出现两回,一是封妃时,再就是去世时朝廷赐祭与给谥,此外再无一字。权妃在明宫生活的日子很短,前后约一年半的时间。权氏那一批处女随太监黄俨入华后,恰逢朱棣第一次北巡,就停在北京候驾,没有南下,朱棣到北京后才接见她们。

永乐八年二月,朱棣亲自率军北征本雅失里与阿鲁台,七月凯旋。十月,车驾返回南京,权妃侍行,但才走到山东临城,突然得急病死了。朱棣将她的遗体"权厝"于峄县。权厝是临时性的安葬,或是将棺柩停放某处,或浮土浅埋,以待后日正式迁葬。据权永均回去报告国王(不知他是不是吹牛,自抬身价),朱棣最初的打算,"将欲迁之,合葬于老皇后(徐皇后)",即准备再次北巡时,将心爱的权妃带到北京长陵祔葬。但不知何故,朱棣后来改变了主意。权妃永远地留在了山东,她的坟现在还保存着,人称娘娘墓。

权妃是怎么"薨"的?实录说是"以疾",即病死的。

以上是官史留下的有限材料,在这些材料中,权妃不过是一个普通的妃子,无论其来,还是其往,都不引人注目。

权娘娘死时,年仅二十岁。在她死亡三四年后,朱棣忽然得到情报,说权妃是被人下毒毒死的,而下毒之人,是与她同时来华的吕氏。

事情的经过,且听朱棣的口述。他在永乐十二年(1414 年)对朝鲜"钦问起居使"(即问安使)尹子当说:"皇后殁了之后,教权妃管六宫的事来。

这吕家(原注:即吕美人)和权氏对面说道:'有子孙的皇后也死了,尔管得几个月?'这般无礼!"

吕氏与权氏的对话,显然出自下人的告发,不是朱棣自己听来的。吕氏说的"有子孙的皇后",指徐皇后,"有子孙的皇后也死了,尔管得几个月?"听起来像是忌妒之词,细玩起来,其意颇长,似乎在说:"人家皇后都有子有孙了,也没活多久,你以为你能干几天?"是咒权氏命不长久的意思。此言的确"无礼",因为它的潜台词似乎是连生了儿子的徐皇后,都不免被朱棣杀死,或被迫自杀,何况你还是个代理皇后!——不然,吕氏之言何解?

这个且丢下,再听朱棣的自述。他说吕氏宫中有四名管事的太监,两个是华人,还有两个朝鲜人,叫金得和金良。这四个人,"做实弟兄"(做铁哥们儿、结义之意)。吕氏"不义",于是与金得等人密谋,从一个银匠家借来砒霜,永乐八年回南京时,走到良乡(今北京良乡),把砒霜研成末子,下在胡桃茶里,与权氏"吃杀"了。

在另一场合,朱棣所言稍异:"(吕氏)谋买砒霜,和药饮之,再下面茶,以致死了。"

"当初我不知这个缘故。"朱棣说。那么他是怎么知道的呢?原来永乐十一年的一天,权、吕两家奴婢因事吵架,双方互骂到极处,权妃的奴婢对吕家奴婢说:"你的使长(或作侍长,指宫中妃主),药杀我的妃子!"

宫闱投毒,这可是大罪。很快有人将这一重大情报报告给皇上,朱棣非常吃惊,更是大为震怒,遂把"吕家(即吕氏)便着烙铁,烙一个月杀了"(一说凌迟处死),几个内官、银匠也杀了,吕氏宫中之人也都斩尽杀绝。

朱棣把这个情况告诉尹子当,明里说让他回去告诉朝鲜太宗大王,"吕家亲的,再后休着她来",实际上是让国王处决吕氏族人。朱棣提到"吾以权氏管六宫之事",可能是暗示国王,应以谋反大逆之罪,对吕氏处族诛之刑。对此太宗大王表示"不忍",他说"权氏为妃,吕氏是美人(应为婕妤),虽有尊卑,而非嫡妾之分。况且权妃之死,是否为吕氏鸩杀,亦属暧昧,若遽然族诛,予所不忍也。"最后将吕氏亲族释放,只留其母一人(吕氏父吕贵真永乐八年九月已卒)。最后被杀的,也只吕母一人。朝鲜专门遣使,将处刑的情况报告了朱棣。朱棣没有表示异议。

朝鲜太宗的怀疑是有根据的,朱棣在讲话中,并没有说明吕氏为何同根相煎,毒害权氏,他只说吕氏“不义”,而这是对其行为的评价,不是动机。

吕氏来朝后,被封为婕妤(《李朝实录》称为“吕美人”),地位低于权妃,受皇帝的宠爱亦不如权妃。权氏管六宫之事,她讽刺说“(看)尔管得几个月”。难道她是因妒生恨,才施毒手的?但此事发端,出于两位妃子下人的吵架,而人到激愤时,是什么发烧的话都说得出来的,未必可以当真,但朱棣以此捕风捉影之言,惨杀了吕氏及其宫人,已开了宫中大肆诛杀之端。

朝鲜太宗大王也曾为吕氏叹息,说:“(吕家)生此尤物,自是家祸。”其实他错了!吕氏并没有毒杀权妃,她是为人诬害冤死的!

第二十三章　宫乱!宫乱!

诬告吕氏的,不是别人,也是一位来自朝鲜的女子。此女在朝鲜实录中称作“贾吕”,可能是一名商贾之女。古代朝鲜社会等级森严,商人属于下层庶民阶层,与“二班”官宦之家出身的吕氏地位悬殊。贾吕应是随权妃等来朝的使女中的一个。后文我们将看到,朱棣虽然只封了由朝鲜国正式进献的“处女”为妃嫔,但对随之而来的使女们,也是一概笑纳,共享鱼水之乐。这些身份低微的使女沾了龙泽,便不安分了,生出争宠之心,造成不久后的“鱼吕之乱”。

以下内容主要根据金黑的回忆,还有部分朝鲜使臣的见闻报告。综合起来,永乐末年的这件大惨案,其来龙去脉是这样的:

贾吕因为与吕婕妤同姓,欲与之结好,遭到拒绝,因而蓄恨在心。权妃死后,她诬告权妃是被吕氏“点毒药于茶”害死的。朱棣震怒之下,轻信了贾吕的举报,导致吕婕妤及宫婢、宦官数百人被诛。这件宫闱大惨案发生在永乐十一年,但仅仅只是个开头。

贾吕论年纪，尚在青春年少，可她竟因私怼至以大罪陷人，导致可怖的大屠杀，真乃蛇蝎心肠。她还是个多欲之人，因为出身不高，没有学会如何用礼法抑制情欲。她在深宫寂寞难耐，遂与一个叫鱼氏的宫人，偷偷与宦官私通。

鱼氏不知是否也是朝鲜人，她也是朱棣骑过一两回的雌马，只是万岁爷以一对百，战力再强，毕竟能力有限，对鱼氏“宠”得多，“幸”得却少，令她技痒难耐。

贾吕与鱼氏才是一对儿，她们一边做皇帝的娇儿，一边与阉人缠绵。至尊的万岁，竟被阉奴戴上了顶绿帽儿！

渐渐朱棣有所知情，开始追查此事。贾吕与鱼氏非常害怕，便上吊自杀了。人哪，要是碰到贾吕这种人，与她亲近也好，敬而远之也好，可能都是祸。瞧瞧吕婕妤和鱼氏的下场！唯愿天不降斯人于你我身旁吧。

贾吕与鱼氏畏罪自杀，彻底激怒了朱棣，而贾吕诬陷吕氏的事也渐有风闻，他下令把贾吕的侍婢都抓起来，彻查此事。

严刑之下的口供，往往是原罪的升级版，而贾吕的罪状就不是风流韵事了，变成了“欲行弑逆”。大约暴君眼里，只有这个罪名才是配得上他的重口味。一下子，贾吕成了宫廷弑逆案的主谋，她虽投缳一死侥幸逃过重刑，但由其侍婢口供辗转攀引，将许多无辜者牵入此案。

据《朝鲜王朝实录》载：“凡连坐者二千八百人，（朱棣）皆亲临剐之。”

这条史料被许多书籍不加考辨地转引，我却要表示一下质疑。你若问我，是否有新的证据？我只好告个罪，对不起，没有。可是您不觉得朱棣亲剐两千八百人，太过骇人吗？我不怀疑他的暴虐残酷，但对这个所谓“事实”，却心存疑惑。各位可还记得朱元璋将浣衣局妇女五千人剥皮的事吗？我虽没有力证以证其非，但我有常识，从常识上来说，这是不可能的。朝鲜使臣不可能对明宫内的这件惨史有太多了解，而京中传言纷纷，将事实过分夸大，使臣偏听偏信，回去添油加醋，也不稀奇。

据说，有受刑者当面诟骂朱棣：“自家阳衰，故私年少寺人，何咎之有！”她们将碎身矣，还怕什么，故不惜将至尊的君主骂一个狗血喷头，倒也痛快。行刑后，朱棣命人将贾吕与小宦官相抱私通的情形绘成一图，欲令后世见之以为宫禁之戒（我看其效果，可能变成春宫图）。由此来看，近三千人遭受极刑，并非因为弑逆，而是在宫中淫乱。宫人与宦官勾搭成奸，或相倚过日，历史上久已有之，称为对食或菜户。即便朱棣绝不容忍，严厉肃清，若谓杀戮如是之惨，还是令人难以置信。

奇怪得很，朱棣因鱼氏的过错杀死那么多人，事后却对鱼氏念念不置，甚至将她安葬在长陵之侧，竟是原谅了她的意思。朱棣的喜怒无常，已到了常人无法理解的地步，这是否就是丧心病狂呢？直到仁宗即位，才将鱼氏之冢掘毁，将其尸骸弃之荒野。

鱼、吕之案，发生在永乐晚年，大概在永乐十八九年之际。朝鲜入华女子多在此案中被一网打尽，除了案首的贾吕和鱼氏，还有其他一些人，如自经而死的任氏、郑氏，被处斩的黄氏、李氏，多是在权妃之后陆续进入明宫的朝鲜籍女子。朝鲜实录特地对李氏做了表彰，说黄氏熬不住刑，胡拉乱扯，李氏鄙视她说："反正都是死，何必让无辜者受难，我当独死。"最终不诬一人而死。其实，在追查主使及同党的过程中，受刑者挨刑不过，反复诬扳，辗转攀引，将更多的人被牵连进来，酿成血腥的大案，黄氏的情况应该比较普遍。故此一人落网，她的相交故知都难逃生天。《朝鲜王朝实录》说："本国诸女皆被诛。"独一崔氏，当其他宫女都随迁来到北京时，她因生病留在南京，竟以此侥幸逃出生天。

《朝鲜王朝实录》乃综合多种传闻而记，包括明朝使臣太监尹凤（也是朝鲜人）"粗传梗概"，以及韩氏乳母金黑归国后的讲述等，故其记载条理较乱，记事亦混杂。但将其做一梳理，可发现这次惨绝人寰的后宫大屠杀，除了贾吕诬告吕婕妤毒害权妃这件旧案，主要还是宫闱秽乱。因为朱棣晚年所爱者多是朝鲜籍宫人，故事件的受害者亦多为朝鲜女子。

吕、鱼等人与阉宦私通，使朱棣对朝鲜女子的贞洁发生疑问，他怀疑有的"处女"根本就不是处女，如永乐十五年与丽妃韩氏一同入朝的黄氏。在那一批进献处女中，黄氏、韩氏皆列上等，朝鲜实录记黄氏"容貌美丽"，将韩氏形容为婵娟。在太监黄俨等人选择时，以韩氏为第一。

虽然已经入选，但黄氏表现出较大的抵触情绪。一日黄俨“天使”骤然光降黄氏之家，黄氏借口“抱疾”，故意不出迎，后来勉强出见，只见她脸垂泪痕，不施脂粉。黄俨大怒，当时就发了一通脾气。

当年八月，黄俨送韩氏、黄氏回国。黄氏父亲已死，由其姐夫金德章伴送入朝。在路途之中，金德章经常偷偷跑到黄氏窗外，与小姨窃窃私语，神情诡异，不知说些什么。黄俨瞧见了，曾加责詈。不久黄氏就生了个腹痛之症。医生想了很多办法，试了许多药，都没有效果，问她怎样，就是想吃“汁菹”。黄俨问押送官朝鲜佥总制元闵生，汁菹为何物？闵生说，那是朝鲜的一种食物，他知道制作之法。黄俨不高兴地说：“她要吃人肉，我可以割了给她，如今在草地上行走，我哪里去找此物！”黄氏吃不到汁菹，腹痛仍是不已，每夜都要令婢女以手缓缓在腹部摩挲，痛楚才稍缓些。不料一天夜里小便时，从阴部落下一物，是皮裹的一块肉，像茄子一般大。

侍婢害怕，就将此物扔在厕所里。但其事不密，很快在一众婢女中哄传开了，黄氏的婢女还说：“初出行时，金德章曾有木梳相赠。”这等于在说，黄氏与姐夫金德章有私，并且在应选时，已有了身孕。黄氏在路上，一直喊肚子痛，令人在腹部反复地摩挲，就是为了把腹中的胎儿堕掉，而那块肉，就是她的婴儿。

这些话只是在婢女中流传，钦差太监黄俨还蒙在鼓里。

到了北京，黄俨交差，朱棣验货。皇上是老风流鬼，他一上马，马上发现黄氏不是处女，以此严词诘问，这件事才曝光了。但凡下流之人，一见下流之事，不见下流之极，总是不肯罢休的。朱棣明明要朝鲜贡处女，结果来的是开封之人，货不对板，遂苦刑逼问，黄氏屈打成招，不仅承认与金德章有私，还承认与邻居、皂隶等都有私情。

朱棣将黄氏打成一个人尽可夫的婊子，他的变态自虐的心理才得到满足，于是大发雷霆之怒，决定写敕，向朝鲜问罪。

一个名杨氏的朝鲜宫女知道了，将此事告诉了韩氏（与“人尽可夫”的黄氏相比，她在朱棣眼里，便是冰清玉洁了）。韩氏也是维护本国的，就在侍寝时苦苦向朱棣乞哀，她说：“黄氏在家私人，岂我王之所知也？”朱棣就命娇滴滴的韩氏去责罚黄氏。韩氏无可奈何，只好举起玉笋嫩掌，去批黄氏之颊。

实际上，韩氏在此案中也受到牵连。她一度被幽禁在一间空房里，多日断绝饮食，奄奄待毙。守门的宦官哀怜她，时不时在门内抛些吃食，才使她逃过一死，而她的从婢使女则全死在狱中了，只有一个乳母金黑，熬到事件平息，特赦出狱。——当然，如我们已知的，韩氏最终还是没能逃过殉葬的命运。

但自己的女人与人私通，还生下孩子，朱棣岂是几个巴掌就能饶她的。黄氏在被迫"咬"出无数通奸者与知情人后，肯定被残酷处死了。朝鲜实录记：第二年戊戌，钦差太监善才赴朝鲜，对朝鲜太宗大王说："黄氏性险无温色，正类负债之女。"他将黄氏及众多朝鲜女性之死，归诸黄氏的面相，说她是个负债之女，这么多人的死，正不知替谁还债呢！

戊戌年是永乐十六年（1418 年），朱棣并没有因为吕、鱼、黄等人已死，而停止虐杀。洪武朝一次次屠杀功臣，用的是"胡党"的名义（丞相胡惟庸谋反案，首发于洪武十三年，但对胡党的追究，一直延续到洪武二十六年。这一年又发生蓝玉"谋反"案，从此胡、蓝二党一并追拿），朱棣对后宫的持续清洗，用的是"吕鱼之乱"的名义。

朱棣是从永乐十五年（1417 年）开始营建北京宫殿的，随着宫殿的逐步落成，乃于永乐十八年（1420 年）底正式宣布迁都。在数十万军民匠役营建新都的扰攘中，朱棣的后宫却无祥气氤氲，始终是乌云盖顶，所有宫人仿佛受到诅咒，都没有好运气。所以当永乐十九年四月，当"鱼吕之乱方殷"，屠戮还未休时，刚刚落成没几天的外朝三大殿（奉天、华盖、谨身三殿）忽遭雷震，一时间烧成灰烬。后宫之人不仅不忧，反而大为欣悦，皆喜以为："帝必惧天变，止诛戮。"我甚至怀疑，油漆才干的三大殿突然遭灾，是宫人故意放火，就是欲借天变来警惧杀人魔王。然而事与愿违，"帝不以为戒，恣行诛戮，无异平日"。除非这个大魔头死了，宫人的苦难是没有头的。

其实，永乐末年的这次宫乱，受难者多是无辜之人。太监黄俨在其中扮演了重要的角色。黄俨在仁宗即位后被杀（朝鲜实录说是"被斩棺之罪"，即死后斫棺，应为传闻之误），妻子与奴婢没官为奴（在明初时，宦官娶妻不为少见，甚至还有皇帝赐宫女为妻的）。朝鲜籍太监尹凤在宣德、正统年间多次出使朝鲜，透露了不少明宫的隐情，他说：“吕氏毒杀权氏，而被凌迟之刑，然非其罪也，（黄）俨诉之也。”也就是说，吕婕妤的被害，并不是简单地出自贾吕的诬告。在永乐年间，黄俨专主宫壸，贾吕的诬告，很可能是出自他的指使，否则以一微末婢女的告发，怎会轻易导致数百宫人丧命？黄俨诬人，实为了行己之私，他助纣为虐，诱使有疯症的朱棣滥杀，在后宫兴风作浪，血洗后宫，是他通过暴力强化对后宫控制的手段。

最后要提到一个人，就是永乐七年与权妃等一起受封，被封为贵妃的王氏。《明史·后妃传》说她“有贤德，事仁孝皇后恭谨，为帝所重。帝晚年多急怒，妃曲为调护，自太子诸王公主以下皆倚赖焉。”永乐十八年七月王氏薨后，对其祭葬之礼，朱棣皆予特恩，全仿照洪武中的成穆孙贵妃。此说得到朝鲜实录的印证，李朝《世宗实录》说：“初，帝宠王氏，欲立以为后。及王氏薨，帝甚痛悼，遂病风丧心，自后处事错谬，用刑惨酷。”

在朝鲜私下记载的国史里，天朝上国的永乐皇帝，其实就是一个杀人狂和疯子。

第二十四章　娘，我去了！

明朝初期仗其较为强盛的国势对朝鲜多作威福。而朝鲜为了在“北虏南倭”的不利形势下自存，也需要依靠大明这个盟友，因此对“天朝”的一些过分的要求，也本着“事大以诚”的原则，尽量予以满足。

随着明朝国力的衰退，宣德以后，对外方针逐渐趋于内敛，不再主动向外派出使臣。皇帝专断专行的权威也呈衰落之势，亦无法为满足个人欲望，再向外国派遣私人代表了。于是朝鲜应“上国”之求而进献处女、阉人及其他特产的活动在宣德之后戛然而止。与此同时，一些长期滞留在华的朝鲜人被明宫放归回国，带回了关于明朝宫闱的许多秘闻。

宣德十年（1435年）正月，宣宗病故。三月，朝鲜妇女金黑等五十三人被放遣回国。金黑等人自宣德初年入华,久留北京。诏书以新皇帝英宗的口吻说道,“朕悯其有乡土之思,亦有父母兄弟之望”,特遣宦官李忠、金角、金福将其送回,并谕朝鲜国王访其故家,使其归乡,老有所养。护送她们的宦官也都是朝鲜人,李忠是永乐六年随权氏入朝的,二金是永乐元年入朝。

金黑是入朝处女韩氏的乳母。韩氏于永乐十五年(1417 年)来华,其兄韩确时任朝鲜国副司正之职。朱棣见韩氏貌美,心里乐开了花,在接见朝鲜使臣时,未言而“先笑”了,说道:“难得国王至诚,送来韩氏女儿,好生聪俐,尔回还对国王根底说了。”

皇上这一开心,韩确就有福了,不仅被加封为光禄寺少卿,还得到大量的赏赐。然而,仅仅数年之后,朱棣驾崩,宫人殉葬者三十余人,韩氏也在其列。

金黑目击了当时宫人殉死的惨状:

当死之日,先在中庭吃了一顿绝命饭。饭罢,由宦官引之升堂,女子们大哭起来,声震殿阁,令人触鼻心酸。只见堂上放着许多小木凳,殉死者立于其上,梁上悬一绳,以头纳于其中,遂去脚下之凳——虽曰投缳自经,实无异于绞刑。

韩氏临死前,攀着绳子,对乳母金黑连声呼道:“娘,我去了! 娘,我去了!”语未竟,一旁宦官早撤去脚凳,身子便像一片柳叶,在梁下晃动不已。

这些死难者在升堂前,好心的仁宗亲自入殿辞诀。韩氏哭泣着对仁宗说:“我母年老,请陛下将她放归本国。”仁宗答应了。

韩氏死后,被追谥为“康惠庄淑丽妃”,见于朝鲜实录所载颁给金黑的诏书,但是明朝实录并未收载这份诏书。

仁宗倒是重然诺,他记得韩氏的临终遗言,欲送金黑回国。但有宫中女秀才反对,理由是:“近日宫闱之乱(指永乐末年的鱼吕之乱,事见前文),旷古所无。金黑若归国,必泄之于朝鲜。如此之乱,不可使外国知之。”仁宗犹豫不决,便召来同样是朝鲜籍的太监尹凤,问他:“我欲送还金黑,但近日事怕她泄露了,你看怎么办?”尹凤道:“人各有心,奴何敢知之?”也是人心隔肚皮,不可不防之意。仁宗遂决定不送金黑回国,但赐封她为恭人,以表食言之歉。

由是金黑在明宫又多待了十年。

宣宗即位后，尹凤为讨新皇的欢心，进奏说，先帝所宠爱的丽妃韩氏，非常美貌，她还有一个小妹妹，也是貌美非常。宣宗一听，色心立马就动，心动就要行动，马上派尹凤去朝鲜“采”之——“行不得也，哥哥！”我差点喊出声来。丽妃之妹，不是你祖奶奶辈的吗？你爷孙儿共享一对姐妹，是否合于伦理？

可宣宗对此并无顾忌。古人行事，我只有评判权，而无进谏权，即便我穿越到明代，能够讲点话、提点意见了，我也不敢说话，这位宣宗皇帝，常常是蛮不讲理的。

话说“天使”又光降朝鲜，带去灾难性的消息。这时小韩氏（闺名桂兰）正生着病，哥哥韩确忙里忙外地给她送药。这女子性格刚烈，对哥哥说：“卖一妹，富贵已极，何用药为？”真是尖刻的嘲讽！

她亲哥哥不仅把两个姊妹献入明朝做了妃子，还把一个女儿嫁入朝鲜王宫，他本人官儿一直做到议政府的右议政（宰相），其仕途之畅达，不靠厚黑学，靠的是善于“卖”女。这是病，得治！

韩家这一门明朝外戚（似可译为“皇帝家的外国亲戚”）被明朝人亲切地称为“皇亲老韩”。

小韩氏心知命运已被魔爪紧紧攫住，无法摆脱，索性尽散仆从与家财，忍悲泣血，用小刀割裂其寝席——寝席，是朝鲜女子为待嫁而准备的。噫！可叹！

然而，小韩氏因染有沉疴，一时无法就道，为此拖延了将近一年的时间。但是，该走的终归得走，第二年（宣德三年）十月，起行之期终于到了，朝鲜世宗大王的王妃亲自在王宫庆会楼为小韩氏饯行。几天后，在明朝使臣的陪同下，十八岁的韩桂兰连同两名火者，以及海东青、石灯盏等贡物一起出发。这次仍由兄长韩确送行。朝鲜《世宗实录》记录了当时离别之时的情景：

“都人士女望韩氏之行，叹息曰：‘其姊韩氏为永乐宫人，竟殉葬，已可惜也,今又往焉!'至有垂泣者。"

他们管这生离死别的一幕,称之为"生送葬"。

金黑在明宫里又熬过一位皇帝去世。宣宗在位仅十年,就一命呜呼了。他死后,风水开始转起来,小韩氏幸未重蹈其姐的命运,"殒身以从"那条恶龙。这是因为宣德年间,来华的朝鲜妇女、阉人非常多,鉴于永乐年间她们同根相煎,因内斗而全体遭到毁灭性打击,这些生活在异国深宫的朝鲜人选择了和衷共济,在明朝内廷抱成团,形成了一定的气候,才有能力逃避被列入殉葬名单的悲惨命运。

韩丽妃的乳母金黑,在宫中待得年远,资格很老,加上她伺候宣宗之母皇太后张氏,两个老太婆之间情谊甚笃,张太后对金黑非常友善,经常赐予她大量的礼物。金黑对韩丽妃的亲妹小韩氏,定然多方关照,而为宣宗殉葬的名单,最后不得张太后敲定吗?金黑在太后跟前进些甜浆,小韩氏就可以不死了。

尽管在明宫生活安逸,但金黑的思乡之情不置,一日对太后说:"我老啦,虽然蒙圣恩甚厚,但还是忍不住思念家乡,很想还乡养老去。"张太后可能还记得丈夫(仁宗)对丽妃的承诺,她老姐儿俩关系又好,就答应送金黑回国。

宣宗一死,箍在后宫妇女头上的魔咒解除了,一些在宣德年间被强征入朝的朝鲜籍执馔、唱歌婢女,纷纷请金黑在太后跟前说情,允许她们一同回家,与父母团聚。张太后也都答应了(韩桂兰因身份不同,没能回国,她一直活到成化十九年(1483年),以宫中"老老"的身份病故,终年七十四岁)。

辞行之日,太后执金黑之手而泣,老太太动了真情,特地叮嘱孙儿英宗皇帝,赐予金黑诏书一通,请朝鲜国王好生安顿她,使金黑余生无忧。

宣宗死后,明宫进行了最后一次大规模的殉葬活动。从上文来看,张太后实现了仁宗未曾兑现的承诺,把金黑等一大批朝鲜妇女放归本国,在金黑辞行之时,还捧着她的手,涌出一些眼泪,似乎张太后是一个蛮善良的人。

其实,判断一个人是不能据其一言一行轻易下论断的。就说宣德十年的这次殉葬吧，死了十来个人，这是宣宗的遗愿？还是并无遗诏，仅仅是依宫中旧例而行？不管是哪种情况，张太后都是这次殉葬的决策人与实施者。因为她儿子宣宗朱瞻基死时，孙子英宗朱祁镇年仅九岁，这么小的孩子见死人就怕，哪里有能力将那么多的皇庶母推向死亡。

皇帝殓葬之事，一般外臣难知，亦难以进言，但我想，如果张太后欲咨询任何一位辅臣（如内阁"三杨"）的意见，他们都会表示反对（尽管表达方式会非常婉转），因为殉葬既不合古礼，也不符人伦，与儒家思想或佛家心肠都是根本违逆的，他们要是自居为儒臣，就不会真正支持这种陋习。

在宫廷内操持丧礼的，主要是司礼等监宦官，但是令先帝的妃子殉葬，岂是他们敢以自为自专的？必然经太后指授，圈定殉葬名单，他们不过是刽子手，是套夺命之绳的人。

一直到正统九年（1444 年）去世，张太后都在"帘后"掌握了明王朝的最高权力，她是没有垂帘听政的西太后。这一点在各种记载中都没有异议。人们说，正统初年，明朝还延续了一点政治清明的余韵，主要功劳在张太后。这一点我们暂不做评论，且只讲明宫里那些骇人之事。

张太后以天子祖母、太皇太后的身份，在朝廷内外拥有巨大的权威。她如果稍存怜悯之心，以母改子之政，宣布废除殉葬旧制（就像成年后的英宗那么做的），或对殉葬加以改变，尽量减少殉难者的人数，有何不可？然而她没有这么做，她甚至还可能将其视作一次机会，把她不喜欢的妃嫔和宫人（如郭贵妃）列入殉葬名单，趁机搞掉呢！

其实，在宣德时，明朝的国势已经日过"正午"，到英宗正统年间，衰颓的态势就更趋明显了。正统十四年（1449 年）八月，英宗朱祁镇轻率临戎，仓促亲征，迎战入侵的蒙古瓦剌部。结果兵出未久，六师即在关内崩溃，他本人也被俘虏了——史书蒙着眼睛哄鼻子，将此事讳作"北狩"，伪称皇上到北方打猎去了。继其位者，是已经成年但还没有"之国"的郕王，也就是景泰帝朱祁钰。

朱祁钰在明代历史上相当于一个"代皇帝"。当他同父异母的兄长英宗在"土木之变"中被俘北去后，皇子朱见深年纪尚小，而当此国难之际，不可无长君，英宗的母亲孙太后迫于无奈，只好命郕王监国。

孙太后深知皇帝的宝座具有502强力胶水的黏性，任何屁股一旦坐上去，绝对黏住，再难撕扯下来。作为一个预防措施，她在授权郕王监国的同时，做出另一项安排，即册封英宗之子朱见深为皇太子，试图以此断绝朱祁钰夺嫡的野心。

可是这项政治安排并不可靠，等围住北京城的瓦剌大兵退去，朱祁钰很快在群臣的拥戴下称帝，改年号为景泰（元年为1450年）。为了使瓦剌人掌握的“皇牌”人质失效，也为断了英宗朱祁镇复位的念想，景帝遥尊哥哥为太上皇帝——凡加“太上”两字的，除了太上老君，都是过气人物。不久又尊皇太后孙氏为上圣皇太后，生母贤妃吴氏为皇太后，妃汪氏为皇后。

一年后，作为人质已经失去效力的太上皇朱祁镇变成了鸡肋，在北地白吃粮食，毫无用处，蒙古人也嫌麻烦，就把他放回来了。景帝尽管将已经退位的哥哥视作政治上的最大威胁，非常不愿意迎接英宗还朝，但他心却不够狠，只知把英宗软禁在南内吃“闭门羹”，而不能学古人，进一毒饼，然后报个“暴崩”，遂除却心头大患。可见景泰帝是个仁柔之人，他可能是个“好人”，然而作为政客，却是个无用之人，这最终决定了他不幸的命运。

英宗被关在南内，威胁暂时解除，他那位皇太子就显得尤为碍眼。

朱见深的地位本就尴尬，他作为皇太子，皇帝不是他爸爸，他爸爸只是一位失去自由的囚徒，他的被废，是迟早之事，没有悬念。果不其然，景泰三年五月，景帝改立亲生儿子朱见济为皇太子，而将朱见深废为沂王。

同时被废的还有皇后汪氏，景泰帝的糟糠之妻，汪皇后失位的主要原因是她没有生儿子，新皇后是太子朱见济的母亲杭氏，这就叫“母以子贵”。

本来这都是顺理成章、毫无意外之事，当时阁部大臣也都作为附议者领了赏。然而不幸的是，朱见济没有储君之福，第二年年底竟死了。景帝为人素怯，生育力自然亏薄，再生不出儿子。没有皇储，统治的基座空虚，止他一人孤立于上，身子又弱，随时有“挂”不住的危险，他的地位自然开始风雨飘摇起来。

第二十五章　朝钟一声响，天子换人了!

景泰八年(1457年)正月,景帝忽然得病。当月十二日,他扶病来到京城南郊的斋宫,准备主持第二天的祭天仪式。可当晚病势一沉,卧床不起,只好临时派武清侯石亨代为行礼。打这以后,景帝再没有临朝,这年上元灯节按惯例应举行的百官节宴也取消了。

灯节第二天,本不是上朝的日子,百官因为担心皇帝的身子,都约好了,一起到右顺门问安。皇帝挂起免见牌,有太监出来答话道:“皇上只是略感风寒,稍加调养就没事了,大伙散了吧。”

景帝自即位以来,尚算勤勉,每天顶着星星上朝,从来没误过朝参,如今他连续多日不出朝、不见廷臣,这种情况以前从未出现过。而宫里到底是怎么个情况,大家都不清楚。百官惶惶不安的心情开始蔓延,皇上可能“不讳”的消息迅速流传开来。

要说明代制度,君位最稳当了,没有对皇权造成威胁的权臣、巨阉和边帅,也没有外戚和后妃干政,但有一样,皇储之位,即“国本”不能久虚,否则将造成根本的统治危机。自皇太子朱见济死后,看似风平浪静的景泰朝廷开始孕育新的危机和裂痕,有些官员公开倡议,要求恢复沂王朱见深的太子之位。虽然类似言论立刻遭到镇压,但皇上始终生不出儿子,这种舆论便无法平息,而是转入地下,加速滋蔓。

景泰帝愤怒于臣下的浮躁,他却忽视了这种持续不断的“异议”声浪和在朝臣中涌动的暗流其实是非常危险的信号:野草需要空气和阳光才能生长,一些臣子之所以敢于狂吠,正因为他们心目中有一个隐形的灯塔,那就是废太子朱见深,并随时可能向那里聚集。

权力游戏的本质,就在一个中心压榨另一个中心的生存空间,直至消灭它,这个道理,用一句古话来说,就是“天无二日,民无二主”。景帝如果有什么过错,那就是他太软弱了,他既没有施展权威,用威力迅速压制群臣,特别是那些心怀异心的臣子,也没能果断摧毁那个趁着他的软弱,正迅速积聚人心与力量的另一个中心——如果他要这么做，则必须同时杀死英宗父子。

然而景帝从未动过这样的恶念，否则几道宫墙之外的囚徒，早为齑粉矣！

就在祭天后的第三天，一些官员合词上了一本，再请建储。景帝的身体非常虚弱，稍一动念，心就发慌，他懒得理会这些聒噪，将本章扔在一边，没有理睬。

皇帝的病情已在外朝引起普遍的忧虑，十六日，礼部擅自召集文武百官，商议再次奏请册立太子，并拟出了奏稿，经主要大臣传看定稿后，决定择日奏进。他们虽然没有明确提出立谁为太子，但当时唯一的候选人就是前太子朱见深，这是无须明说的群臣共识。

虽然皇帝很可能一病不起，一命呜呼，但老成的大臣并不太着急，他们嘴上不说，心里其实早盘算好了，只等皇上驾崩，立即奏请上圣皇太后孙氏、皇太后吴氏，复立沂王朱见深为太子，即日登基，朝廷将平稳过渡，不会发生乱子。

谁也没有料到，有几个阴谋家背着大伙儿，展开了秘密串联。

司设监太监曹吉祥觑个空子，从宫里溜出来，找到武清侯石亨、左副都御史徐有贞等人，向他们透露：皇上病得很重，很快要挺不住了。石亨点头说：我代行祭礼那天，皇上传敕给我时，连床都下不了，看来真不行了。

几个人突然兴奋起来，随即转入密议，决定抢在皇上咽气前，扶立一位新君，好建立不世奇勋。而他们密谋要拥立的新皇帝，不是廷臣齐心推戴的前太子朱见深，而是被囚禁在南宫已经七年的太上皇朱祁镇。

只有让无望之人意外得福，他的感念与报答才会更深切。如果像大臣们所设想的那样，景帝一死，扶朱见深即位，他们什么好处都得不到。

这便是剑走偏锋、独辟蹊径！

武清侯石亨当时任着大总兵，都督张軏（英国公张辅之弟）统领禁军，都手握兵权，他们议定后，遂于十七日拂晓，借别的什么事，调发兵力，突然拆墙，攻入南宫。

那时天还未亮，太上皇朱祁镇有早起的习惯，他正在清晨孤寂的殿中闲坐，忽听外面一阵嘈杂，随之火把乱晃、器仗交击，大队军士冲了进来，把宫殿团团围住。他不明其故，当时脸色就变了。待出殿看时，只见领头之人，是武清侯石亨。石亨快步走到殿檐前，倒身下拜，先告了惊驾之罪，然后把请太上皇复位的话说了一遍。

为了安上皇之心，石亨特地说明，他们此举已请示过上圣皇太后，是奉“慈谕”行事。

这些年朱祁镇在南宫光吃苦头了，尝尽人间冷暖，他马上意识到机会到了，没有太多犹豫，当机立断，坐上了石亨备好的抬舆。

一行人从东华门进入紫禁城，在奉天门停驾，只见那把辉煌的御座孤零零地放在门上，似乎在迎接故主的归来。

英宗皇帝已经八年没有坐它了。他在龙椅上慢慢坐下，冰凉的座椅让他的感觉如幻如真，他见两旁侍卫林立，火烛辉煌，稍觉踏实了些。随即午门上朝钟敲响，左右掖门开放，群臣开始鱼贯入内朝参。

群臣百官竟是一点信儿也没听到！

因为不知今日皇上是否依旧不上朝，内府又没有下免朝的传谕，所以跟往常一样，在四五更天时，午门外广场及各部院朝房里已聚集了大批京官。皇帝的病情与建储两件事，是他们议论的焦点。

突然间，午门大开，禁军侍卫排列整齐，开始检查各官朝参牙牌，往内放行。官员们顿时踊跃欢喜起来，以为景帝身体痊愈，可以出朝接见百官，处理政事了。

可是当他们快速步入奉天门前广场，按照官品分文武东西排班，努目往上一看时，只见奉天门上端坐的那位，竟然不是体貌清癯少须的景帝，而是那位脸圆腰阔、一把美髯的太上皇帝。大家都不敢相信自己的眼睛。自此英宗入居南宫，就再也没有出来过，群臣多年不见，此刻见他，已显老态，而他的年龄才刚刚三十岁。

群臣错愕不已，不知发生了什么变故。忙看内阁几位辅臣，似乎也是一脸茫然。再瞧那位最得皇上倚信的兵部尚书于谦，一把胡子在微开的暮色中模糊，也窥不出甚端倪。只有那几位兵不血刃推倒一位皇帝并扶立一位新君的阴谋家们（他们将这次宫廷政变称之为“夺门之变”），心中透亮，满心欢喜，昂首阔步而进，精气神儿十成而足。

群臣虽然面面相觑，满腹疑团，但也不敢上前质问，只好在赞礼官的指挥下，分文东武西，各依等次，排好朝班，然后囫囵囵地朝上行五拜三叩头礼。

行礼毕，只听静鞭响过，龙音道：“卿等以景泰皇帝有疾，迎朕复位，其各仍旧用心办事，共享太平。”大家更是不解，猜不破这闷葫芦，怎么太上皇就复位了呢？

正在这时，突一声令下，数十名锦衣卫士从门上冲下来，就大班之中逮捕少保、兵部尚书于谦与吏部尚书、谨身殿大学士王文，群臣大惊，旋即又见从内廷揪出数人，正是司礼监太监王诚、舒良、张永、王勤等人，捆得跟粽子似的，都是景帝的内外亲信。

门上宣布，逮捕奸臣，令一齐捆了，送往诏狱。

一时的忠良重臣，转瞬间都成了奸党，他们的罪名除了“卖权鬻爵，弄法舞文”，还被指责在景帝病重时，“阴有异图，欲召外藩入继大位”，可笑的是，揭发者还说：“事虽传闻，情实显著！”这和秦桧老先生以“莫须有”加罪岳飞，实有异曲同工之妙。

群臣见此，心中已明白大半，是内廷发生政变了，只是不知拥立者为谁。

再听门上，太监口宣圣旨退朝，群臣只好山呼万岁，见太上皇离座往东，大概去文华殿了。

太上皇朱祁镇（以下仍称他为英宗）就此复辟，和臣下打过照面，转身来到天子日常处理政务的文华殿，连续下达谕旨。

作为夺门之变的密谋者之一，左副都御史徐有贞首先获得重赏，他兼了翰林院学士的官，入内阁参与机务①。英宗命他同内阁首辅大学士陈循等，就于文华殿左春坊草拟太上皇复位的正式诏谕。

这位徐有贞，其实骨子里正缺一“贞”。他本名徐珵，“土木之变”后，瓦剌骑兵攻入京畿，他怕得要死，就借夜观天象，倡言南迁避兵，说如此方可保朝廷无事，是一无骨之人。他一边鼓动弃都逃跑，一边先把家属送到南方避难去了。亏得朝廷有兵部尚书于谦、司礼太监兴安等人在内主持，坚定了抵抗的意志，景帝决策坚守，遂下谕：“再议迁都者，斩！”而徐珵从此坏了名声，仕途偃蹇不畅，迫于无奈，才改名为有贞。

徐有贞此刻是夺门复辟的主要谋划者，他成竹在胸，落笔如飞，顷刻间敕谕已成。陈循一头汗还没抹干净，只是束手相陪而已。

英宗览罢，非常满意，即刻交付礼部官员，在午门外开读。诏谕的大意是：“朕居南宫七年，保养天和，安然自适。今公侯伯、皇亲及在朝文武群臣咸赴宫门，奏言当今皇帝不豫，中外危疑，再三固请复即帝位。朕辞不获，乃请于母后，以是日复登大位。”

这些话，不管群臣信不信，反正他们听着就好了。

一夜之间，改天换日，群臣全摸不着头脑，不明其“妙”，哪敢辄散，全聚在午门外探听情况呢，听过宣谕后，知大局已定，忙换上朝服，重新入内，奉英宗在奉天殿上坐定，再行即位之礼。到礼成时，已经是正午了，遂改当年为天顺元年（这一年本是景泰八年，景泰年号就此废去，景泰八年也就这么十来天的时间）。

可怜景泰皇帝，在宝座上坐了八年，不明不白下了台，竟没一个臣子拿头去触宫门，为他鸣一鸣冤！

---

① 大臣入阁办事，处理机务，必须兼翰林院官，宪宗以后阁臣都必须兼殿阁大学士，这是一种入阁的资格。

第二十六章　景帝的风流账

景泰皇帝朱祁钰本不过是个亲王的命,"土木之变"发生时,他已经二十二岁了(生于宣德三年,1428 年),按照惯例,已到了"之国"的年纪。这里便做两种假设:假设他已经到封国去了,或假设他哥哥英宗没有被俘、没有发生外敌侵入京畿而皇位突然空悬这样的紧急情势。那么,郕王的命运将毫无悬念——他将与所有不能继承皇位的皇子一样,离开北京与母后,在他的封国建立自己的小王朝,从此湮没在众多的亲藩之中,默默无闻。谁也记不起,明代历史上有过一个名叫朱祁钰的王爷。

然而,命运就是这么诡谲,偏偏这两个假设都不成立,而成就了他,使他在历史的转折时刻,命运也发生了意想不到的华丽转身—— 一步登天了!

在位八年的朱祁钰给人的感觉,是个性格平和软弱,没有什么特点的人。可能因为他作为过渡人物和失败者的身份,使人们对于他缺乏兴趣。其实,朱祁钰一生并非没有话题,好比他作为至尊的皇帝,抛下后宫三千佳丽(三千不是实指,言其多也),却与勾栏院里的妓女勾搭上,这在任何时代,不都是绝佳的故事素材吗?

明代皇帝中,如果我们把朱元璋与妓女野合生代王的野史排除掉,那么还有两位有过采野草、摘野花的经历,如王世贞《凤洲杂编 · 上幸妖妓》所说:"景帝时召妖妓李惜儿入宫,武宗时狎晋阳妓刘氏号刘娘娘。"除了景帝朱祁钰,再就是著名的风流皇帝朱厚照了。

王世贞将李惜儿称为"妖妓",不是因为他看不惯这朵野花被移植进宫,与妃嫔等众多牡丹同园争春,平起平坐,而加她一个妖精的妖字。"妖妓"这个词,是英宗复辟后,皇太后孙氏在给宗室、亲王及中外文武群臣的制谕(其内容主要指责废帝的种种过失)中首先使用的——发明权应归孙太后。

一般女人对自己特别瞧不起、深恶痛绝的同性,都喜欢用"妖"这个字眼。看官请想,男人骂女人妖精的少,多是女性朋友们自骂,不是吗?

这李惜儿不是普通的柳巷流莺、烟花女子，她是教坊司衙门的官妓。

李惜儿是钟鼓司宦官陈义、教坊司左司乐晋荣进献给景帝的，景帝并没有像武宗那样，偷偷溜出宫去，满世界游龙戏凤，拈花惹草。景帝这样的老实人，并没有武宗那样的开拓精神和拒谏勇气，他的浪漫史全被武宗的花花故事给掩盖了。

教坊司，是负责朝廷乐舞百戏的机构，钟鼓司是宦官“二十四衙门”中的四司之一，掌出朝钟鼓及宫内杂戏。在外之教坊司与在内之钟鼓司，所司相关，都服务于朝会、宴飨、祭祀等礼仪以及皇族的娱乐。李惜儿在教坊司，是一名为官府服务的官妓，因其才艺绝人，而为皇帝所青睐。

景帝跟天下所有男人一样，家花不香野花香，放着后宫那么多眼巴巴的孤独妇女不理，偏偏溺爱妓女出身的李惜儿。李惜儿得幸，是在景泰七年(1456年)夏天的事，我们知道，这离“夺门之变”已经很近了。

惜儿入侍内廷后，景帝为了讨她的欢心，在紫禁城内最重要的宫殿奉天殿的旁边，专门给她建了一间宫殿居住。身份如此卑贱肮脏的女人，景帝居然请她住在奉天之殿旁，这是否表明景帝平庸的外表下，其实深藏着一颗桀骜不驯的叛逆之心？然而，这从礼教的角度来说，就是大过了。

李惜儿是官妓出身，她弟弟李安，也是一个伶人。景帝给李安在锦衣卫安排了个职事，起步就是百户，没多久，又升千户。千户，正五品的武职，算是中级武官，李安就是唱八辈子的戏也挣不来，一不小心，卖个妹儿就得到了。

李安出身低微，本是个“小人”，仗着姐姐在皇帝寝帐内风流，他马上也得意起来，开始肆意饱其欲壑。当时有个镇守浙江的太监李德死了，在北京、浙江两地留下大量的庄田宅第，他胃口不小，公然向皇帝请乞，要求全部赐给他。其中有一处寺院，位于北京西郊，名灵福寺，也是李德生前投资所建。景帝将该寺连同所属园地，全都赐给李安做了香火院。这下好了，戏子出身的李氏，连祖先也可以在地下威风一把了。

但凡皇帝宠爱一个女人，管她妃子也好，宫人也好，嬖幸的妓女也好，只要真龙一上身，她们在外间的亲友，马上“人品爆发”，挺起胸脯充起外戚——皇上家的亲戚，从此招摇过市，骗人哄钱。不管真的假的，远的亲的，皇亲国戚总有说不清的种种好处，是以大家都爱做这门生意，且待后文详解。

从史料来看，似乎李惜儿并未专宠，钟鼓司内官陈义、教坊司乐官晋荣投景帝之所好，给他推荐了好几位官妓，如《明英宗实录》所云："景泰中，（晋）容谄事（陈）义，承旨选妓女李惜儿等先后进入宫中。"景帝被废后，教坊司奏发此事，"正义"的英宗生气地道："奸邪小人，逢迎以图富贵乃如此！"令司礼监将这些妓女全部从宫中发还，由她们的亲人领回，而将陈义、晋荣下锦衣卫拷讯。这二人后来以"进妓"的"逆状"被诛，但景帝的小舅子李安没有被处死，而是发边卫充军。

在释放给亲的妓女中，不知有没有名头最响、被称为"妖妓"的李惜儿？

这倒是一个不错的故事题材，当代的网络写手可以设定两种可能：李惜儿是皇帝宠幸过的人，真龙沾过身，身价自然不同凡响，她可能重操旧业，天下风流浪子、才子闻风而至，都想亲身鉴赏一下这位当代李师师的好处。此其一。

到底李惜儿在皇宫里镀过金，是皇帝一亲芳泽的美女，是大明王朝的李师师，她已非凡物，岂能再下河湿身？她也有这个傲性，于是怀着对景帝的无尽思慕，游走于滚滚风尘中。而所到之处，人人闻其大名，知道是一位流落民间的"国母"，无不仰慕恭敬，成为一位颇具传奇色彩的女达人。此其二也。

哈哈，不能再说了，再说就是历史虚无主义了。我以玩笑的口吻来为李惜儿的故事结篇，不过要说明，自景帝被废后，李惜儿就此从史书中消失了（我怀疑是被秘密处死了，她是个妓女，殉葬没她资格），写史的老夫子们对她没有兴趣。

与陈义、晋荣等人同一批次挨刀的人中，有一个锦衣卫百户，值得注意，此人姓艾，名崇高。

他为啥丢了脑壳呢？只因他给景帝进献了淫药。

显然，艾崇高与陈义、晋荣是前后手，陈、晋二人卖货，艾某提供售后服务。

景帝宫里一下子拥进那么多会来事、懂风骚的妓女，左拥右抱，哪里忙得过来！然而一"折腾"起来，身体就顶不住，看着要滑坡。这时，便需要艾崇高这样的人了！

看官，你不要以为，一介绍是锦衣卫的人，他不是能飞天入地的大侠，就是赳赳伟哉的武夫。锦衣卫在明代就是个大箩筐，好多得到皇帝喜欢，要优待、加官的人，都往这里面搁，后妃的娘家人、皇帝的乳母、有势力的太监，以及立了功的大臣，他们的子弟，也都想方设法往锦衣卫里挤。因此，不计其数的人在锦衣卫里白吃粮、拿干饷，但都挂着锦衣卫指挥、千百户、总旗小旗的腰牌。

艾崇高就属于这种情况。他本来是太医院的一名医士，与景帝相识，还缘于朱祁钰做郕王时，一次生疮，请艾崇高来治。这家伙是个善于钻营的人，王爷请他来看屁股上长的疮，他却巴巴地问出，王爷淫浸欲海，常生一个"有心无力"之症。后来他便成为景帝的御用春药提供商，帮助皇帝鏖战床第之间，愈斗弥坚，久之而金枪不倒。

艾崇高把景帝的性生活伺候得好，以此得幸授官，做了锦衣卫百户。而他最终掉了脑壳，也是为此。真乃成也春药，败也春药！

第二十七章　天子竟要贿买臣子

有人说，景帝朱祁钰并非生性浪荡，他是因为自己的独子怀献太子朱见济在景泰四年(1453 年)十月突然去世，受到巨大的刺激，才开始自暴自弃、行为放荡起来的。

此说有奇，把一些妓女召进宫，恐怕只能寻求性刺激，未必有助于生子吧！妓女这行当与子嗣之事天生绝缘，况且妓女生子，如何让他名正言顺承继大明皇位呢？

景帝的原配姓汪，是顺天府(今北京)人，正统十年(1445 年)册立为郕王妃。景帝继位，汪妃遂为皇后。汪氏生了两个女孩，却一直没有生儿子，她也努力过，但终于被一位姓杭的妃子给赶超了。正统某年，王府里发出一个男婴的嗷嗷啼声，王爷的独生子朱见济降生了，他被立为郕王世子。

朱祁钰的皇位来得便宜，纯属天上掉馅饼，但他从登基那一日起，便开始寻思，如何将其守住。

靠什么来守呢？当然是儿子！

景帝决意废掉拖油瓶一般的太子、他侄子朱见深(即未来的宪宗)，而改立亲生之子朱见济为皇太子。

可是，当他拿此事来和内人商量时，却遭到皇后的激烈反对。史书说是“执不从”。不从到什么地步？她为此大“忤帝意”，被打掉了皇后的凤冠霞帔。显然是大吵了一架，或许还干了一仗。后文我们将看到，这位汪皇后性格是很泼辣的，而景帝为人，却较温和软弱。

不料，软弱的景帝这回却不顾舆论，勇敢地废掉了自己的皇后。可见他立子为嗣的意志有多么坚定。

汪皇后是明朝历史上第一位被废的皇后。

在她之前，宣宗朱瞻基的胡皇后也是被迫从皇后的位置上退下来，但胡皇后与汪皇后还是有很大区别的：胡皇后属于内退，皇室给她存了体面，没让她裸退，专门给她安排了一个相当于内宫巡视员的闲职，称“静慈仙师”，还有一些津贴可拿；而汪皇后是被直接撵下去，彻底坍了台，待遇、级别一概开除，直接上冷宫住着去了，不单职务没了、富贵荣华没了，面子也丢得干干净净。可见汪皇后为她的“执不从”，付出了惨重的代价。

我想，皇帝立嗣，对于她的家庭，是一件利益攸关、势在必行的大事。汪皇后会因为所谓的“义”——土木之变后，在孙太后的主持下，抢立朱见深为太子，其实是为郕王继位设定了一个前提或者说交换条件，即景帝可以即位，但将来必须把皇位传给英宗之子，如今景帝要易储，等于是违背约定——而甘冒巨大的风险，宁可拼了皇后之冠不要，去保护一个与她没什么关系、倒霉过气的皇太子朱见深？

她应知道，自己的丈夫有亲生之子，朱见济过去是郕王世子，本来就是丈夫的合法继承人，如今丈夫做了皇帝，由他接过太子之位，入主东宫，应是实至名归、早晚必行之事。所有大臣都不表示反对，她作为皇帝最亲的人，凭什么执拗不从？郕王世子朱见济，如同永乐初年的燕王世子朱高炽，在其父登基两年后，还是王世子的身份，不仅地位尴尬，从道理上来说，怎么都说不过去。

那汪皇后所争者为何？

我怀疑汪皇后是因为对杭妃刻骨的嫉恨而坚决反对册立她的儿子的，她自己才二十多岁，并非不能生，她对于将来生出儿子，还是抱有希望的。她没法阻止杭妃之子被封为世子，则希望能够阻止他更进一步，成为国家的储君。她尤为惧怕的是，杭妃将来母以子贵，取代她的皇后之位。

我承认，我这是瞎猜，但我认为这是合理的猜测，它比那种道德拔高式的分析，恐怕更近情理一些。

不管汪皇后“执不从”的动机是什么，至少由此得到两个后果或事实：

首先，汪皇后与景帝激烈争辩后，未能阻止朱见济被册立为太子，而杭妃最终也取而代之。

其次，是景帝被废后，她作为废皇后，由于曾经为废太子朱见深讲过好话（这位废太子在其父英宗复辟后，复出了），为“正义事业”遭受过挫折，算是立了功，英宗给予她母女一定的优待——否则搞不好也要被殉葬的！

以上三废（废帝、废皇后、废太子），真可见人的命运是如何翻飞、难以捉摸啊！皇帝、皇后、皇太子尚且如此，遑论我等苍生！

看官，好生走起这人生之路！

话说景帝不顾皇后反对，执意推进其易储计划。他首先与近臣密商，看用个什么法儿把讨厌鬼朱见深撵走，而改立心肝宝贝朱见济为皇太子。

本来，皇帝想立谁为嗣，这是皇帝的家事，由皇帝说了算。想当年，朱棣择嗣，就凭他金手指一点，谁也不敢妄生异议。然而明王朝一路走到今天，已经历了七帝，大明天子早已没了洪武、永乐时代说一不二，金口一动，天下震惊俯伏的威势，景帝要易储，不得不考虑臣下的意见。

皇后反对他，他可以将其废黜，如果群臣反对他，他将如何呢？

司礼太监王诚、舒良替他出主意，先用钱贿买阁臣，封住他们的口，省得他们带头来议论、劝谏。景帝觉其有理，便借朱见济过生日，赐给内阁大学士陈循、高穀白银一百两，另外几位阁臣江渊、王一宁、萧镃、商辂各五十两。

明朝的皇帝，顶着专制君主的名义，为了立嗣，竟要给臣子行贿，如此不堪！景帝终归还是易成了，到后来神宗时，想立自己最心疼的儿子为继承人，为群臣抵制，竟然毫无办法！这专制皇权，却是愈行愈下。

阁老们都是聪明人，突然蒙赏，已心知有异，只是不便说出来。

而景帝正在寻找一个合适的时机，厉行他的计划。

时机很快送上门来了。当时广西有一个土官①，名叫黄玊，因为私怨，将他弟弟一家杀死。他弟弟担任思明府知府，虽是一位土官，也是朝廷的命官，岂是容人乱杀的？有关方面将此事奏闻朝廷，请求严厉处置杀人者。黄玊知道事情闹大了，便想如何脱难，这位万里之外的土官都指挥，居然想出一个请皇上"密定大计，易建东宫"的法子，以讨好皇帝！他还说，皇帝这么做，将能够"一中外之心，绝觊觎之望"。

可见当时东宫朱见深地位不保，大家都在议论易储之事，早已不是秘密，甚至远在天日之南的"夷人"都晓得了，还拿此事来做题，挠景帝的痒痒肉。

可笑的是，这位黄大人真能赶趟儿，景帝正愁找不到合适的机会呢，他的奏疏突然从那么远的地方飞来！俗话说，千里送鹅毛，礼轻情意重。而黄玊这份礼物可称一份大礼，还从那大老远送过来，景帝还不感动死？

景帝接到黄玊的奏疏后，大喜，马上下廷臣会议，同时因为黄玊开启了这个大家都不敢揭开的话题盒子，功莫大焉，特免其罪，还给他升官，让他做了都督。这个杀人犯投机成功，摇身一变，成了一品大员。

这个姓黄的，在群臣看来真是讨厌，是一个麻烦制造者。他的奏疏发

① 土官是西南少数民族地区羁縻府州县的官员，他们虽由朝廷任命，但官职却是由某个大家族的成员世袭充任。

到礼部，尚书胡濙不敢耽误，第二天就召集文武群臣，在皇城内举行廷议①。

在会场，众人相顾，都不敢发言。过了一阵子，只有都给事中李侃、林聪和御史朱英开口说话，认为易储不妥。

年轻的言官挑头发过言，会场又冷场了。在座者之中，以吏部尚书王直资序最高，因为吏部是六部之首，明朝没有宰相，故吏部尚书就是百官之首。大家都看王直，希望他表达意见。可王直也是面有难色，沉吟不语。

奉命"监议"的司礼太监兴安忍不住了，厉声道："此事必须做，诸位大人莫要首鼠两端，有不同意的，请不要署名！"

兴安这么一说，群臣顿时蔫了，都唯唯称是，李侃等人也缩了舌头，不再说话。于是众官纷纷"署议"（签名）表示赞同。

见多数与议者都没有异议，兴安就说，先生们既然雅意相合，那最好，请将尊意做成一疏，明日奏请皇上，早立东宫，以安国本。

于是礼部尚书胡濙会同勋臣、都督、尚书、阁臣、侍郎、诸寺卿、六科给事中、十三道御史等官员联名上疏，称：

"陛下膺天明命，中兴邦家，统绪之传宜归圣子，黄王玹所奏为是。"对黄某之议表示赞和。

景帝非常满意，制曰："可。"即令礼部具仪。

景泰三年（1452年）五月，景帝下旨，废汪后，立杭妃为皇后，朱见济为皇太子，原太子朱见深改封为沂王，他的弟弟朱见清封荣王、朱见淳封许王，同时大赦天下，与民同庆，诸亲王、公主及边镇、文武、内外群臣，都获得赏赐，赞助有功的阁臣更得到每人黄金五十两的重奖。不久之后，为新太子简置东宫之官，阁臣全部加了公孤之官（如太子太傅、太子少师等）。他们皆知这美官从何而来，也没一个辞的，心领神会地笑纳了！

对于易储，阁臣前受贿，后蒙赏，他们都是赞同的，而各由其性格，有的

---

① 即"会议"（会同议商），是由某部牵头，各部院大臣参加，对重大朝政的集体会商。参加者需要投票，其结果由某部上报，为皇帝做出最后的决定提供参考。因为会商的地点在内廷，故称廷议。这是明代政治民主的一种形式。

取默认的态度，有的则明确表示支持。

大赦诏书中有一句很经典的话，谓：

“天佑下民作之君，实遗安于四海；父有天下传之子，斯本固于万年。”

翻译成大白话，就是天下是老子的，不传给儿子传给谁？很大气的一句话。这份诏书是内阁会同六部大臣商议拟就的，在为什么要易储这一点上，大家都觉得很难置笔，这时尚书何文渊突然灵光乍现，飙出这么一句佳对儿，遂书入赦诏之中。

新太子朱见济到第二年的二月才行冠礼，十一月出阁读书，景帝为东宫配置了讲读等师傅，都是饱读诗书的名士。可是才过去四天，太子突然死了。而他的妈妈杭皇后，也是个没福的人，过了两年也去世了，谥为“肃孝”。

这一下，景帝失去了儿子和妻子，他的大位顿时变得空虚，江山从此开始出现裂纹。

第二十八章　站脚须防墙倒

膝下荒凉，也会成为一个人遭到背叛的理由，在民间这样的例子不胜枚举，而皇帝的家业远比一般人家大，他一旦无后，整个江山都将弃他而去。这是景帝的惨痛教训，他不幸的根源在于没有儿子。如果中国的文化允许他的女儿有继承权，他应该不会有那样的悲剧。

就像黄玹投机易储一样，当景帝病重之时，石亨、曹吉祥、徐有贞等人也迅速做成一笔投机生意，他们把宝押在被软禁多年的英宗身上。

景帝被他猛虎出笼的哥哥出其不意地取而代之，随即被废为原封郕王，迁往西内居住，并很快死去。他妈妈吴氏也失去了皇太后的地位，仍称贤太妃（前朝的妃子称太妃）。故太子朱见济死去多年，原谥“怀献太子”，葬在西山，死了也要降封，如今改称“怀献世子”。

据说，当夺门之变发生时，景帝正躺在寝殿内休养，忽听传呼上朝的钟声响起，还奇怪地问："何事鸣钟？"真够糊涂的！而在政变后被迅速处决的尚书于谦、大学士王文等人，也被指责为失职，对兵变竟然毫无察觉，让皇帝丢了大位，自家掉了脑袋。

那位为易储赦诏贡献过一句名言的何文渊，已经致仕，回到江西广昌老家。忽然北京传来消息，说英宗复辟，要追究当年赞助易储之人！而他因为贡献了"父有天下传之子"这样一句话，盛传朝廷将派锦衣卫来逮捕他。这位何尚书是个无胆之人，吓得自缢死了。

据说何尚书本来心虚，惶惶不可终日，忽听说一个官员过境，便神经发作，以为是来拿他的，拖条绳子，就着急忙慌地投缳自尽了。朝廷搞不清楚状况，责令地方守臣到何家来开棺验尸，确认是自杀。

何家大公子叫何乔新，时任南京礼部主事。他有一位同乡，名叫揭稽，曾从何文渊受业，做过一任侍郎，他因为与乔新兄弟不和，此刻跳出来大施报复，说何老尚书是被他几个逆子给逼死的，还说老头子尸骨未寒，乔新兄弟便逼嫁老父生前所爱之妾，甚无伦理。

何乔新则反诘揭稽在任广西巡抚时，曾推荐过黄王玹，黄王玹所上易储疏，就是揭稽代为拟稿。

这两家互相讦告，未必都掌握真凭实据，不过是借着易储之事大做文章，以复平生之仇。这两家，狗咬狗一嘴毛，最后都被传唤到京，当面对质。何文渊的爱妾为救家难，也赶到北京，在公堂之上，自断一指，为何家几位公子鸣冤，何氏之狱才稍稍缓解。而英宗在杀了许多仇家后，不愿继续纠缠此事，就以何家之事在即位赦诏的赦免之列，将其全部释放，不再追究。

那么到底英宗复辟后，都杀了哪些人呢？

自然，首发易储之议的广西黄都督，头一个要遭报应，被揪上京来凌迟了账。

英宗倒霉时，仇人多得很呐！如今一个个报复。

他最大的冤家，不就是景泰皇帝吗？

景帝被废后，禁锢在西内，没几天，他便含着悲愤，默默咽下最后一口气。景帝的死是个敏感的话题，并未引起朝臣的太多关注，大家都小心翼翼地回避这个话题,以免众人难堪。

英宗是无法原谅这个御弟的,他恨恨地赠给他一个“戾”的谥号,称之为“郕戾王”。这位八年天子被葬在北京西山一个不知名的角落里。直到成化十一年,景帝的侄子、前废太子今宪宗皇帝朱见深才恢复了他的帝号,称“恭仁康定景皇帝”,简称景帝。后人承认有朱祁钰这么一位皇帝,但朱家宗庙里,没他的份儿。

多年囚徒的生涯,英宗忍辱含愤,在南宫过着与世隔绝的生活。景帝虽然没有动过加害兄长的恶念,但也没有阻止妄希富贵的小人们帮忙落井下石,时常故意刁难他,从这位前任皇帝的倒霉中得到乐趣。

比如,英宗初入南宫,他母亲上圣皇太后孙氏经常去探望他,便有小人给景帝出鬼主意,说等孙太后再去探视时,趁机封门落锁,将太后也圈起来。孙太后听说后,就再不敢去看儿子了。

不过我觉得此事臆造的成分较大。孙太后名义上挂了一个“上圣”之名,与英宗的“太上”一样,都是半毛钱不值的。她在后宫,权势尽失,备受冷遇,与处冷宫何异,何必一定软禁在南宫?若将她也监在南宫,母子朝夕相处,还遂了娘儿俩之意。此举于景帝无丝毫之益,反有莫大之害,人们会讥评他无德无量,连一个老太婆都容不下。

我怀疑,此事即便不是英宗复辟后小人的造谣,也不过是景帝因不乐见孙太后探视英宗,两下互通消息,故意放出的话儿,以阻止孙太后频繁到南宫去。

但英宗的环境,的确非常险恶。

英宗有一随侍太监,姓阮名浪,是南内的主管,英宗很信任他,“左右事无大小悉咨委之”。景帝易太子后,英宗父子的环境变得愈加恶劣。一日锦衣卫指挥卢忠与尚衣监太监高平合谋,令校尉李善妄奏阮浪与南城内使王瑶密图复位。这等于是间接地状告太上皇谋反,如此大案,那还了得,告发者与被告者一齐都下了诏狱。

案件经审理查明,此事纯属子虚乌有,但王瑶仍然被杀,阮浪遭到“百端拷掠”,毙于狱中。此后景帝加强了对南宫的戒备,甚至将靠近宫城之墙的树木全部伐倒。英宗的生活待遇也直线下降，他生了病，无人管顾，找掌管御药房的司礼监太监廖官保索药，廖太监竟然加以拒绝，一点面子都不给。如此等等，令人唏嘘。

然而，所有这些不公，尊贵的英宗皇帝都强忍下来。他不忍还能怎的？有一次他实在忍不住，没背人，发了句牢骚，被一个叫许源的少监听到了，马上跑到景帝那里告黑状，说太上皇在南内讪谤。景帝的心只要稍狠点，往深里一追究，英宗纵然不死，也够他喝一大壶的了。

哎！真是墙倒众人推，树倒猢狲散。

幸亏英宗熬到了出头的那一天，有仇报仇，有怨报怨，老账新账一起算。他将告黑状的许源、不给药的廖官保通通杀死，又将诬告陷害他的卢忠、高平揪到市上，凌迟三天，抄没家产。

看官，我始终说嘛，人受些气，遭些嫌弃算什么！连堂堂的十四年天子尚不能免，你我皆凡人，若再受闲气时，不妨想一想明朝的英宗皇帝，且先忍他一时，说不定明天就海阔天空。

政变之际被杀的人，除了那些后脑勺没长眼、没能预计到英宗会复辟的小人，再有就是一些谋划起兵，抗拒"革命洪流"之人。如御马监太监郝义，他被揭发与司礼太监王勤（已与于谦等同日弃市）同谋，欲调发御马监勇士擒杀石亨、曹钦等"义士"，因而遭到逮捕和处决。

还有一个叫刘敬的锦衣卫指挥同知，是锦衣卫的头儿，他被指为景泰帝的"佞幸"，除了谄媚当权太监及景帝的宠妃唐氏，他还与妓女李惜儿家过往甚密。

刘敬讨好妓者之家，为皇帝拉皮条，其心事可知。这家伙一天到晚忙着这些污烂事，难怪锦衣卫对石亨等人内外串联谋反，丝毫没有察觉，真是该死。

可是这种人怎肯为他人（即便是皇帝）误了自家性命！

英宗一复位，刘敬马上改换门庭，不知走的哪一家的门路，妄称自己有迎驾功，竟然冒功升作都指挥佥事（当时冒夺门之功者不下数千人）。但这小子装傻充愣，没混几天，就遭到六科、十三道强大火力的参劾，有人揭发他在皇上复位的前一日，借着外夷贡使来朝，故意多选校尉三百余人，计划帮助前司礼太监张永（与于谦等同时被杀）等擒杀迎驾诸大臣。

这在复辟之初，便是掉脑袋的大罪，刘敬当即被拿送都察院，最后论了一个斩罪。

其实，刘敬的罪跟郝义一样，都是为了杀他而强加给他的，本是无根的谣言。好比郝义与曹钦是对头，夺门之变的头号大功臣曹太监要他三更死，阎王岂能留他到五更？夺门与反夺门，只是一个名义而已。幸运的是，刘敬在当权者的利害关系中，不如郝义陷得那么深，加之他到处拉关系，人情簿子厚，如今一翻账本，四下一活动，不死之路还是敞亮的。

刘敬不服死刑判决，提出上诉。右都御史耿九畴也不想做恶人，便顺水推舟，提出集群臣"杂治之"，一起来讨论刘敬的罪与罚。结果众官七嘴八舌地议论，虽然没有替刘敬"平反昭雪"，却也称皇上复位时，他正督率锦衣卫校尉警跸行礼，其罪属于"可疑"云云。

既然可疑，且饶之不死吧，于是判官笔一转，由死刑改判为降官，将刘敬降为山东东昌卫的指挥使，不仅头保住了，竟连头上的官帽子也一并保住了。如此沧海桑田，乾坤挪移！

官员都不愿得罪人，先如此判决，让他出去避避风头，等过几年风声平息，再由他慢慢纳贿回京吧。

诸如此类，"夺门之变"本为一些奸臣自谋富贵的举动，而变后的杀戮，也多是阴谋家们借机报其平生之仇，如兵部尚书于谦的死，就是被总兵官石亨陷害的结果。石亨本为一介边将，多亏于谦提携，才有今日的地位，于谦对他有恩，但后来二人发生矛盾，他竟忍心落井下石，加以陷害，使于谦无罪受戕。英宗复位之初，受人挑拨，枉杀了好人，后来经孙太后提醒，方醒悟过来，后悔不迭。但人的脑袋已掉，任是妙手仁术也缝不上了，悔也白搭。

然而，夺门功臣们太过跋扈，虽然卖了不少乖，却也得罪了许多人，并且遭到英宗的嫌忌。

英宗是受过磨难的，复位之后，人就变得异常敏感多疑。夺门功臣跋扈,已引起他不满。有人趁机进言说:皇上复位时,景帝已经不行了,只要等他一死,皇上光复大位,是顺理成章之事,门何必夺?夺门不过是石亨、曹钦、徐有贞等人为了掇取富贵,故意引诱皇上行险。夺门之“夺”字,与皇上令誉实有亏焉。幸亏当时侥幸成功了,设若失败,将是什么后果?恐怕皇上连同太后都将身家不保!所谓夺门之变,是石亨等人在拿皇上的安危来偿己家之富贵呀!

这一番话,把英宗的心捅了个透亮,他对夺门功臣的情感,渐由感激转为厌恶。于是在两三年间,一度煊赫骄傲的夺门功臣们纷纷落马,一时之荣华,宛如昙花一现,最后全误了卿卿性命。

第二十九章 殉葬的绝响

说句公道话,景泰皇帝确无害兄之心,否则仅借阮浪之狱,足以让他老哥崩盘。尽管如此,英宗在复位之初,那股怨气,正如剑出斗牛,是不顾一切的。他希望尽快看到弟弟废帝朱祁钰咽下最后一口气。

景帝是怎么死的?

有传说,景帝生病的病根儿,在于御女太过,阳气消耗太甚,五元空虚,本来是不行了,可是他失去帝位后,没有美女好御了,阳气始复归元,身体竟然开始好转。英宗见他不死,却也没法容他,就派人将其了断。嘉靖中人陆釴在他的笔记《病逸漫记》中,笃定地说,景帝是被宦官蒋安用帛勒死的。

从史料学的角度来说,这一记载出现得太晚,又没有说明其来源,可信性大打折扣。蒋安也不知为何许人也。姑聊备一说吧。而景帝的爱妃唐氏,却是一抹红帛,了却了性命的。

本来,景帝已经为自己营建好了陵寝。过去的皇帝,可以毫无远见,任意妄为,但对自己将来的藏魄之所,却是上心得很。比如汉代的皇帝,从即位开始,就拿出国家财政年收入的三分之一,修造自己的陵寝。景帝还是个年轻轻的小伙子，也趁早把坟墓修好了。看官你说，这些做皇帝的是否都是很现实主义的人呢？

景帝修好了坟墓，先把死于景泰七年（1456年）二月的杭皇后葬了进去，但次年年初他死后，被削去帝号，杭皇后也被削去皇后之号，分别降称郕戾王与郕王妃。他们的陵寝也被毁弃，随便在西山找了个地方把景帝葬了①，杭后的遗体也被移过去，与她夫君合葬。

在中国，活人间的事儿，总爱折腾死人。

景帝死了，留下的妃子，对于英宗是个麻烦。

前文说到，景帝的原配汪皇后，因为反对易储，遭到黜退，乃成为史书上的"废后"。汪皇后是做了"好事"的，然而当英宗复位之初，对这位弟妹的苦谏之功还不甚明了，竟打算令她与景帝的宠妃唐氏等人一起殉葬。

唐妃是吃糖的，汪废后是吃苦的，如今一体殉葬，公理何在，人情怎安？大概汪皇后初闻此命，便是如此呼吁的！

阁臣李贤听说了，也觉不妥，对英宗说："汪皇后虽然立过后，但不久就被废弃幽闭，苦情可悯。况且她两个女儿尚在幼年，若令她随景帝而去，情所不堪，况幼女无依，不更可怜吗？"英宗听了，点头道："我初只想到弟妹年纪还轻，不宜留在宫内，没想到这关系到三条人命！"答应不将其殉葬，汪氏这才得免一死。

这真是太惊魂了！假如汪皇后当年没有被废，恐怕此时便得从夫于地下了，这正是塞翁失马，焉知非福。

英宗虽然未能念及汪皇后之功，但重新入主东宫的朱见深却感念她劝谏废立的好意，对汪皇后非常恭敬，趁机在英宗前说好话，准许她搬到宫外王府去住，临行时还同意她将宫中之物都带走。

朱见深的妈妈周贵妃也感激汪皇后，与之相得甚欢，逢年过节，都会邀请汪皇后进宫，不论尊卑，只叙家人之礼。

---

① 一般皇子、妃嫔、公主都葬在西山，只有帝后和个别特别的嫔妃才能葬入"十三陵"。

一天，英宗问太监刘恒：“我记得宫里有一件玉玲珑系腰，怎么没看到了？”刘恒想了想说，应该在汪皇后那里。英宗便派人来索取。哪知汪皇后性格刚烈，她缓缓地拿出玉玲珑系腰，看了看，却不交给使者，而是一把扔进井里，对钦使说：“我找了，没有。”她还对人说：“七年天子，难道不堪消受这数片玉吗？”

想来当年汪皇后就是这样与景帝作对，落到被废的下场，如今沦落已久，却毫无改悔，依然我行我素。这可把英宗气坏了，借口汪皇后出宫时携带宫财巨万，遣使来检取，要求她把宫中之物退还。结果王府的财产被席卷一空。

汪皇后最厉害的是，她活得比谁都久，她又活了五十年，一直到重孙辈的武宗正德元年（1506 年）十二月才去世。从她丈夫景帝卒年三十岁来算，汪皇后死时，年约八十岁，在宫人之中，是非常长寿的了。

这时，昔日的愁怨已为往事，在讨论汪皇后的葬礼时，大学士王鏊建议：“汪皇后是做过皇后的，当以妃子之礼安葬，而以皇后之礼祭祀。”于是也葬入西山，与景帝魂归一处。第二年，上尊谥为“贞惠安和景皇后”。景帝生前一共立了两位皇后：一位废后，就是汪氏；一位杭皇后，死后被降封为王妃。这位废后以无封号之身死去，却有冥福，被朝廷追封为景皇后（此时景帝已恢复帝号，称景皇帝）。虽然景帝不喜欢她，可她还是老朱家正式承认的皇后。

话说景泰三年（1452 年），在朱见济被立为皇太子的同时，太子的妈妈杭氏被册立为皇后。然而杭氏的行市看涨，主要是母以子贵，她并非景帝最宠爱的女人，在众多妃子中，景帝最宠唐氏（李惜儿啥的，无名无分，可搬不上台面）。

这怎么看得出来的呢？看皇帝喜爱哪位妃子，可以从他如何抬举其娘家人上得到一些关键信息。据实录记载，杭皇后去世的第二日，景帝才推恩其弟杭敬，升其为锦衣卫百户，杭氏四年皇后，其外家是甚为萧索的。

前面我们讲了，妓女李惜儿的弟弟，没几天就做到了锦衣卫千户。而这位唐妃，也蒙宠甚厚，远远盖过杭皇后。

景泰五年时，唐妃之父唐兴已做到锦衣卫百户，还得到景帝大量庄田钱帛的恩赏，实录说是“赏赐无算”。无算不是“不算”，是多得数不清的意思。唐兴还一路升官，由千户、指挥佥事，一直做到都督。他的女儿在景泰七年八月，也就是杭皇后去世半年之后，被册封为皇贵妃。

这是“皇贵妃”这个新名号的起点，说起来，唐氏也是创造了一项“中国第一”的人物。——容我轻薄谑浪一句，不知比西方早多少年?!

有嗅觉敏感的人士注意到，景帝封唐氏为皇贵妃，与加恩李惜儿的弟弟李安在时间上很近（李安封锦衣卫百户，并赐香火院，在封唐氏前不到一个月），因推测景帝宠着一个妓女，打翻了唐妃的醋坛子，大概还去找景帝闹过几回，景帝为图耳根清静，才生造了这样一个新名号以安慰她。

前文讲过，后妃名号中，过去只有皇后带一个皇字，皇后之下就是贵妃，朱元璋封皇淑妃、皇宁妃，都是特例，自此有了皇贵妃，是硬塞进去的一阶。

景帝在杭皇后死后，没有再册立皇后，唐贵妃应以副皇后而摄六宫之政吧。我想，如果唐贵妃再进一步，被册立为后，在景帝死后，她将是什么样的命运呢?

我作此设想，是因为在景帝死后，唐贵妃被殉葬了。我之所以说“被殉葬”，而不说“为之殉葬”，是因为不相信从景帝而死，会是唐贵妃自己的选择。

据李贤在《天顺日录》所记，英宗决定让汪皇后殉葬的理由，是“弟妇且少，不宜存内”，虽然汪皇后侥幸脱难，但这个理由仍然适用于唐贵妃等其他嫔妃。这些妃子实在难以打发，干脆人赐红帛一条，令她们统统殉葬了事。

或有看官要问了，此时景帝已还封为郕王，那么亲王有殉葬的旧例吗?其实，明初的时候，各地王府中，亲王薨后，王妃、王夫人以及宫婢殉死的例子不绝于书。明人说：宫妃从殉，“各府皆然，不特朝廷也”。只举一例：秦愍王朱樉死后，他的正妃、元朝大将王保保的亲妹子王氏（据说她是《倚天屠龙记》中赵敏的原型），也是“殉”了的。这还是朱元璋生前的例子。

虽然英宗令他的弟媳妇们都殉葬了，但他对殉葬是非常反感的，或者说，他不信殉葬真的能够把美女送到阴曹供他继续享受。他本人经过生活的磨难，对人情世故练达了许多，多了些实感，不免增了几分悲天悯人的仁心。在他去世前，特地关照，不许再令宫妃殉葬，才将这一残酷野蛮的制度送进了坟墓。

但这里要说一句，殉葬在清代初年又死灰复燃，对此看官须知，不可偏骂明朝人。

明初四代（不含建文帝）都实行可怕的殉葬之制，从殉的宫妃，虽然献出了生命，却得不到与帝、后同穴的资格。明人蒋一葵在《长安客话》卷四《诸王公主坟》中记仁宗诸妃陪葬之制时说：“诸妃陪葬不由隧道，列于外垣之内，宝山城之外，明楼之前，左右相向，以次以祔。”意思是说，仁宗献陵殉葬诸妃，都不与仁宗同穴，而是葬在献陵的外墙之内，宝山（即皇陵里面的“馒头”）、明楼（馒头上的建筑）之前，分左右依次祔葬。

过去一些记载，如明朝遗民顾炎武《昌平山水记》、梁份《帝陵图说》等，都把十三陵中的一些陪葬墓区（如东井、西井，“井”指无隧道之墓）当作从殉宫妃墓。但经实地考古勘查，证明都不是。明初四陵，其殉葬墓的葬式，可能都如仁宗献陵。因此，假如看官去南京孝陵和北京十三陵游览，去到孝、长、献、景等陵区，走近明楼之前，请务必留神足下，莫要惊踏了一位几百年前的不幸女人。

第四卷
皇亲国戚衰落记

第三十章　与朱元璋签合同最不可靠

大明皇朝的第一号国戚，我想非郭子兴莫属。

前文讲到，郭子兴生时，他老父亲郭公卜之“大吉”，后来事实证明，老郭家的命运一点都不吉，反而很凶。郭子兴半生郁郁，受制于人，事业未成，只做到一个元帅（那时元帅遍地走），就故去了。他的长子已经战死，其余众由两个儿子和一个内弟统领，结果没多久一起败亡，便宜了亲兵出身的义婿朱元璋。朱元璋先娶了郭子兴的义女马氏（马皇后），郭氏灭亡后，又续娶了旧主的亲女郭氏（郭惠妃）。所以郭子兴不仅是明朝开国皇帝的知遇恩主，更是他的干丈人兼真泰山。凭着这些，郭子兴在明朝建国后，被追封为滁阳王，实现了生前未了的称王梦。

马皇后的亲生父亲是郭子兴的好朋友，他没有留下名字，人称马公，犹如今天称马先生。马皇后是与朱元璋共患难的糟糠之妻，后族是一定要大力提携、加以光大的！可是不管远的近的，马皇后竟连一个亲人都找不到，整个一赤条条的光棍女侠。朱元璋只好追封马公为徐王，聊慰其妻之心。

朱元璋可不敢嫌弃他老婆家孤寒，因为他自己的外祖父也是"逸其名"的，只知道姓陈，具体叫陈什么就不知道了，追封时只好囫囵地称之为陈先生（扬王陈公）。

其实，朱元璋也是思虑不周，他为什么不给马公、陈公现取一个雅名呢？省得天下姓马、姓陈的多如牛毛，谁晓得徐王、扬王是哪一位神仙呀？晚辈给上辈改名的事，他又不是没干过。朱元璋的父亲本名朱五四，他得意后，觉其不雅，就自作主张给改成了朱世珍。

要说追封的衔头，本就值不当钱，况且本主儿连名字都没有，所以马公的"徐王"之封，很快就被人遗忘了，建文帝时，又拿徐王来封他的弟弟朱允熙。允熙王爷后来没落得好下梢，是否与此王号不吉有关呢？

开国之际，外戚封王的，仅以上三例（扬王、徐王、滁阳王），而且都是追封。

朱元璋的后妃多，来源广，已如前述。他的妃子中，有相当一部分来自部下的进献，比如他非常宠爱的贵妃孙氏。

孙贵妃本是元朝常州府判孙和卿之女，被青军所掳，为马、单两位元帅收养多年，后来献归朱元璋。孙贵妃的父母及次兄已死，只有长兄孙伯英流落在外地。爱屋及乌，是人之常情，朱元璋宠爱此妃，就替她寻访亲故。没用多久，居然让他在衢州把孙伯英访着了，马上派人迎到南京，赐予金银缎匹，又给肥差、美官做，一直做到"九卿"之一的太仆寺卿。洪武七年孙贵妃去世，孙伯英的好运也到了头，朱元璋打发他去守贵妃坟，后来也如许多寻常人一样，"以事累死"了。

"累死"，不是说公务太繁忙，把贵妃哥哥给累死了，坟头上的事，只有闲死闷死，未闻有累死的。此字应读累次之累，是说孙伯瑛为事所累——可能是他自己犯了事，也可能是遭了他人连累——最后被处死了。朱元璋大概已记不得他这位过气的大舅子了。

朱元璋的妻妾多，自然丈人、泰山与大小舅子都多，其中好几位都是开国功臣。朱元璋的公子们，洪武初年纷纷长大，朱元璋为他们所择的妃子，也都是勋阀之家。朱元璋借此建立了与功臣集团之间紧密而复杂的联系。

其中武定侯郭英的情况最为典型：他本人与其兄郭兴，都是勋臣，他们的妹妹嫁给朱元璋，为郭宁妃；郭英有两个女儿，分别嫁给了辽王和郢王，他的儿子则娶了一位公主，长孙女是仁宗的贵妃。这种关系就有点掰扯不清了，总之是异常紧密。

下面是朱元璋二十四个儿子的娶妃情况：

皇太子：元妃，常遇春女；继妃，太常寺卿吕本女

秦王：元妃，王保保妹；次妃，卫国公邓愈女

晋王：永平侯谢成女

燕王：魏国公徐达长女

周王：宋国公冯胜女

楚王：定远侯王弼女

齐王：元妃，安陆侯吴复孙女；次妃，卫国公邓愈女

潭王：都督于显女

鲁王妃：信国公汤和次女

蜀王妃：凉国公蓝玉女

湘王妃：靖海侯吴祯女

代王妃：徐达次女

肃王妃：指挥孙继达女

辽王妃：武定侯郭英女

庆王妃：指挥孙继达女

宁王妃：兵马指挥张泰女

岷王妃：右都督袁洪女（按：袁洪子亦为驸马）

谷王妃：兵马指挥周铎女

韩王妃：右都督冯诚女

沈王妃：指挥张杰女

唐王妃：安陆侯吴复孙女

郢王妃：武定侯郭英女

伊王妃：左都督刘贞女

安王妃：徐达第三女

有几位勋臣，与朱元璋建立双重甚至三重的亲戚关系。比如老哥们儿徐达，有三个女儿嫁进朱家（燕王妃、代王妃、安王妃）；还有每家有两个女孩进朱家大红门的，他们是邓愈两女（秦王次妃、齐王继妃）、吴复两孙女（齐王妃、唐王妃）、郭英两女（辽王妃、郢王妃）。还有儿女交换成婚的，如前引郭英，又如颍国公傅友德，他的儿子尚寿春公主，女儿是晋王朱棡世子朱济熺妃，还有都督袁洪。

传说徐达还有一女，被当了皇帝的大姐夫朱棣相中了，朱棣已有其姊，又欲将小姨妹"兼收并蓄"，为徐家所拒绝。朱棣虽然没有用山大王的手法来强抢，但放出话来："此女不嫁我，谁人敢娶之？"这是强盗逻辑，我看中的女人，我得不到，别人也休想得到！徐家果然不敢谈婚论嫁，最后此女出家，守了一辈子活寡，茕茕终身而殁。

这个故事可靠性有多大，我不敢断言，聊录之以备考。

我觉得，在君臣联姻中，皇家应该处于主动的位置，换言之，在诸王与诸勋臣的婚姻中，朱元璋是主动的一方，他对于孩子们的婚姻安排，肯定有其政治考虑。这样的婚姻，既然为现实需要而缔结，自然也会随时为需要而断绝。尽管许多勋臣通过昔日的"战斗情谊"与儿女姻亲，与皇帝建立起紧密的个人关系，但事实证明，忠实部下与儿女亲家兼而有之的身份，并不能成为其身家性命的护身符。

明朝开国功臣的下场，是"走狗烹"的最好例证。洪武时期封了数十个公侯伯，多数都赐给免死世券，在那块瓦状铁板上明明白白镌刻着如下字句：你的爵位是你大勋劳的桂冠，当世世相传，永永无替；又写着，你若犯了死罪，鉴于你的大功，将免死一次、二次或三次。这等于是朱元璋与部下签订的合同吧。可朱元璋最会合同欺诈了，他一转脸儿，就不承认了，该夺爵的夺爵，该杀头的杀头，毫无信义可讲。

洪武时期，勋臣不仅与皇室（还包括与宗室成员）联姻，高门大族之间还互相联姻。如鄂国公常遇春之女为皇太子妃，他的长子常茂、次子常昇，分别娶了宋国公冯胜和越国公胡大海的女儿。信国公汤和有五个女儿，长女嫁给德庆侯廖权（廖永忠子），次女为鲁王妃，其余三女都嫁给了卫指挥一级的武臣之家。

什么是勋臣呢？简单说，凡封有爵位的，不管是流爵还是世爵，皆是。勋臣的主体是武将，他们的子女较少与文官子弟结婚。这是因为在明初时，武臣的地位比文臣要高得多。尚武之风，以及武官的地位，是从仁、宣以后开始迅速衰落的。到了明代中后期，情况整个颠倒过来了，士人子弟反而以与武夫联姻为耻。

文职勋臣相对较少，最重要的莫过做过太师、左丞相的韩国公李善长了。

李善长的长子李祺娶了朱元璋的长女临安公主，李家便以“元勋”而兼“国戚”了。因为李善长没有得到善终，无碑铭记载可详考他家的婚姻状况，可知的是，李善长的外孙女是卫国公邓愈之子申国公邓镇的夫人。李家与后任丞相胡惟庸也有亲戚关系，李善长之弟李存义的儿子李佑，是胡丞相的侄女婿。

胡惟庸最初只是一名知县，由李善长荐引入朝，此人非常有能力，没几年的工夫，就做到中书丞相的高位。李善长在洪武初年，实际上已经退居二线，胡惟庸就是一线主要领导了。李善长从未想过重新回到一线，打倒接班人，夺回权力。他与胡惟庸家结亲，或许对新丞相还有所仰仗呢，从而形成利益的共同体。

其实功臣高官之家的联姻，本质上是结成新朝贵胄集团的俱乐部。一方面门当户对，一方面可以互相抬举，方便行私。然而臣子之间这种盘根错节的复杂勾连，却引起了主上的极大疑惧。看官，您想想，枝蔓纠缠的藤萝如何清理？一缕缕地能拉扯得开吗？正可谓牵一发而动全身，要么快刀斩乱麻，连根斩除，要么一把大火，烧得干干净净。因此，当勋贵集团紧紧抱在一起时，这使得他们形成了一荣俱荣、一毁俱毁的命运，利益共同体也是生死共同体。

李善长与胡惟庸的姻亲(尽管还不是很近的亲),适足以成为他的久溃不愈的痈疽。但疖子总要出头的,朱元璋在洪武十三年(1380 年)正月突然出手,以谋反的罪名杀死丞相胡惟庸,同时开始了长达二十年的对“胡党”的清剿。李善长和李存义父子暂时没有受到牵连。但不断有人指控李存义父子是奸党,其矛头实际上对准的是李善长。随着时间的推移,指控越来越真,李善长参与谋逆的“事实”也越来详密,最后朱元璋终于没有放过七十八岁高龄的李善长,在胡案爆发十年之后,以“知逆谋不发举,狐疑观望怀两端,大逆不道”的罪名,令老朋友兼老亲家自裁,尽诛其满门七十余口(李善长的外孙女婿申国公邓镇也被诛,爵除)。这才真是老而不死,是为贼也!

我每见李善长的下场,就想到两千年前另一位丞相的下场,那就是秦相李斯。这两位李丞相最后都是阖族老少被牵去市曹杀头,何其惨哉!

李善长的长子李祺因为娶了公主,捡了一条命,官史只说他与公主“徙江浦,久之卒”,交代得很含糊。他们的儿子李芳、李茂,是朱元璋的头两个外孙。外孙虽为孙,但毕竟带了一个“外”字,就不如亲孙子亲,止足于免死了。

第三十一章　凡外戚,不许掌国政

拔出萝卜带出泥,这是历代政治斗争中剿灭对手的惯常手法。在对“胡党”持续多年的杀戮后,朱元璋晚年又转移枪口,瞄准了一个新的打击对象,即所谓“蓝玉集团”。

凉国公蓝玉在洪武二十五年(1392 年)底出征回朝,平静无事。但到第二年二月,春节刚过,朱元璋突然发难,将蓝玉逮捕,并迅速处死,随即开始新一轮的针对胡党、蓝党的肃清运动。硕果仅存的一些公侯以及大量的武臣,纷纷被牵入党案,辗转牵连,死者达一万五千余人。

蓝玉是凤阳定远县人,与朱元璋是小老乡。他的姐姐是开平王常遇春的夫人，蓝玉在初出茅庐时受过姐夫常遇春的提携，渐渐成长为一代名将，无论是他原封的永昌侯，还是晋封的凉国公，都是靠他本人的战功挣来的。蓝玉功劳大，为了笼络他，洪武十四年(1381 年)征云南还师后，朱元璋一时高兴，册封其女为蜀王妃，哥儿俩转身成了亲家了！

洪武二十五年之前，是蓝玉的鼎盛期。他是蜀王的岳父，又是皇太子妃的舅舅，既是皇亲国戚，还居国公之位，是朝廷重要的军事统帅，立下赫赫武功，简直是大明王朝的中流砥柱。

太子朱标的第一个妻子，是常遇春的女儿，虽然常妃去世多年，但蓝玉与皇太子之间的关系依旧牢固，是太子继位所需要的重要武力保障。洪武二十五年四月朱标之死，对于蓝玉具有双重的意义：一方面他失去了最为重要的政治保护伞，另一方面，一只失去主子的猛犬，在朱元璋看来，已成为朝廷的主要威胁。所以太子死后仅仅十个月，蓝玉党案就遽然爆发了。

蓝玉之案发生得相当突然，洪武二十六年(1393 年)的春节刚过，京城的喜庆气氛还未褪尽，突然有锦衣卫指挥蒋瓛“上变”，告发蓝玉同景川侯曹震、鹤庆侯张翼、舳舻侯朱寿、定远侯王弼、南雄侯赵庸、东莞伯何荣及吏部尚书詹徽等谋反。

蓝玉谋反的理由，根据《逆臣录》所收的供词，大致有二：一是对朝廷不满。如蓝玉常对人言：“我征西征北受了多少辛苦，如今取我回来，只道封我做太师，却着我做太傅，太师倒着别人做了。”为了做不成太师(其实是太子太师)，就赌气要造反，这个理由未免太荒唐！

另一个原因，也是出自蓝玉的口供，道是为了胡党的事，公侯废了许多，最近他的亲家靖宁侯叶昇也出事了，担心招出他也是胡党，从此犯下疑心病，“只怕早晚也容我不过，不如趁早下手做一场”。

《逆臣录》是朱元璋下令编辑的“蓝党”罪犯近千人的供词。但其中并没有蓝玉本人的供词，而关于蓝玉的言论及其活动(包括心理活动)，均出于其他犯人的供述。

这些供述具有相当高的一致性，好比蓝玉嫌官儿小，嫌皇上疑他，几乎每个人都这么说。同时呢，许多供述前后矛盾，一些情节十分牵强，造假和逼供信的气味非常浓。比如说，据供称，蓝玉拟乘朱元璋出宫举行籍田礼时发动政变，但“阴谋家”们似乎忘了对一对表，籍田的日子都过了，也没见一个人动手。

再将各人的供述梳理一下，会发现，从洪武二十六年正月初，到二月案发，在一个月的时间里，蓝玉每天无事，就是坐在家里，不断地和人重复几句话：1. 皇上疑我，我要反了！2. 你跟不跟我干？3. 好，你愿意干，那么快去收拾些人马、器械、钱粮，等我通知，一起动手。

为了造反，蓝玉经常找人索要物什，而他所要的，不过是几匹马、几个伴当、几条枪杆、几件衣甲，等等。

堂堂大将军、国公造反，招呼的都是哪些道上的英雄好汉呢？那才是五花八门呢！除了少数都督及京卫指挥，多数都是些千百户、总旗、小旗等低级武官，还有许多佣农、佃户、庄田伙计、账房先生、西席塾师等。我若信了《逆臣录》的记载，真要以为蓝玉是在公开发动一场“人民”革命战争呢！

《逆臣录》不足使世人心服，反而让人窥破了蓝党之狱的伪。

朱元璋喜欢编这类书，比如三年前他还编过一本《昭示奸党录》，又有《大诰三编》《大诰武臣》等等。多数都是记载人们如何反对他和他的法，被他除灭的实例，是警示教育的教材。然而朱元璋很快发现《逆臣录》的“编写”质量不高，漏洞太多，只好下令将其收回。这本书几乎佚亡了，幸好若干年前发现一个孤本，经点校出版，方为我们今日了解蓝党之狱的真相，保存了一份重要的史料。而洪武二十三年（1390 年）所编的《奸党录》，今天已经看不到了。

朱元璋的许多做法，暴露出他是一个心思不甚缜密而行事偏执乖戾的人，这给他的子孙造成很多麻烦。直到朱棣当了皇帝，还在替他揩屁股，其中就包括将洪武朝颁发的许多书籍、敕谕、诏诰文字收回销毁。

凡读过清末讽刺小说《活地狱》的都知道，过去可没有“疑罪从无”的法制思想，往往是县官或衙役（更多是时候是衙役）先立定一个主意，然后上刑，逼犯人自承。几十年前出现“逼供信”这个词，正是因为那个时候大大发挥了古代的逼供文化。逼供的目的是为了“信”，但不是基于“事实清楚、证据充分”的信，而是使用无法忍受的恶刑迫使犯人自咬自诬，让世人以为可信。

《逆臣录》的供词中多次提到：“上位（指皇上）如今老了，不管事了。”“上位圣寿高了，有病，东宫主人年纪小哩，只怕后头小人弄权，下头小人每（们）难过。”这些话语不管是自招，还是逼招，应该能反映出当时一种普遍的意识，即皇上年高有病，势将不久于人世，而东宫（皇太孙）年纪还小，恐朝政有变。

若不细究，这些话似在情理之中，但若细加揣摩，问题就来了：东宫年纪小吗，他还是个童子吗？若皇太孙朱允炆是个蒙童，放在任何朝代，都值得一忧。可问题是，此时朱允炆已经二十岁了，并且生有一子，俨然便是一位“长君”。

显然这种忧虑是很有些过虑的。蓝党之狱中，近千份供词所供的，不过是朱元璋“欲加之罪”，是虚构的“司令部”和“当权派”。那些罹难的公侯以及数以万计的无辜受害者，他们对朝廷并不构成真正的威胁。如果朱元璋真是为了皇孙着想，害怕他难以驾驭未来的局面，他只需有针对性地清除政敌，采取外科手术似的战术，而不是任意扩大打击面，将无数的小人物和无关紧要的人网罗进来。

朱元璋心里藏鬼，身边闹鬼，惶惶不可终日，他只有不断兴起大狱，将他梦想中所忧惧的“敌对势力”全部剿除，才能得到暂时的安宁，同时获得巨大的快感。

“上位如今老了，力衰不能掌天下了。”这才是朱元璋真正的不甘与焦虑，他哪里替朱允炆想过许多！

朱元璋越到晚年，精神越抖擞，骑着毛驴，不停歇地向风车和魔鬼发起挑战，到他蹬腿儿的那一天，终于遂意了：“元勋宿将相继尽矣！”或者我们换一种说法，这会子要是老朱家办喜事，捧场的朋友会很多，但几乎不会有亲戚来赴宴。他们到哪儿去了？原来都被主家儿给干掉了。与洪武皇帝结亲，风险之高，任何一家保险公司都会拒保。

朱元璋在世时修过两种祖训，今见初修本成书于洪武十四年（1381年），名《祖训录》；一为定本，颁布于洪武二十八年（1395年）九月，名为《皇明祖训》。

我们先看看《祖训录》关于外戚的规定：

“凡外戚，不许掌国政，止许以礼待之，不可失亲亲之道。”

这是指一般的外戚，至于功臣兼外戚者，是这样规定的：

“若创业之士，因功结亲者，尤当加厚，其官品不可太高，虽高亦止授以优闲之职。”

一句话，就是外戚不许干政。然而在当时，这只能视作朱元璋对未来政治的一种设想，而非实态。

朱元璋在为皇太子、皇太孙择妃时，没有像其他诸王一样，选择功臣元勋之女（太子朱标的第一位妃子常氏是例外），而刻意挑选了官职不高的文官家的女孩。永乐以后，太子、诸王选妃，形成从民间“良家”女子中选择的惯例，朝廷文武官员（尤其是中高级及现任官员）的子女反而不在候选之列。这虽然是后世为加强对藩王宗室的控制，阻绝他们与朝臣联系的一种预防措施，但作为祖制，却是朱元璋首先尝试并确立的。

朱元璋对外戚的控制，首先用在储君之妃的选择上。因为储君即位后，皇后的家族将成为朝廷的新贵，如果不对他们的政治权力有所限制，很可能会发生东汉外戚专权、尾大不掉的局面。

或许他这么做，还有一个理由：当诸王都与勋臣联姻时，唯独皇太子只娶一个普通仕宦之家的女儿，这对皇太子是一种保护，使他免于陷入复杂的政治利益的纠葛和争斗中，又能使作为兄长与储君的皇太子，在诸王中保持仲裁者的超然地位，当一家家阀阅高门轰然垮塌时，皇太子的地位不会受到牵连。

洪武前期，在朱元璋的主持下，多数年长的诸王，都与功臣缔结了婚姻关系，但这与朱元璋防御外戚的本意是不相合的。亲王的妃族，严格地说，还算不上外戚。但“外戚不许掌国政”的政治理念，同样适用于诸王。

随着功臣们逐一遭到清算，到洪武晚年，诸王的妃族作为一种政治势力,已经消灭殆尽。对于那些成年较晚的儿子们,朱元璋则主要从中高级武将之家为他们择妃。我们从上表可见,有五位年纪较小的皇子之妃的父亲,不过是指挥而已。

洪武末年重订的《皇明祖训》,是祖训的定本,《祖训录》中关于"外戚不许掌国政"的内容已经删除,因为朱元璋已经实现了限制外戚政治权力的设想。

但对朱家的亲戚们应该享有的其他政治、经济及法律特权,他还是要极力维护的。在《皇明祖训》第一部分《祖训条章》里,有这样的规定:

"皇亲国戚有犯,在嗣君自决。除谋逆不赦外,其余所犯,轻者与在京诸亲会议,重者与在外诸王及在京诸亲会议,皆取自上裁。其所犯之家,止许法司举奏,并不许擅自拿问。"

也就是说,皇亲国戚犯罪,除了谋逆大罪,都由皇帝亲自处分。皇帝的处分,也主要依据亲戚们一起商议的结果,而不许法司擅自拿问。这是外戚所享有的"治外法权"。

朱元璋还将"合议亲戚之家"指出来,开列在《皇明祖训》里,他们是皇后家、皇妃家、东宫妃家、王妃家、郡王妃家、驸马家、仪宾家。其中"仪宾"是郡主(亲王之女)、县主(郡王之女)、郡君(郡王孙女)、县君(郡王曾孙女)、乡君(郡王玄孙女)等女性宗族成员之夫的统称。他们是朱元璋的孙女婿、曾孙女婿……显然,"合议亲戚"对象是非常广的,涵盖了所有宗室成员的亲家。

朱元璋在世时,这些人人数有限,只有数百人,但数世之后,"朱"的繁殖力惊人,宗室及其内外近亲的数量将达到可怖的百万之巨,多数人与皇室的关系已非常疏远,血比清水还淡,但只要是仪宾,地方官就不敢轻易动他。

除了这些本亲,朱元璋还列出"合议亲戚之家内系功臣者",即外戚兼功臣,一共五家:魏国公徐家、信国公汤家、曹国公李家、西平侯沐家、武定侯郭家。经过轮番打击,大明的开国功臣,也就剩下这五家了,他们都与朱元璋沾亲:徐、汤、郭三家都有女儿嫁入朱家,郭家还兼为皇妃之家,沐是养子,曹国公是朱元璋二姐的后代。朱元璋将这几家写入祖训,表明他们政治上的忠诚度得到完全的认可,皆为久经考验的战士,朱元璋给他们的履历加盖了“通过”印章，决定用法律的形式世代保其富贵。

信国公汤和死于洪武二十六年的八月，也就是《皇明祖训》刊刻颁布的上个月，他被追封为东瓯王。信国公家也是载入祖训的，但汤和死后，信国公的爵位竟然无人承封，富贵也就到此为止——显然朱元璋很快又变卦了，他就跟个转轴似的，从无定性。

曹国公李景隆在永乐时被夺爵，禁锢而亡。曹国公的爵位是家传的，从朱元璋的姐夫李贞，传其子李文忠，再传李景隆，历三世就到了头，也无下梢。

所以，国初将臣之封公侯者，只有魏国公徐达、黔国公沐英和武定侯郭英三人的子孙尚得承袭，余皆废罢，子孙“不沾寸禄，沦于氓隶”。直到弘治五年（1492 年），过了一百年，朝廷忽然觉得对不起这些功臣，才命访求“太庙配享功臣之追赠为王者”的嫡裔，各“量授一官”，以奉先祀。

嘉靖十一年（1532 年），又封四王之后：开平王常遇春之后封怀远侯，东瓯王汤和后封灵璧侯，宁河王邓愈后封定远侯，岐阳王李文忠后封临淮侯。这几位“为往圣继绝学”的中兴侯爷，倒是支撑到明朝末年，与大明的天下一起亡了。

第三十二章　外戚预政的绝响

明代的皇后，从成祖徐皇后之后，出身都不高。比如我们多次提及的仁宗之后（皇后）、宣宗之母（皇太后）、英宗之祖母（太皇太后）张氏，河南永城人，洪武二十年（1387 年）选为燕世子妃（朱高炽妻），其父张麒官兵马副指挥之职。

从明代开始，京城分东西南北中，一共五城，各设兵马指挥司，为正六品武职。依明朝定制，亲王妃之父授兵马指挥，世子及郡王妃的父亲授兵马副指挥。这真很有意思，与皇帝结亲，马上就有官儿当，这官帽子算是聘礼吗？

从张麒授官的情况来看，将五城兵马司正、副指挥作为特授给“戚畹”

的恩荣官,从洪武中期就开始了。但外戚任职兵马司,只是挂衔,拿干饷,并不真的管事。张麒在女儿嫁入燕王府之前,应该只是一名普通百姓或军士。没料到他女婿有一天会做太子,啧啧,不得了,此公摇身一变,也做"戚畹"了,连升三级,做到京卫指挥使。对他来说,最大的遗憾是没能熬到女婿做皇帝、女儿做皇后的那一天,不晓得他女婿即位后,会追封他这位老国丈为彭城伯,又晋封为侯。

张麒有两个儿子,一名昶,一名昇,两兄弟都追随朱棣靖难。张昶在永乐初年累官至锦衣卫指挥使,他妹夫仁宗即位后,令他继承了他父亲追封的彭城伯,还许他的子孙世袭——这便宜明明是照顾老张家来的嘛!

爵位本是国家赏功大典,非军功不授。虽然之前有朱元璋封其外公为扬王,封其岳丈马公为徐王,包括仁宗封张麒为彭城侯,都是追封,本人生前并未叨此殊荣。而到张昶这儿,凭着他妹妹做皇后,自己是皇帝老倌的大舅子,就捞到一顶世袭罔替的铁帽子。这便形成一个惯例:自后凡皇帝外家近亲,一般都生封伯,死赠侯。

曾经有人对此表示反对,还是那些话头,说爵位是国家用来赏功的,不是犒赏媳妇儿父兄的,可是他们忘了,这"国家"是谁的?还不是老朱家的,他要赏谁就赏谁!

当然,新例的形成基于这样一个事实——后妃之家多为普通百姓。过去与皇室联姻的,无不是门高户大的勋阀之家,在这之后,大明王朝的亲戚就变穷酸了,尽是些小家寒户。但与皇室缔婚之后,尤其是他家女儿在后宫蒙宠,那简直就是掉进金窝窝里,马上可以得到高爵厚禄的奖赏和回报,感谢他们为老朱家培养了一位优秀的好儿媳!

张昶封了伯,就以勋臣的身份掌京师"三大营"之一的五军营右哨军马。干了些年,到英宗即位,他妹妹升了一级,由皇太后做到太皇太后,就把哥儿俩找来,说了些体己的话。官史上说是"诫谕",我猜是语重心长,温言相劝,拜托两位国舅爷卸下实职,不再具体管事,领份干禄就得了。好比部长不当了,享受个省部级的待遇。本来嘛,不在其位,不谋其政,自然也不应享受其待遇。可是聪明而善于为己谋私的中国人,却搞出一个公事卸了，待遇却不降的好事，冤枉花钱，养了一大批寄生虫。

张太后这么做，不是故意跟娘家人过不去，她有自己的考虑。当时英宗年幼，无法亲政，虽名为阁部重臣辅政，实际上真正把持大政的是太皇太后，张太后代小皇上签字画押，因而拥有最高的裁断权。她只要稍微再进一些，经常召见大臣，亲自处断章疏，就是母后临朝、垂帘听政了。

张太后深知，群臣对此怀有很深的疑虑，关注着她的一举一动。假如她学前代太后，大施恩威，广揽亲信，特别是赋予娘家人更大的权力，肯定会遭到廷臣的非议，甚至引发朝政的激烈动荡。张氏一族，现在正是朝臣瞩目的焦点！张太后聪明地选择了谦退，以避嫌疑。大学士杨士奇拍马屁说，左都督张昇“贤”，宜加委任。她也不许，坚持让两位国舅爷一起退，裸退。她这么做，果然获得广泛的赞誉，当时朝臣与后世史官奉上了无数的谀辞。

从表面看，张家在张太后权势正当顶峰的时候，在政治上受到遏制，遭到不公平的待遇。其实他们得到的是更为实际的好处：不单张昶被封为彭城伯，张昇很快也得到世袭惠安伯的奖赏。张家一门，出了两位伯爵，还都是可以传诸子孙、绵泽无穷的铁帽子爵。

张家小子虽然都是无功而受厚赏，但群臣无话可说：太皇太后大公无私，张家委屈已经够大了，还有啥好说的！张家的富贵与张太后的荣誉，永远是绑在一起的。直到世宗嘉靖八年（1529 年），议革外戚世爵，英宗以下各朝外戚所封之爵，帽子纷纷落地，唯有老张家彭城、惠安二伯得到保留，直到与明偕亡。瞧，一百五十年的荣华富贵，张太后对张家子孙做出多大的贡献啊！显见她是一位眼界开阔、眼光独到的后宫政治家，她若像孝宗、武宗二朝的张太后一样，尽着纵容娘家人为非作歹，虽然繁华于一时，但很快就凋落衰败了，甚至不免于覆家杀身的悲惨命运（详见第六卷）。

张太后不准外家预政，固然是保全外家的高明之策，但她这么做，还造成了深远的政治影响，她用广受称誉的著名实例的形式，强化了不许外戚预政（包括朝政、军政）的祖制。外戚从此成了享福的代名词，而不可觊觎国政，否则就是违制，将遭到严厉的纠弹。

公侯伯等爵（明代只有这三等爵）与朝廷外戚，合称“勋戚”。但是，由军功受爵的勋臣，往往不为国戚。而皇太后、皇后的父亲兄弟，也就是俗称的国丈、国舅，他们属于“恩泽封”，其爵位是攀亲攀来的，不由大勋劳而来，也称勋戚，多少有点名不副实。直称之为“戚臣”，更合适些。

在张昶之后，宣宗第二任皇后孙皇后的哥哥孙继宗也一度预军政，在朝权势煊赫，但已然为绝唱了。

孙皇后在前文讲英宗复辟时曾经提到过，她与其子英宗朱祁镇，是很共过一些患难的。孙皇后与她的婆婆张太后，颇有渊源。孙皇后的父亲，曾任永城县主簿，张太后就是永城县人，两家来往密切，可能张家在未发达前，还受过孙主簿的看觑。张家女儿进宫后，张家老太太经常入宫看女儿，常常提起孙主簿之女有贤德，大概是希望请张后引介进宫的意思。孙皇后便由这个路子进宫了，那时还是个十来岁的小女孩，由张太后亲自照顾。

皇太孙朱瞻基大婚时，选胡氏为妃，就以年少的孙氏为嫔。虽为小老婆，但孙氏最得宣宗宠爱。明朝后宫，在皇后之下是贵妃，再下就是妃嫔了。明宫定制，皇后授金宝（宝即印）、金册（册是用来写册封文字的），贵妃以下，有册，无宝。宣宗封孙氏为妃，恐不满其意，特制金宝赐之——“贵妃有宝自此始”。到景帝时，才又新创了一个皇贵妃的名号，后世凡得异宠或生子者，多封皇贵妃，最有名的就是宪宗朝的万贵妃和神宗朝的郑贵妃。

宣德二年（1427 年），孙贵妃“生”下皇子，她的双臂已如藤萝一般紧紧攀住了皇后的座椅。我为什么要在“生”字上面加一个引号，请稍候揭晓。总之就在孙贵妃产子的第二年，宣宗即废掉糟糠之妻胡氏，改立贵妃为后。

“糟糠”二字用在胡皇后身上，未免过于矫情，也不恰当，胡皇后可是一口糠都没吃过的。不吃糠不见得是好事，十三陵的定陵，发掘出三具尸体（神宗和他的两个老婆），牙口都不怎么好，原因就是食物太精细，引发多种牙周病。人在必要时，还是要吃糠咽菜、粗茶淡饭的。

糟糠之妻只是一种说法，表明胡后是宣宗的原配，从宣宗还是皇太孙时就嫁给这个“臭男人”了。在官史里，把胡皇后写得特别谦逊，说她因为自己没有孩子，身体又有病，主动辞位让贤。哪有人好好的“后”不做，甘心去做“废后”的？胡皇后心底最深处，一定呼啸着海浪，痛骂那薄幸的臭男人、死男人，连带着大骂天下没有一个好男人！这些话不可能写在官史里，她甚至敢怒不敢言，只好请我今日替她骂出来。

明朝人最重名分，皇后之位一定，一般很难摇移，除非皇帝不顾名声受损，且具有很强的意志力，能够承受得住群臣的聒噪。

明朝人的强项和敢言果诤，在历史上是有名的，他们像伏夏的蝉，鸣声如沸，能把屋顶掀去，就是宫廷“粘杆处”的编制扩大百倍，也奈它不得。有私心而缺乏耐心和意志的皇帝，往往试探一下，就知难而退了。宣宗对胡皇后，说废就废，说明宣宗还是一个强势的皇帝。但毕竟唆摆皇帝废掉中宫由自己顶上，不是一件容易的事，所以孙皇后能把正宫原配拱倒，那手段和能力，绝对可圈可点。

孙皇后之能，与宋朝仁宗之母刘皇后有的一拼。

许多人是从《狸猫换太子》的故事里认识刘皇后的。戏里说刘皇后不能生，而妒人能生，宫中李妃生了皇子，她用一只死狸猫把婴儿换出来，还诬蔑李妃生的是怪胎。幸亏李妃母子得到好心宫人的保护，皇子没有被害，流落民间一十八载，最终登上皇位，并与亲生母亲相认，而刘皇后自知罪行败露，只好自戕谢罪。

其实这不是史实。刘皇后是宋真宗的皇后，她没有儿子，由真宗做主，将李氏所生之子给她抚养，认作己子。这孩子长大后做了皇帝，就是宋仁宗。仁宗做了十年皇帝，生母李氏才死，但他身世的秘密保护得很好，仁宗在刘皇后生前，完全不知道他不是刘皇后亲生的。

人都是多嘴的，尤其是含有某种叵测的心理时，更是无话不说。但皇帝身世的秘密，谁也不敢在仁宗跟前弄嘴，足见刘皇后势力之大，没有人敢于与之较劲。

宋代的皇后，很有些势力，不仅在内宫做主，在外朝也有不小的影响力，刘皇后就是其中的翘楚。仁宗即位后，刘皇后做了太后，一直把持朝政，直到寿终正寝。仁宗糊里糊涂做儿子，又糊里糊涂做皇帝，自然成为百姓的笑柄，民间才敷衍出一个换太子的故事，替阿斗争把气。

不知道孙贵妃是否看过这出戏？她也是不能生的，在戏的第一幕，她一定与前代的刘皇后有惺惺相惜之感。

有心急的看官要问了:孙贵妃不是英宗的妈嘛,如何说她不能生?

且莫着急,听我慢慢道来。看官!须知人是贪得无厌的,一个宫中的女人,受冷落时她想得宠,得了宠,又想生儿子固宠。孙贵妃虽然得宠,但若不赶紧生出一位皇嗣,被哪位妃子抢了先,地位还是没有保障。孙贵妃不能生,不代表宣宗不能生,她也没法禁止宣宗和别的女人生孩子——宣宗在宫里精心装修了一间“镜室”,装饰着各种助淫的玩意儿,可从来没闲着!

果然,一个宫女被龙临幸了一下,就怀孕了。此时孙贵妃早从戏中学来一计,她把宫女生的孩子强夺过来,认作自己的儿子。她这样做,大概是得到宣宗的默许与支持的,宣宗也希望自己的第一个儿子是嫡出,而不是某天随便打出的一炮,在野地里绽开的野花。这便注定了“国母”(皇帝生母,这个词不久还会出现)悲惨的命运。

这时是宣德二年,孩子出生才四个月,就被册立为皇太子,“拿狸猫把他换来”的妈妈孙贵妃母以子贵,顺利地晋封为皇后。胡皇后则退居长安宫,顶了一个“静慈仙师”的名号,每天在宫念佛,苦苦度日。

那孩子如宋仁宗一样,后来继承了皇位,他就是英宗朱祁镇。我们不知道他是否知道自己的身世,但他和养母的关系非常融洽,然而可悲的是——“英宗生母,人卒无知之者”。

儿子坐朝当皇帝,却无法相认,与眼睁睁错失亿元彩票大奖,哪个更心痛些?看官,您说!

第三十三章　明宫狸猫换太子

英宗九岁即位,宣宗孙皇后遂升一格,做了皇太后。她上面还有一位婆婆,太皇太后张氏。

前文讲到,孙太后是通过婆婆张太后的关系进入后宫的。张太后是一位强势而有手腕的老太婆,她见孙氏后宫擅宠,逼退皇后,对她颇为不满。她便经常把胡仙师从清修的冷宫请到她居住的清宁宫,说一些体己热闹的话,而故意疏远冷落孙皇后,宫中宴饮,一定要请胡仙师来赴宴,孙皇后来了,请她在仙师之下就座。孙后悻悻不乐,却毫无办法。正统七年(1442年)十月,张太后去世,仙师失去靠山,痛哭一场,第二年也死了。

胡仙师作为前任皇后,下葬应该用什么礼仪?由于没有先例,司礼监和礼部提出这个问题。孙太后此时已经得势,对宫中事务有话语权了,她对所有以较高礼制安葬胡废后的建议,均冷脸以应之,不予接受。最后胡废后被以"嫔御"之礼,草草安葬在金山之上(金山是北京西山山脉的一座山)。

天顺六年(1462年),孙太后死去,在英宗钱皇后与大学士李贤的提议和推动下,英宗给胡氏恢复了部分待遇,谥之为"恭让诚顺康穆静慈章皇后",简称"恭让后",并为她修了陵寝(说是"修陵寝",应该就是简单修补一下,建两座地面建筑,把享殿的瓦改成黄色等)。至此胡氏恢复了皇后的位号,只是神主不祔庙,也就是灵位不摆放到太庙里去,她还是朱家的儿媳妇,但属于无编制人员,待遇要差一点。

从正统七年到天顺六年的二十年间,除了中间景泰的七年,后宫之主是孙太后。英宗的皇后钱氏是正统七年过的门,大婚时英宗十六岁,钱后应该在十四岁左右。她年纪小,又性格温婉,无法与较有手段的婆婆孙太后抗衡。

孙太后的父亲原名孙愚,是他女婿宣宗替他改名为忠的。权力这玩意儿就是好,有了它人伦都可以颠倒,不单儿子可以给父亲改名,就连女婿也能给岳丈取名,还只许老人家说好!

这位前永城县主簿在女儿册封为贵妃后,弃文从武,做了中军都督府的都督佥事(正二品武职)。女儿立为皇后之后,他被封为会昌伯。孙忠是明朝第一位活着封伯的老国丈。他死于景泰三年(1452年),这时正是孙太后母子最不得意的时候,但景帝并没有苛待孙家,孙忠循例赠会昌侯(英宗复辟后,加赠安国公),由其长子孙继宗(孙太后兄)承袭了会昌伯的爵位。

天顺元年，孙继宗以“夺门”功，晋封世袭会昌侯。他的几个弟弟，也都做了锦衣卫都指挥佥事。孙继宗仍不满意，奏言称，他与二弟孙显宗率子、婿、家奴四十三人，共预夺门之变，乞求一并加恩。英宗慷慨应允，于是孙氏一门，连主带仆，二十人一起升官。

其实孙继宗哪里参与过夺门之变，他只是像众多苍蝇一样，纷纷加入到喝汤的行列中。“夺门”在英宗复辟之初，就是个装满肥肉的大箩筐，大家争先恐后地往里跳。孙继宗是孙太后的哥哥，自然像跳蚤一样，蹦上蹦下，格外活泛，大家也十分给面子。

孙继宗在天顺元年（1457 年）五月，以会昌侯的身份督五军营戎务（按：督京营戎政的，都是勋臣或都督），并兼掌后军都督府事。孙继宗的地位已经超过了当年的张氏兄弟，但孙家意仍未足，又托人在英宗前说项，希望再给孙继宗三弟孙绍宗加官，说是“以慰太后之心”。

孙家的贪得无厌开始令英宗感到厌烦。而以复辟功臣自居的徐有贞、石亨、曹吉祥、张軏等人更是志得意满，开口“夺门”，闭口“夺门”，不断以此邀功求赏，而且这些人之间又内讧不断，互相揭短，争斗不休，令复辟的头两年间，朝廷的政局呈现出令人不安的乱象。

英宗因为左右近臣频繁地为孙绍宗求官，专门召见阁臣李贤，对他说：“外戚孙氏一门，长封侯，次皆高官，子孙二十余人皆官之，亦足矣！然左右仍求升不已，都以慰太后之心为言。不知太后正不以此为慰。初授孙氏子弟以官，请于太后多次，太后才同意，然为此不乐数日，她说，孙氏有何功于国家，滥受爵禄如此！且物盛必有衰，一旦有干国宪，我不能赦矣！假如太后听说他们又为孙绍宗求官，一定会生气的。”

英宗说了一大通话，显然是憋了很久，有话要说。不过，如果孙太后真作如是之想，她倒还不失自知之明。

李贤趁机进言道：“祖宗以来，外戚不与军政，今孙氏参与军政，难道是太后之意乎？”英宗摇头道：“非太后本意，不过当初惑于宦官关防之说，至今悔之。”李贤道：“此尤见太后识高。会昌侯为人淳谨无害，后不可为例。”英宗点头表示同意。

宦官所进“关防”之说，大概是说：复辟之初，由近亲掌兵，可保无虞。当初禁军兵权掌在石亨等“外人”手中，才使政变得以轻易地实现，英宗母子反思之，便产生了深深的不安全感。宦官正是看准了皇帝不安的心态，才以此进言。《明史·孙继宗传》说：“自景泰前，戚臣无典兵者，帝见石亨、张軏辈以营军夺门，故使外戚亲臣参之，非故事也。”亦是此意。

英宗经过几次惊吓，已完全丧失了安全感，所以他在位其间，一方面让外家亲戚掌兵（宗室也是不可信任的），一方面授予锦衣卫很大的特权，让他们四处刺事。明代的“特务政治”，在英宗复辟的天顺年间，形成永乐以后的第二个高潮。

回到刚才的对话，我们从中可知，为什么李贤在天顺年间那样复杂的政治局势下，能够如庖丁解牛，应付裕如？原来奏对的技巧太重要的了，不可急，不可躁，要善用小火慢炖，必要时迅速关火。李贤虽然认为外戚掌兵权是不对的，但他绝不说此事不可，而是慢慢疏导，引导皇帝把心事说出来。待君臣达成共识，他也不做恶人，劝皇帝立刻解除孙继宗的兵权，而是主张“后不为例”，当下可维持现状不变。否则密谋外泄，将不知祸从何起呢！李贤真可谓老成谋国——只是他的“老成”，似乎“谋身”之意比谋国更多一些。

孙继宗没有被解除兵权。在宪宗朝，他继续提督十二团营，兼督五军营，并知经筵事①，监修《明英宗实录》。孙继宗在朝地位极高，朝廷集议大事，必以他领衔居首。直到成化十年（1474 年），兵科给事中参劾他“久司兵柄，尸位固宠”，才应他本人之请，解除兵权，但仍命他“预议大政”。五年后，孙继宗死去，得年八十有五，赠郯国公。

孙继宗一生无功绩事业可言，全凭了他妹妹偷了别人的孩子，在宫里做太后，才保他富贵无双，寿长年丰，他也是一个有福之人。

---

① 经筵是专门给皇帝开的讲经课程，一年只春秋开两次，礼仪极重。“知经筵事”，是指经筵的总负责人，一般都由地位最高的世家勋臣担任，它与“监修实录”一样，主要是地位的象征，并不实际管事。

孙继宗去世时，已到明朝中叶，外戚预政，至此已为绝响。宪宗朝的外戚周家（宪宗生母周太后外家）、万家（万贵妃家），孝宗朝的外戚张家（孝宗张皇后外家），这些“椒房贵戚”如蛆虫一样，在大明王朝日趋腐烂的肉身上钻进钻出，只争财货之雄长，“所好不过田宅、狗马、音乐，所狎不过俳优、伎妾，非有军国之权，宾客朋党之势”，不过是一家家的“守财虏”。

正德、嘉靖以后，待外戚益薄，在廷诸臣又好为危言激论，对其庸驽不才者，“逐影寻声，抨击不遗余力”。所以《明史》定论：“有明一代，外戚最为孱弱。”

第五卷

假冒皇亲

第三十四章　宫中禁止吐痰

《明史》说外戚"孱弱",是指明朝的戚畹形不成政治势力,对朝政缺乏影响。这是相对于东汉的外戚,动辄称大司马、大将军而言的。后周的外戚杨坚(皇后父),甚至改朝换代,自己做了皇帝,尤其令人瞠目。明朝的外戚虽然政治上无权,但一旦与皇上家拉上关系,锦衣玉食,受人青目,占公家便宜,还是混得上的。

明朝的后宫素来滥恩,比如奶子府的奶子(皇子皇女的乳母),一口奶喂得好,就让她的老公到京卫里占额吃饷。锦衣卫里,白吃粮的闲杂人等太多了,现在经常在一些地方,见门上粘个条,上写"闲杂人等禁止入内",要是锦衣卫的门上也粘这样一张条,那才好咧,省巨万公费!

许多人都想把自己的子弟弄进卫里去,有势力的太监自不必说,得宠的妃嫔和宫人,也可以为她们的父兄弟侄,在卫里捞一份干饷,美其名曰"寄禄"。用今天的话来说,就是编制在锦衣卫,不去卫里上班,按月拿钱。

这样的寄生虫太多了。而许多人一生忙碌，就是为了加入寄生虫的行列里。

白吃，贪便宜，希图一日暴富，笑贫不笑娼。有了这样的民风，所以京畿地区（包括今天的北京市和河北省）的众多小民，削尖脑壳把自己的孩子往宫里送，男孩做太监，女孩做宫女。在一潮又一潮的“自宫热”的推动下，明中期以后，太监数量达到两万之巨，宫女没有统计数字，想应在三到五千之间。

一个女孩在初晓人事时，就被送进深宫，过去说“一入侯门深似海”，进了红墙叠叠、宫门重重的后宫，也等于掉进一个无涯之海了。一个清末太监说得好，宫里当差的，都是苦命人。在规矩繁多、环境险恶的宫廷里，多数人茕茕一生，孤独无依，而青春易逝，铅华难留，初入宫时的丱角童子，很快熬成白首的老妇。她们一生的幸福，只是家族的一个赌注，盼她能被选为妃嫔，做娘娘，或再美一点，被皇帝宠幸了，诞下麟儿，全家的命运将发生翻天覆地的改变。这一场大赌，虽然本钱高了点，但为了中大奖，也值！自家女儿在宫里，锦衣玉食，比一般富家倒还强些，即便做不了妃子，至不济与哪位太监大佬搭上伙，也是个可以做靠山的寄名女婿。

谁让世人都长着一对天圆地方的势利眼！哪儿出了一户皇亲，周围十里八乡的人都羡慕眼热。那一家人，后脊梁挺得比晾衣架还直，不单官府敬他让他，亲朋邻舍也格外巴结他，他家发财趁钱的路数就是比旁人多。为了这份富贵，不由得人不神经过敏，甚至动起歪脑筋，于是在明代中后期，发生了好几桩假冒皇亲案。先从宪宗成化皇帝朱见深的家事说起——

俗话说，万事开头难。生孩子这事也一样，朱见深即位的头几年，后妃始终无出，他为此烦恼不已。那时，贵妃万氏是后宫无人敢于挑战的头牌，具有“专宠”的地位，或称“专枕席”，后宫佳丽三千都闲着、晾着、吸冷风，就她一人花团锦簇地陪皇帝快乐耍子。

孟子曾问梁惠王：“独乐乐，与人乐乐，孰乐？”梁惠王说：“不若与人。”孟子又问：“与少乐乐，与众乐乐，孰乐？”梁惠王说：“不若与众。”孟子高兴道：“答对了！”是啊，一个人快乐，哪里比得上与众人一起快乐？可万贵妃不这么想,她说:“独乐,乐!”所以她要专宠,“专枕席”,用大白话说,就是只准皇帝与她一人睡,不许别人上皇帝的床。虽然每当深夜,寂寞的后宫女子都会和声齐唱《恋上你的床》,低沉的歌调久久地回荡,伴着清晨的雾霾散去。可恨的是,万贵妃明明听到了,她也是出生城市的无产阶级,却偏偏毫无阶级友爱,全然不理会那些独抱空衾的幽怨女子们——她在三十岁之前,也是其中的一员,如今阔了,就忘了本。

史书上说万贵妃“善妒”,她以一人妒全宫女子,稍有美色者,都是她的死敌,被皇帝多看两眼,就不共戴天了。而反过来说,全宫女子,凡是晚上睡冷被窝、看冷月、发冷嘘的,又有谁不妒忌、嫉恨她呢?可惜宫中禁止随地吐痰,否则,一人吐一口唾沫,淹死她!

然而,骂是骂不死人的,成化二十多年,万贵妃一人专擅后宫,色衰而宠不减,无人能奈她何。但是她不是没有受到过挑战,她头上始终盖着一片铅云,驱赶不去。

首先,她就做不成皇后,始终被人压了一头。宪宗的三宫,还是他爸爸英宗在世时为他择定的,当时命太监到各地采选,一共采得十二人,英宗亲自从中挑选出王氏、吴氏、柏氏三人,留养在宫中。万贵妃并不在其列。

万贵妃出身低微,她四岁入宫,是孙太后宫中的侍女,后来才转到东宫,伺候还是皇太子的宪宗。传说她的年纪比朱见深大十九岁,宪宗即位时,她已经三十五岁了。这在古代,是母子之间的年龄差距。谁会想到,宪宗竟喜欢姐弟恋,他就爱大姐姐万氏!

宪宗虽然爱她,却没法给她最高的名分。天顺八年(1464 年)七月,宪宗即位半年之后,在生母周太后的主持下,册立吴氏为皇后。吴、万二人肯定对不上眼。吴氏仗着自己是皇后,六宫之主,岂容此妖孽在后宫横行碍眼!她又是刚当皇后,新官上任三把火,就想拿万贵妃(此时她还不是贵妃)来立威。于是背着宪宗,把万贵妃召来,出其不意,妖精、狐狸地乱骂一气,然后拿棍子伺候,请她吃笋子炒肉,吃罢还警告她,教她以后仔细些、守分些,把妖气收起来。

新皇后如此树威,殊不知犯了大忌。

她入宫未久，还没摸清后宫池子里的水有多深，就轻率地向皇帝最爱的宠妃出手。她以正室自居，把万氏当作买来的丫头和婢妾，以为打了就打了，她还能翻了天？可她忘了，打狗还要看主人哩！虽然你是皇后，在后宫“官”最大，可皇帝对你的爱也一样深吗？况且，吴后作为后宫新主，德惠未施，人心未结，人们还没尝到她给的甜头，先见她动刀动枪，喊打喊杀，哪个不怕，哪个不厌烦？所以宪宗说她“举动轻佻，礼度率略，德不称位”，倒不十分冤枉她！

吴皇后打了万贵妃，宫廷的气氛陡然紧张起来。

但宪宗并未立即气急败坏地来兴师问罪，坤宁宫里异常平静，吴后的心也便放安稳了。可突然她听说，宪宗传旨，以司礼监太监牛玉“坏朝廷大婚”为由，将他与另一名参与选婚的太监吴熹一起下了大狱，这才意识到问题的严重性，对自己粗率的举动感到后悔。但大错已然铸成，无法挽回了。

英宗在世时为皇太子朱见深择定的三位采女，原以王氏为内定的皇后候选人。但三人入宫未久，先是天顺六年九月孙太后崩逝，一年多后，天顺八月正月，英宗又驾崩了。宫中连遭大丧，于是“左右窃有不利之疑”，怀疑这三位采女是不祥之人。所以宪宗即位后，皇太后钱氏（英宗皇后）和周氏（宪宗生母）联合下达懿旨，命礼部在京师出榜，重新选择。可奇怪的是，三人仍被选中，只是次序发生了微调：原来内定为皇后的王氏降为妃，与柏氏皆入“副宫”（中宫之副，即俗称的东宫与西宫），而吴氏一下子顶上来，被立为了皇后。

负责选婚的司礼太监牛玉肯定动了手脚，宪宗为万贵妃报仇，按着吴氏不动，先把这件事揪出来，其实已动了废后的心。

牛玉下狱后，吴皇后的父亲吴俊、哥哥吴雄也相继被捕。都察院经审理认为，吴氏被立为皇后，是牛玉接受吴家贿赂的结果。狱词说：朝廷立后时，牛玉因为王氏不是他选的，就在太后前游说，将一直作为皇后备选人的王氏换掉（大概就是“不利”之言吧）。而吴氏正是牛玉所选，吴家人便通过吴熹向牛玉行贿，将吴氏的名次往前提，使本为“副宫”之选的她被立为皇后。

这本是宫闱秘事，又牵涉到后妃及皇亲，应属丑事，岂可宣扬于外？但宪宗并不打算隐讳，他看过都察院狱词后，即命多官集议，让他们拿出处理意见。

多官会议、集议，是明代“政治民主”的一种形式，凡国家重大政事，由职责相关之部牵头，邀请相关重臣及各部院寺长官，一起在阙门内集体商议，然后将讨论的结果上报请旨。当然，根据祖制，涉及到皇室大事，也有通过会议解决的，比如宗室、皇亲犯法，会邀请勋臣、法司及在京亲王、皇亲一起讨论如何定罪。但宫闱之事，属于皇帝家事，让外官会议的，却极为少见。

参加集议的，有公侯伯、都督、尚书、侍郎、都御史、通政使、大理寺卿、给事中、御史等官。一看这阵势，就知将有大事发生。众官看过狱词，很快取得一致，由会昌侯孙继宗领衔，将讨论的结果奏上，说臣等皆认为吴氏系先帝所退，且有过，决不可与皇上共承宗祀——众官都机灵，摸准了皇帝的心思，都顺承圣意，同意废黜皇后。

宪宗见外臣无异议，在请示过太后后，就把吴氏给废了。

皇帝的休书是这么说的：“朕惟皇后所以共承宗祀，表正六宫，非德性淳淑、礼度闲习者不足以当之。尔言动轻浮，礼度粗率，留心曲调，习为邪荡，将何以共承宗祀、表正六宫？”命吴氏立刻上交皇后册宝，并从坤宁宫搬出，退处别宫——也就是贬到冷宫去。戏文里常说“冷宫”，实际上明清宫廷里并没有一个名字类似冰箱的宫殿。皇城之内，闲置的空房多得是，吴后退居的住所，位于西安门内，距离专门安置病废宫人的安乐堂非常近（不料安乐堂里住着一位大贵人，令吴废后找到了一段寄托，此话见后文）。这大概是万贵妃出的坏主意吧，她就是要让神气过、打过她的废皇后，从此天天受病毒的熏染和哀号的折磨。

在废黜皇后之后，宪宗还给群臣颁降了一份敕谕，说明其原委，指责太监牛玉“偏徇己私，朦胧将先帝在时选退吴氏于母后前奏请，立为皇后”，又说吴氏“轻浮粗率”，不具有皇后应有的仪度，而中宫为风化之原，“不幸所遇如此，（废掉她）岂得已哉”！

吴皇后不是第一个被废的皇后，不过前朝废后，如宣宗废胡皇后，至少还披着一袭温情脉脉的面纱，请胡皇后自觉下台，装模作样地上一份辞表，退位后还附赠一顶“仙师”的头衔。景帝废后，也没有如此高调张扬。相比之下，宪宗将休妻之书以诏书的形式向全国人民公开，做得特别决绝。后族也遭到严厉打击，废后的父亲吴俊，刚因为女儿一鸣冲天，做上了都督同知（从一品武职），谁知才一眨眼，又受女儿之累，下狱戍边。可叹一月国丈，遭此横祸，真是一时天上，一时地下！

以上是官史透露的有限信息。皇后在位逾月即被废，事起突然，令许多人感到诧异，但如孝宗初年所修《明宪宗实录》所说：“宫禁事秘，莫得而详。”许多细节我们是无法搞清了。当时有两种传言：一说后宫先有擅宠者，被皇后杖责，报复所致，所指为万贵妃；还有一说，谓内廷有人嫉妒太监牛玉专权，欲夺其权，“有所承望而然”。

牛玉时掌司礼监印，他是英宗天顺年间最有权势的太监。宪宗即位后，所谓一朝天子一朝臣，东宫僚属，纷纷从龙升腾，耍笔杆子的进内阁，不带“把儿”的进司礼监。新贵们自然不容牛玉继续在司礼监掌权，乃借选妃事进谗发难，终于推倒了牛玉。牛玉与吴熹二人被贬到南京孝陵种菜去了——涉世未深的吴皇后，不过是这场宫廷争权斗争的牺牲品。但她留下的皇后之位，没有也不可能被万氏掇取，继之为后的，是那位王氏。

王皇后得此意外之福，也是她没有想到的。

第三十五章　同穴而异路

吴废后是明朝第三位被废的皇后，在她之前的宣宗胡皇后、景帝汪皇后，都是因为不能生子，后位不保，而逼其位者都因生了皇子，成为争宠之战胜利的最可靠保证。

万贵妃四岁就进了宫，她虽然识字不多，但一辈子生活在深宫之中，见识了无数人间悲喜剧，耳染目睹，对宫廷文化的精义，她是谙熟于心的。万贵妃被吴废后打时，她还不是贵妃，万氏于成化二年三月进封贵妃，同日受封的还有贤妃柏氏。隔了一天，贵妃之父顺天府霸州民万贵，被授予锦衣卫正千户的官职，柏氏之父锦衣卫指挥佥事柏珍升指挥同知。

柏氏之父早已做到锦衣卫的指挥佥事，而贵妃之父才刚刚获得职衔，这说明，在此之前，万贵妃虽然宠冠后宫，但可能一直没有得到封号（她本年已生子，实录只称“母万氏”，没有记其妃号）。这是万贵妃获得位号之始，也是成化朝满门贵盛的万皇亲发达之路的开始。

万贵妃其实是最早生子的妃子，她在成化二年正月，三十七岁的高龄上，为宪宗生下他的长子。不过这孩子没保住，当年十一月就夭折了，从此贵妃再未生养。对于一个女人，她也是尽了强弩之末的最后一点力气。

但她偏不服气——“我一直在努力”，除了自己努力，她还不许别的女人先她生出儿子，这是一场自己要生而不许别人生的宫廷暗战。《明史》说，由于万贵妃一手把持，“六宫稀得进御”；又说“后宫有娠者，皆治使堕”，谁怀上龙种，她都要想办法搞掉，“掖廷御幸有身，饮药伤坠者无数”；还说孝宗在他妈肚子里时，就是因为中了贵妃的药，以至于初生之时，头顶有一寸多大的地方没有头发。讲得有鼻子有眼，恐怕都属过甚其言、夸大其词。譬如成化五年（1469 年）四月，柏贤妃生一子，接着成化六年七月，纪氏又生一子，如果万贵妃真是那样凶残一个迫害狂，怎会有如许之多的漏网之鱼？

且说柏妃所生的皇子，取名朱祐极，成化七年十一月，年仅两岁半，就被册立为皇太子。假如四十二岁的万贵妃还指望自己能生，她为何不阻止宪宗册立太子？——“老公，再等我几年吧，我行的！”但她没有那么做，说明她对自己的生育能力，已经失去了信心。我不相信，万贵妃自己不能生，将来定是个老姑婆，她却一定要偏执地阻止别人生，使宪宗没有子嗣，将来皇位旁落。想来，在人们眼里，万贵妃属于“妖姬”一类的人物，什么污水都往她头上泼，使一个不那么坏的人，坏到变态为极致。

再转过来说皇太子朱祐极，这孩子无储君之福，过分的福气反而促寿，他被立为太子两个月后，成化八年正月二十六日就薨了。宪宗万分悲痛，追封他为悼恭太子。

宪宗才二十四岁，已经死了两个儿子，那份丧子之痛，对本来就多愁善感的他，是异常沉重的打击。

说起宪宗朱见深，在位二十三年，时间不短，却几乎无治绩可表。明朝皇帝端拱九重，很少和群臣相接，就是亲近如内阁辅臣都不见，这种恶习，正是从宪宗开始的。宪宗继承了他祖父宣宗的一些才情，是一位丹青名手，画儿画得好，曾经画过一幅《一团和气图》，真是圆融可喜。他自己也是一位和和气气的人，长相平庸，胖乎乎的，一撇与世无争的短须，浓密而不滋蔓，安静地躺在厚嘴唇上。

下面稍微走题，举一个例子来说此事，算作中场休息吧。

话说明宪宗朱见深的嫡母是英宗的钱皇后。钱后与英宗可谓患难夫妻。英宗在"土木之变"中被瓦剌人俘虏，漠北人对紫禁城的宝座和南朝的花花江山，才不感兴趣咧，"坐江山"不是漠北之人的思维方式。皇帝这玩意儿落到他们手里，等于天上掉下来一个聚宝盆，他们要刨到见底方休。英宗之母孙太后明白这点，在得到皇帝被俘的噩耗后，她决定倾罄宫中之宝，也要赎回皇帝。那段时间，每天大车小车，源源不断，装载着明宫数世积累下来的奇珍异宝，运出关去，以贿买瓦剌首领也先。我想啊，那不等于把整个故宫博物院都送出去了？钱皇后为了救她老公，自是毫不吝惜，把坤宁宫里所有值钱的家当，什么金银财宝、绫罗绸缎，一洗而出，一件闪光的、织金的都不留。她竟然连舒服的凤床也撤了，夜夜哀泣，向上苍祈祷，乏了，就往地上一卧。因为长期睡在冰凉的地上，以致坏了一条腿，大概是得了严重的风湿吧。她每天以泪洗面，一只眼睛也哭坏了。这只眼睛和那条腿，都是她向上天的献祭，是她自愿付出的代价，希望以自己肉体的痛苦，换取丈夫的归来。我不敢说，是她的祈祷应验了，总之一年之后，英宗结束了俘虏生涯，回到北京。但随即被他的弟弟景帝软禁在南宫。在八年囚徒生活中，钱皇后经常宽慰丈夫，两人患难与共，终于等来了复辟的那一天，天地重开，英宗回归皇帝之位，钱氏依旧为皇后。

钱皇后非常贤德，可糟糕的是，她没有儿子。英宗的长子，也就是被立为皇太子的朱见深，是与她不和的周贵妃所生。英宗担心自己百年后，钱皇后会遭到冷遇，在临终前特地交代儿子："皇后钱氏，名位素定，当尽孝养，他日寿终，宜与朕同葬。"

可皇太子登基后，却独尊生母周贵妃为皇太后，拒绝给嫡母钱皇后上徽号。经内阁大学士李贤、彭时等人力争，才得以两宫并尊。可是在营建英宗陵寝裕陵时，风波又起。

在宪宗之前，万寿山陵寝（即今十三陵）所葬都是一帝一后，如今出现了两位皇太后，一位是母以子贵，攀上金枝，一位是居嫡位而无子，在宫中的行情如股市一般低迷不振。内阁与群臣意见一致，请求在裕陵地宫内建立三圹（墓穴），以备两宫祔葬。而宪宗在周太后的授意下，不予采纳，这已为后来的争执埋下了伏笔。

成化四年（1468年）六月，钱太后驾崩，周太后向宪宗明确表示，不希望钱太后入葬裕陵，她要在阴间独霸先夫。可见周、钱二氏，一后一妃，关系非常恶劣，周太后没有做过皇后，情绪大得很，坚决不愿与钱太后同穴。

一位是至贵的嫡母，一个是位重的皇帝生母，生时两宫并尊，死后如何下葬，已成为皇朝面临的新问题。英宗是个明白人，对此早有预见，所以提前做出安排。可他只说钱皇后应合葬，对周贵妃是否也应该合葬，却没有态度。如今是周氏想将来与先帝合葬，却要剥夺钱氏入葬的资格。先帝的遗言，还管用吗？

兹事体大，宪宗不敢马虎，派太监夏时、怀恩召大臣来商议，他的意思是尊重母后的意见。

阁臣彭时首先表达了反对意见，他说："皇后与皇帝合葬，神主祔于太庙，这是朝廷定礼，不可变更。"彭时代表了内阁的态度。

第二天，宪宗打算亲自做说服工作，结果在召对时，阁臣仍坚持原议不变。宪宗说："你们说的这些，我岂会不知？我只是担心将来有妨母后。"已经明白暗示，钱、周二后不睦，他要从孝，只好委屈钱太后了。但阁臣以"孝从义"为词，坚决表示反对。待他们从宫中退出，立刻写出奏章，引经据典，来激辩这件事。其实是想借此引领朝廷的舆论，给皇帝施加压力，以免像过去一样，皇帝见说不通，干脆用“中旨”行事①。宪宗见奏疏上来了，没法子，他是个和气的人，不爱硬来，只好下廷臣再议。

这次廷议，由吏部尚书李秉和礼部尚书姚夔牵头，一共有廷臣九十九人参加讨论。他们的意见与阁臣一致，都主张将钱太后葬于裕陵左，而虚右以待周太后——如此“虚位以待”，也真够呛！

“你们说得都有道理，”宪宗耐着性子做说服工作，“只是我屡次向太后请示，都未蒙圣慈允准。”

他特别强调：“乖礼非孝，违亲之意亦非孝！”

群臣则坚持守礼才是孝道，宪宗反驳：“违亲之言，难道就是孝道吗？”

我个人认为，宪宗之意更符合人性和人道主义，群臣则是拘礼了。但假若我在廷议之列，我也会投反对票，因为礼法是公器，人人都得遵守，而宪宗的诉求只是他母子的个人私欲，他在此时此地破坏礼制，能保其不在别处再加破坏吗？

如果宪宗是一位强势的皇帝，像朱元璋或朱棣那样，龙目一瞪，龙须一翘，朕说有礼便是有礼，群臣马上噤若寒蝉，不敢多放一个屁。可惜明代的皇权，到宪宗这里，已经颓势尽露，不再一言九鼎了。可笑宪宗还拿此事与群臣说理，他说得过那么多靠读经书、背经书发家，人多势众的书生吗？辩论赛一开始，就已注定了皇帝和太后这一方要输。

果然，当宪宗提出“违亲亦非孝”的命题后，立刻就有詹事柯潜、给事中魏元等分别上疏，九卿大臣合词再次上疏，提出反驳，执议如初，态度强硬。

宪宗见自己一张嘴辩不过多口，打算退出比赛。果不其然，从内廷传出中旨，要强行为钱太后别择葬地。可群臣岂容他退出！立刻约集百官，伏在文华门②外跪哭。

这是明代史上第二次百官聚集在内府跪哭事件，上一次是在“土木之

---

① 指不再征询群臣的意见，直接命太监传旨行事，这种绕开政府的行为，被视作是不合法的。

② 文华门是皇帝召见群臣的便殿文华殿的大门。

变”后，百官请求族诛太监王振，当时群臣把监国的郕王（景帝）围住，一定要他马上传旨，诛灭王氏之族。可见，宫门跪哭是百官要挟皇帝的一种集体行动。这类事件在嘉靖朝也发生过多次。

宪宗被群臣堵住门一哭，没了主意，他命太监传谕，让群臣散了。群臣叩头不起，称皇帝要虐待钱太后，我们坚决不同意，坚决不退。这要搁在性格暴躁的嘉靖皇帝身上，早一顿棍子雨点般落下，派宪兵队把群臣驱散了事，还不服的，关到牢里去！可宪宗性格软弱，用不起武，群臣在宫门口从上午九点多钟，一直跪到下午三四点钟，他先熬不住了，只好退让。于是群臣得胜，一声万岁，轰然而散。

靠了群臣力争，钱太后才得以合葬裕陵。在这场君臣间的对峙中，没有人提及当年英宗的遗言，可见任何至高无上的权力，都像食物一样，是有保质期的，过期辄应作废扔掉。

宪宗与周太后母子虽然没能顶过群臣的压力，但心有不甘，下令对裕陵进行改造，在钱太后墓穴与英宗玄宫之间，另开了一条隧道，距离有数丈远，中间用石头堵起来，而另开一座石圹，以待周太后入葬，只有周太后地宫的隧道能够直通英宗玄宫。大内奉先殿里，亦不设钱太后的神主。这样，一家三口同居一座地宫，钱太后这间房被堵起来，唯有周太后那间房门户大开，可供魂灵自由往来。将来裕陵发掘，在为游客制作的展板里，一定对这段趣闻大书特书。

总之这是太监们想出的法子，亦由太监负责实施，群臣也只能报以无如之何了。反正他们已经胜利了，至于钱太后在地下见不见得到先帝，他们不关心。

第三十六章　一切，为了皇嗣

宪宗朱见深少年时是吃过苦的。皇帝吃苦，一般不是缺油少水，嘴里淡出个鸟来，多数是精神上遭受反复刺激或长期压抑。这两个词本是冲突的，却常常奇妙地在政治失意者的身上糅合着。朱见深在“土木之变”后的国难危急时刻被立为太子，三年后被废，四年后太子之位又飞回来，再过八年，就做了皇帝。人生的跌宕起伏，不知给了他怎样的启示？但肯定不那么直观明了，好比他是体验过被废的凄惨境遇的，可是他娶妻才一个月，就把新妇给废了，何曾将心比心？而他终生深爱的女人比他年长那么多，却从未感到厌倦。想那汉武帝挚爱的李夫人在得重病临死前，把憔悴的面容掩在被子里，不让武帝看到，她很明白：“以色事人者，色衰则爱弛，爱弛则恩绝。”她就是病得要死了，也不愿意皇帝看到她苍白的面容。然而这一点和朱见深就对不上。他初识万氏时，她已然为半老徐娘，风韵能存几何？而二十多年的陪伴，恩情不辍，爱又何尝弛绝？万氏死后，朱见深叹道：“万侍长死了，我活着还有甚兴头！”不久也死去了。

朱见深是一个性格敏感而内心异常复杂的人，他与世无争，缺乏主见，随遇而安，做事讲究一团和气，一生虽然多故，却是个极有福气的人。

也许正因为他是这样一个人，所以性格强势、玲珑多智的万贵妃正好吸引了他，宪宗甚至形成了对她的精神依赖。他们的关系，绝对不仅是建立在性的基础之上的。

朱见深的性生活和对子嗣的追求，一如他的性格，也是随遇而安。万贵妃不是善妒吗？他便避着她，尽量不去刺激她，以免弄得宫里醋海翻腾。他经常在内廷随意溜达，常在不经意间播撒龙种，让一些幸运的女人承受真龙的雨泽。对此，万贵妃防不胜防。

一次，朱见深“偶行内藏”，一位来自天日之南的异族女子吸引了他的目光。天子执子之手问：你叫什么？什么地方人？在此所管何事？那女子羞羞地应，怯怯地答：奴婢姓纪。答问间，朱见深心猿意马，只见眼前的纪氏脸庞瘦削，肤色略深，身材娇小，相比于粗朴的北方女子，别有异趣。不知为何，万贵妃略显发福的白胖身影在他头脑里突地一闪，就消失了。再看纪氏敛袂躬身，露出修长的脖颈，颈深处似乎还有无边的魅力在伸展，撩动他探索的欲望，一头浓密的黑发低低下垂，好像收拢不住，就像一挂饱满的葡萄往下垂落……他按捺不住，陷进那黑色的旋涡里。

谁知偶然的云雨,竟结出一朵永恒的小花:纪氏怀孕了!

对于朱见深而言,兔子窝边的草太过茂盛,随时能吃上一口,他不会费神去做特别的纪念。他只记得,那纪姓女子是广西人,几年前征两广“蛮獠”时俘获,现在宫中任女史之职。这次小小的渔色,是他数不清的小型宫廷冒险中并不特别的一次,他不会为路边随便采的一朵野花,而去故地徜徉凭吊。朱见深可能再也没有“鸳梦重温”,否则他不会对纪氏怀孕之事一无所知。

然而纪氏“有身”,很快被万贵妃侦知。据说,贵妃又妒又恨,暴跳如雷,立即派出“堕生队”去“钩治之”。按现代的说法,就是强行堕胎。

但她派出的宫婢,并没有认真执行她的命令,去看了一下,回来报告说:那女人并非怀孕,只是得了大肚子病(“病痞”)。万贵妃太厌听怀孩子的消息了,恶屋亦及乌,纪氏虽然没有怀孕,“病痞”也令她讨厌,贵妃下令罢了纪氏女史的差,打发她到安乐堂去住。

安乐堂是个什么地方?明末太监刘若愚《酌中志》介绍说:宫里大小太监生了病,都送此处医治。痊可之日,欢欢喜喜销假,仍复供职。若不幸病故,宫里专管送终的内官就来了,由内官监给棺材本,惜薪司出焚化柴火,将尸体抬出北安门,送至净乐堂一烧了之。

可见安乐堂并非善地,是宫人看病或等死的地方。

幸亏纪氏是一位有造化的主儿,她在安乐堂住了一段时间,足月之后,平安诞下一个男婴。

消息很快传到万贵妃的耳朵里,她几乎要崩溃。贵妃的原则是:既然没能遏止对手出现,那么就将其毁灭。她立刻命令看守宫门的太监张敏去安乐堂,把孩子处理掉,不留后患。张敏闻命大惊,杀掉皇子,他不敢,也有几分不忍,思前想后,遂做出决定,把孩子送到一个隐秘的地方,秘密养起来,然后回去报告,说孩子已经溺毙,请主子放心!万贵妃已被人忽悠过一次,这次不敢轻信,派人再探,安乐堂中已无任何儿郎的痕迹,这才宽心。

这孩子被当作一个秘密,被许多人小心地守护着。吴皇后被废后,一直住在西内,每日在痛苦和仇恨中生活。她的居所离安乐堂不远,又与纪氏同病相怜,都是万贵妃暴政的受害者,便主动承担起保护皇子的责任,经常去探视,送一些食物。

这孩子在西内慢慢长大,直到五六岁了,还没剪过胎发。

以上记载全是照书直说,并不代表本人观点。我对万贵妃是否如史书所记那么变态,表达了相当的保留态度。如上文所记,其实蛮多漏洞,万贵妃那么暴戾,怎么她手下尽是叛徒？全不照她的指示去做,反而替“地下党”打掩护？万贵妃在后宫一手遮天,安乐堂里养了个“孽种”,时间长达六年,竟然没有一个人向她报告邀功？我想,万贵妃就像一户人家的跋扈主妇,任意欺凌妾侍仆婢,甚至把婢妾连同所生之子打发到柴房黑窑去受苦,都是可能的(过去小说中常有这样的情节)。至于说她滥施淫威,胡乱杀人,则是油盐酱醋茶加得太多,搞成怪味胡豆,而失其本真了。

不过朱见深确实不知道有这样一个儿子,自从悼恭太子夭折后,妃子就再无所出,他一想到膝下空虚,没有子嗣,就提不起精神。有一天,他招张敏去给他梳发,照着镜子,又感叹起心事来:“唉！人之将老,而无子!”

张敏心念一动,他一直在寻找合适的机会,把埋藏心中多年的秘密告诉皇上。眼下时机正好,他撇下梳篦,跪下连称“死罪”。朱见深吃惊地问:“何事?”张敏遂道出真相:“万岁爷,您早已有了一位龙子!”朱见深忙问:“在哪里?”

也是好笑,若人对我说“您有一位令郎”,我一定会笑答:“试问令郎之母何在?”可朱见深不问其母,只问其子,他忘了:孔圣人的教训是,马房失火,当问人不问马——他实在是太想儿子呢!

张敏道:“奴才说出来,就是死罪。但求万岁爷好好看顾皇子,为皇子做主!”遂将来龙去脉说了一遍。朱见深想起,多年前确有那样一件事,时间正合,他马上命人把孩子接来。

安乐堂出现了少有的喜庆气氛,皇子的身份可以公开了,大家都非常高兴。纪氏一边给孩子换衣服,一边告诉他:“你父亲来接你了。记住,那位穿黄袍,留胡须的,便是你父亲。”孩子身穿绯色小袍,坐在小舆上,被众人众星捧月地拥来见皇上。孩子乖巧懂事,他一头扑到父皇的怀中。朱见深把他捧着抱着，且喜且悲，连声道："这是我儿，像我，像我！"

这一年是成化十一年(1475 年)。

附带说一下张敏。太监张敏在《明宪宗实录》中没有任何事迹留存，关于他的几次记载，全是他本人，或其子弟，蒙受某样恩荫异典。《明史》说张敏为保全皇子，不幸触贵妃之怒，他知道没有好下场，就"吞金死"了，可称为皇家事业牺牲的一位模范。

不过《明史》记载有误，张敏并没有死，据学者在福建同安新发现的《张氏族谱》，张敏一直活到成化二十一年(1485 年)，一生荣宠，官做到司礼太监。他与其弟张庆、张本，兄弟三人都是成化、弘治朝的权珰——这无疑是对他保护皇嗣的报答。

第三十七章　一笔写不出两个万

朱见深决定立刻向外廷公布皇子的身份，好使天下臣民知道朝廷有继承人了，普天同庆。但稍思之，又觉未妥，皇子又不是从石疙瘩里蹦出来的，当如何向外界解释皇子已经六岁的事实呢？司礼太监怀恩献计说："数月前，乾清门着火，如今内外都在修省，还怕灾异不得消弭。不如这样说，皇子生时，一时失传，廷臣不及致辞奉贺。这咱为乾清门失火，皇上公布此事，也是冲喜的美意。"朱见深点头，但犹觉托词勉强，就命怀恩去内阁商议，务必想出一个万全之计。

这事儿确实很不好办，莫说朝廷家，就是普通人家，诞下麟儿，都要让亲朋好友周知，又是满月、百日，又是抓周，总要热闹好几场才罢手。哪有皇子生了六年，才往外透风的？可内廷的事，又不好过细打听，如今只要为皇上弥了这缝便好。

学士商辂说："不如以给皇子取名的名义，给礼部下一敕，这样皇上有子，就不言自明了，何必多说？"太监和众阁老一听，齐声赞和，都以为事涉宫闱，日久事体自明，还是少言为妙。

朱见深觉得也只有如此了，乃降敕礼部，说："朕皇子年已六岁，未有名，其与翰林院定议以闻。"礼部很快就拟上几个睿名（皇帝的名讳称御名，皇子之名称睿名），朱见深从中择定"祐樘"二字，这便是未来的孝宗皇帝朱祐樘了。

自悼恭太子薨逝，一直没有皇子出生。皇帝无子，朝廷没有储君，是举朝关切的大事。甚至有科道官风闻万贵妃专据枕席，恳辞上疏，请皇上"溥恩泽以广继嗣"。虽然没有明说，但议论所指，都是对着万贵妃的：您自个不能生，还不让贤吗？不单小官说三道四，就是内阁大学士彭时、尚书姚夔等重臣，也常借扫把星出现之类的机会进言。

这下好了，皇子有了，"中外人心，无不欢悦"。没过几天，朱见深亲自领着小祐樘，在文华门召见文武大臣，让大家认一认皇子。大臣们见皇子长得眉清目秀，举止有礼，无不欢喜，高声祝贺。

大家一捧场，朱见深更高兴了，就开始考虑祐樘的名分问题。他把内阁商辂、万安、刘珝、刘吉等人召到文华殿，让他们靠近御座，温和地说："皇子既出，将如何处之？"商辂等心领神会，顿首道："皇上即位十年，储副未立，天下人心望此久矣。今皇子出，实宗社之福，当立为太子。"

"即刻举行吗？"朱见深几乎压抑不住急切的心情。

"今天气渐热，册封大典礼仪繁多，各衙门亦须造办相应物件，不如待天凉举行为妥。"商辂道。

万安在旁提醒道："皇子饥饱寒暖，须持之有节，尚须有劳圣虑。"

朱见深知他话有所指，笑道："我知道了。"

朱见深原担心，祐樘不是皇后所出的嫡子，其母身份卑贱，若封为太子，外臣是否有非议？眼见阁臣众口赞和，大为高兴，特命在文华门外赐饭，款待阁老们，还让司礼太监怀恩、覃昌陪同。

其实，王皇后十一年无出，群臣对嫡子的出生，已经不抱期待。既然有一个现成的皇子，何必管他嫡庶，他就是太子了。况且宪宗本人就不是嫡子，他已经开了庶子继位的先例。成化朝第一位皇太子，也是妃子所出。如果王皇后以后生了儿子怎么办？那是后话，待后日再说。

巧的是，明代从来没有出现过庶子已立为太子、嫡子才出生这种情况。神宗万历年间，皇后也是久久无出，群臣忍不住了，遂鼓动册封庶长子朱常洛为太子，神宗不情愿，一再推挡，他举起的盾牌是：皇后还年轻，还有生子的希望，何必着急册封庶子？但这个貌似合理的托词，并不为群臣接受。有人说，即便如此，也请先立太子，设若真有嫡子降生，太子贤明，退居王封，未为不可。朱常洛终于在群臣的力挺下，登上太子之位，而他做了二十年太子，始终没有一位嫡子从娘胎里钻出来，逼他下台。

在召见时，万安说了一句意味深长的话，他居然劝中年得子的父亲，多关心来之不易的孩子。这是否多余？当然不是。皇子曝光后，由于万贵妃把持宫闱，仍时刻处于凶险之中。保全皇子，只有靠皇上多担待了。张敏叩头时，不是也说"万岁当为皇子做主"么？万安说了一句极中肯綮的话。

然而，万安是否说过这句金玉良言，实在值得怀疑。或者是别的阁臣说的，被扣在他头上？这位万学士，是有名的"万岁阁老"。这外号是讥讽他见皇帝时只会喊万岁，而别无高见。但万安不是无能的人，他属于严嵩一类的人物，机深而忮刻，外宽而内严。只是那时阁权尚未像后世那样张大，他对朝政的影响力比严嵩要小得多，名气也不如严嵩大。

万安素来喜欢走"内人路线"。未发达时，他刻意结交司礼太监李永昌的养子李泰，李泰年纪比他小，他以兄事之。两人都在翰林院供职，每次有升官的机会，李泰义气，都推让给万安。本来李泰也是先要入阁的，仍然让给万安，他说："万先生你先，入阁我是早晚的事。"原来李泰的叔叔李永昌是一时的权阉，靠着这样一座大山，李泰自然凡事不急，阁臣之位本为囊中之物，先好使了兄弟再说。只可惜，李泰福禄有限，他把万安送进内阁后不久，自己得暴病死了。

史书说万安"无学术，既柄用，惟日事请托，结诸阉为内援"。万安是进士出身，学问应当匪浅，说他不学无术，恐怕是说他不用心学术，把心思做歪了，每日只顾往内钻营，结交宦官固宠。

万安还是以万贵妃为首的"内人党"的成员。万贵妃宠冠后宫，巴结她比巴结阉人更可靠，万安就托宦官在贵妃面前说好话，以子侄辈自居。万贵妃原本只是个出身民家的宫女，如今富贵了，还惭愧不是世族出身，没有门阀好夸呢。如今阁老来认亲戚，怎不欢喜？遂和万阁老认了亲，指示她弟弟万通说，一笔写不出两个万，大家是族属之亲，该多来往才是。万通果真勤跑阁老府，两家来往，好不亲热。——亏得万大学士没有张出“皇亲”的门榜来！

有一次，万通的丈母娘来看女儿，母女俩闲聊，无意中谈起，过去家贫时，曾经把一个妹妹给人做了小，至今不知流落何方。女问：“妈妈还记得那是户什么人家？”老母摇头，说只记得是四川什么万编修家。万通听见了，想起万安是四川眉山人，也是翰林院编修出身，莫不成四川还有两个万编修？于是到万家查访，一打听，原来万安的妾，正是自己的妻妹小姨。——万安、万通哥俩还是连襟兄弟哩！

这下好了，离亲重聚，亲上加亲，从此两家女眷往来愈密。万通的老婆在宫里是有“门籍”（相当于办理了宫廷出入证）的，可以随时出入宫禁，她便主动替妹夫做起眼线，宫中大小动静，随时报告万安。所以凡事万安都比别人先知先觉，皇帝的心思，他比别人多知三分。这是万阁老邀宠固位的手段。

像这么一位圆滑无骨之人，能给宪宗那样的良谏？况且万贵妃既是他本家之亲，又是他妾侍姐夫的姐姐（是否有点绕？但在利害面前，亲是越“绕”越紧的），他应极力维护贵妃才是。

不单这个，还有一个缘故。万安在《明宪宗实录》里，形象不仅不坏，还经常发愤，说一些义正词严的好话。比如开设西厂，西厂太监汪直无法无天，廷臣一致要求罢设西厂，朱见深派太监怀恩到阁里来议这事儿。怀恩问阁老们的意见，万安便慷慨直陈西厂当罢，西厂不久果然就罢了。他似乎是一个不计利害的忠臣和直臣，不单不顾忌汪直的报复（西厂罢设未久，又恢复了），还忘了汪太监正是万贵妃宫里的红人。可信吗？不可信。明代史学家王世贞早就觉察到官史纪事的可疑，他怀疑《明宪宗实录》出自大学士刘吉之手，刘吉和万安关系好，而与另一位阁臣刘珝交恶，刘吉在主持修纂实录时，便上下其手，任意改窜，常掠人之美而加之于万安。

宪宗晏驾后，在收拾寝宫时，发现一个小箱子，里面都是各种房中术秘籍。上面粘个签儿，恭敬写着："臣（万）安进。"这就是万岁阁老干的好事。

有人这样描述万安："长身魁硕，眉目如刻画，外宽然长者，而内深刺骨。"真是形象！

我们说明宫的事，再说万阁老，就跑题太远了，且把阁老搁下，继续说他的进言。万安（或他人）提请皇上加意看顾皇子，并非杞人忧天，就在皇子浮出水面的第二个月，皇子生母纪氏突然死了。

第三十八章　群骗招摇长安道

自宪宗认了儿子，纪氏也有了出头之日，她很快被封为淑妃，移住永寿宫。永寿永寿，应该活长些才对，可福饼在手，还未入口，纪妃居然死了。

《明史·孝穆纪太后传》（太后是孝宗即位后所追封）在记此事时，用笔颇巧，它先写纪妃搬到永寿宫，数蒙宪宗召见。朱见深召见纪妃，不知是否围炉夜话，共温昔日在"内藏"的风情，总之万贵妃很烦恼。《明史》接下来写道："万贵妃日夜怨泣曰：'群小绐我！'其年六月，（纪）妃暴薨。"

万贵妃日夜恼怒为人所骗，《明史》在写贵妃雷霆之怒后加写一笔"妃暴薨"，从逻辑上来讲，应是说纪妃是被万贵妃之惊雷所触死的。厉害的史官再一次深入古人的闺房，侦知到万贵妃"日夜怨泣"，连她说"群小绐我"，也被这支侦缉队记录在案。

《纪太后传》的作者兴犹未尽，又补充说："或曰贵妃致之死，或曰自缢也。""或曰"是"有人说"的意思，到底谁说的，作者没有介绍。纪妃之死，当时有两种传言，一是被万贵妃害死，一是上吊自杀身亡。而《明史》在同卷的《贵妃万氏传》里，又分明写"纪淑妃之死，实（万贵）妃为之"。非常肯定万贵妃是凶手。

我不太信纪妃之死，是自己上吊。纪妃自内藏承受恩泽，六七年来就没过过好日子，不仅自怜境遇的凄楚，还要整天提心吊胆，生怕孩子被贵妃所害。有这么多年对心智的磨炼做底子，她岂是容易寻死的人！何况孩子马上封太子，她也封妃了，出头之日已到，无尽的受用还在后面呢，她有什么理由去死？

至于万贵妃用什么手段，能在一个月内就实施了对对手的肉体消灭，不可考知，我也不敢乱讲。就算贵妃从打击中恢复过来，上门骂也好，投毒也好，报复之计，何必亟亟？况且纪妃不是普通人，她是未来皇太子的生母，贵妃就没有一丝忌惮？当然，针对这样的怀疑，有人会说，万贵妃就是一个为所欲为、不计后果的人，她什么事做不出！我只好支吾，勉力提出一例反证：

纪妃死后，皇子无人照顾，孩子的祖母周太后对儿子朱见深说："孙儿交由我看顾吧。"于是朱祐樘搬到太后所居的仁寿宫去住，当年十一月，他被册立为皇太子，依然住在仁寿宫。万贵妃眼见朱祐樘做了太子，无可奈何，只好忍下愤心，虚与委蛇，打算与太子联络下感情。她专门备了桌酒宴，请太子过宫，赏脸吃个饭。贵妃之请，是难以推拒的，但周太后叮嘱太子："孩子，你去可去，但到了那里，什么都不要吃。"太子听话，走到贵妃宫里，万贵妃拿出许多好吃的，请太子吃，太子却推说："我已经饱了。"吃饱了，那请喝点汤吧，可太子居然老实说："我怀疑有毒。"毕竟是孩子，直言不讳。万贵妃听了，又气又怕，送走太子，擦着泪道："这孩子才几岁，就这样，将来还不知道要怎样对付我呢！"为此她还生了一场病。

由这一事看，万贵妃不是一个恃宠疯狂、不计后果的人。终归来说，万贵妃究竟是怎样一个人，若说她毒，到底有多毒，若说她泼，到底有多泼，我们今人何从确知呢？

我们不知道的，还有纪妃是否患有痼疾？可能长期以来，纪妃罹患重病，因儿子无所托付，她一直勉强撑持，待到儿子名分已正，她才安心地撒手而去——这不是没有可能。

总之，纪妃之死，来得太突然，不能不变成一段疑案。莫说今日的好事者，就是纪妃之子孝宗皇帝，也没能解开这一疑团。

孝宗朱祐樘即位后，追封纪妃为孝穆太后，迁葬宪宗的茂陵，使生母与宪宗生不同衾，死而同穴。当时就有人提出来，纪太后当年死得蹊跷，定是为万贵妃所加害，请求下旨彻查。

这时万贵妃已死，但她家族尚在，孝宗若要为太后报仇，那屠刀“嚓”一声，一定要落到万氏皇亲头上。幸亏孝宗没有同意，万家才躲过一场浩劫。这固然是孝宗之仁德，但反过来想，如果纪妃确实为贵妃毒害，孝宗不可能毫不知情，不思报复。母亲死时，他已经六岁了，还是个早熟的孩子，他在守灵时，“哀慕如成人”。杀母之仇，岂肯轻易放过？如果他明知生母为万氏所害，还轻巧巧地宽恕仇家，那就不是德，反为无情无义了。

我猜想，纪妃之死，在当时并没在宫中掀起波澜，也无人质疑纪妃之死出于贵妃的谋害。但纪妃死得太遽，未免令人有暴卒之疑。万贵妃死后，宪宗随即驾崩，太子登基，就有人把这段疑惑提出来，明地里是为皇帝生母报仇，其实是欲兴大案，报复万氏一族。万家父兄倚仗着贵妃之势，在京城胡作非为，得罪了很多人，是他们付出代价的时候了。但孝宗觉得事属捕风捉影，没有同意，否则他只要一点头，万氏全族将难免灰飞烟灭。

孝宗是个笃孝多情的人，他从来没有忘记母亲。却不想皇帝的孝思，竟引出一个假冒皇亲的大案。

孝宗对母亲的追慕之情是很深的，他即位后，给母妃上了尊谥，将其遗体迁葬茂陵，还把母亲的牌位放到奉慈殿里，时时祭祀。他犹觉不够，想起母后去世的早，母族之亲未沾她半点的光，他便把对母后的悲念追思，移情到找寻母后之族上。

弘治元年（1488 年），孝宗特差太监蔡用，去广西访求太后的家人。除蔡用奉专敕行事外，还另外给两广地方的镇守、巡抚、总兵以及广西三司官员下了一道敕，命他们配合蔡用，一定要访到纪太后的族人。两广官员知道兹事重大，两广巡抚宋旻、广西巡按御史以及布政司、按察司、都指挥使司的掌印官，都亲自陪同蔡用，一起来到广西平乐府贺县，督官委员，拘取本县桂岭乡迎恩里龙堂村的耆老人等，细细询访纪太后家族有无见存者。敕书要求，只要找到太后族人，即刻差人将当房家小全部送到北京，沿途所用船只人夫廪粮，全部由官府供应。

两省大员一时齐聚偏远的贺县，那惊天动地的阵势，大概连土地爷也要受惊的。

敕书强调："不许纵容下人，徇私受嘱，混将异姓外族人等冒报顶补，紊乱宗姓。"孝宗虽然渴求寻访到母后的族人，但还是担心有人动了贼心，假冒太后族人，来京掇取富贵。

寻亲工作进展顺利，很快蔡太监奏报，访到纪太后的两位"再从兄弟"，一个叫纪父贵，一个叫纪祖旺。这哥儿俩与纪太后在血缘上已不太近了，从兄弟是堂兄弟，再从兄弟，就是堂兄弟之外再隔一层堂表关系，这个弯儿转得有点大。可孝宗闻讯，仍是喜出望外，只是嫌他们名字太土，将父贵改为贵（纪贵），祖旺改为旺（纪旺），分别授予锦衣卫指挥同知和佥事的官职，并赐予大量的金帛、庄田、奴婢及在京宅第。

蔡用还报告说，找到了太后考妣（先父母）的葬所，孝宗下命将太后在贺县的祖坟一并重修，且置守坟户若干看护，同时追赠太后的上三代为中军都督府左都督（正一品武职），母为夫人。

凡是能给外戚的荣耀和好处，孝宗都慷慨地赐予了。他的心思是，唯其如此，才能稍稍抚慰一生悲苦可怜的母后。

纪太后被俘入宫时，年纪尚幼，她曾对人说，只记得自己家乡在广西贺县，姓纪，至于父母亲党族人，一概记不得了。可是，当孝宗下诏访亲时，却称太后的乡贯是"广西平乐府贺县桂岭乡迎恩里龙堂村"，从府县到乡村，地址非常详细，其中必有蹊跷。

这就要说到一个太监，名叫陆恺，也是广西人。他本姓李，在粤西一带，纪、李同音，孝宗还在东宫时，他就打起歪主意，冒称是纪妃的哥哥。太子总是要登基的，他先把亲认下，等它慢慢发酵增值，荣华之日，不争短长，终归要来——这陆太监很懂期货投资，却少了点风险意识，他不晓得这样玩儿，搞不好是要掉脑壳的！

陆恺蹿上蹦下，有一人看在眼里，并不则声。此人也是个太监，名叫郭镛。据天顺八年进士陆釴所著《病逸漫记》记载，郭镛是山西人，美仪表，尝习举子业，学的是《诗经》。后来弃文从阉，自宫做了宦官，投在太监张敏门下。由张敏荐入东宫，服侍太子。前文说过，张敏是孝宗未达时的保护神，孝宗立为皇太子后，东宫用人，他的发言权极大，他将自己的名下荐入东宫，将来都是从龙之臣，是新朝的显贵，张老太监的势力也就愈发巩固了。

可以说，郭某人是张太监布的一步棋。因为张敏的缘故，郭镛在孝宗之母纪太后还躲在安乐堂偷偷摸摸过日子时，就已经多所过从。纪太后偶尔说起自己的娘家，表示对家乡的事情，因为年幼，很是懵懂。所以陆恺自冒皇亲，他听说了，便知其伪，但他隐而不发。至于他为何不揭露陆恺作伪，且待下文分解。

陆恺太不安分，越折腾越大。他记得家乡还有一叔与一兄，想请他们来，一起冒认太后的亲族，就委托当时镇守广西的太监顾恒帮忙寻访。

可他要找的本亲，也是凭一些模糊的记忆，叔叔记得叫李福边，至于哥哥叫什么，他却不记得了。而且时间久远，要找到这两个人很不容易。陆恺有个姐夫，叫韦父成，陆太监假冒皇亲，他知道了，竟也狗胆包天，跑出来冒认。当地官府信以为真，把他当作戚畹，奉承得不得了。广西是偏远地方，能出一族皇帝的外戚，本是一件稀罕事。官员乡绅们都觉得，“山不在高，有仙则灵”，韦父成便是这穷山恶水的仙，所以很给了他一些好处，不仅拨给官田数顷，还把他所居之里命名为“迎恩里”。

韦父成冒认皇亲，晓得他底细的人不少，其中就包括纪贵和纪旺两兄弟。其实这哥儿俩也是假冒的！两兄弟本姓李，都是贫苦的佃户，他们见韦父成冒认皇亲，掇来好大一份富贵，不禁心热眼红，就和田主邓璋商量：“姓韦的是异姓，都可以假冒皇亲，我们姓李的，反而不成吗?”说得邓璋动了心，就跑到府县衙门递了一状，告发韦父成是假皇亲，同时呈上他伪撰的纪氏宗系图。

府县官员正在莫辨真伪，就在这时，太子即位，轰轰烈烈的寻亲活动正式展开了。

蔡太监来广西寻亲，久而无获，心里非常着急。他听说父贵、祖旺二人有宗系图为证，立功心切，也不深究，就把他俩坐实了，送到北京。毕竟那时候没有 DNA 技术，宗系图就是很有说服力的证据。

而韦父成眼见自己出头早，升天反不如纪氏兄弟之速，很不甘心，就跟着一道上京来告御状。

孝宗这下糊涂了，他命太监郭镛和陆恺一起审验这个案子。前面说了，郭镛是个知情人，他明知陆恺是假皇亲，被他招惹来的韦父成更是个冒牌货。但他不仅不揭露，还极力替陆、韦二人弥缝。最后认定纪氏兄弟为真，但又不否定韦父成为假。孝宗只好令韦父成先回广西，并给他“驰驿”的优待（就是由官办驿站免费供应沿途车马饮食）。

然后孝宗命郭镛去祭纪氏的祖茔。其实郭镛也是个冒牌货，他冒的不是皇亲，而是皇帝生母生前的至交好友。这也是一种高明的游戏吧。

同行的还有工部郎中顾余庆，他奉命到广西修治纪氏先茔。可是坟墓一开修，当地又冒出几个姓李的，争着跟朝廷的使臣说，自己才是太后的亲人。其中有一拨子，是两位湖广籍的监生，一个叫蒋灏，一个叫周绅，他们领着一个广西连山县的獞人李友广，也上京撞天鼓来了。

看官可瞅清楚了，獞人不是酒驾撞人的撞，而是犬字旁的獞。古时候歧视少数民族，给他们定族名时，很无聊地加这样一些偏旁。现在这个字不用了，獞族改名为壮族。

壮族人李友广是蒋、周二人的佃户。您看他姓李，大概就能猜出他们为什么来了。蒋、周二人带姓李的来，直指韦父成是假冒伪劣，称李友广才是真正的皇亲。当时有个听选的知县廖宾，是广西平乐县人，他先瞭了瞭阵，也一脚插进来，上了一本，专门为韦父成奏辩，说他才是真。

这出戏越唱越大了，众人染指，各有其心，各怀其志。

户部尚书李敏经查阅卷宗，发觉李友广曾因诈骗被户部发遣过，颇觉此人可疑，但没有确凿的证据。孝宗命司礼监、内阁会同多官会审，也不能分辨孰真孰假。在那个年头，没有刑侦技术，主要靠口供和逻辑推理，当然很难判定真假。有人建议，在京空对口词，奸徒易于强辩，不如派人到当地查访，则真相易明。孝宗觉得是，就派户科左给事中孙圭、监察御史滕祐前往广西廉查。

这一招果然击中要害，蒋、周二人先慌了，仓促中生出一计，指使一个叫高龙的，诈称锦衣卫百户，先行一步赶到连山县，宣称是“潜来侦查”的，借厂卫的势力虚吓县人，假具了李友广的住址以及纪太后族亲的“事实”，等科道官到了，好据此呈上，以希蒙骗过关。

但孙、滕二人也很精明，他们没去连山，而是直接去了贺县。到了贺县，未事声张，换了便服，在民间暗暗查访，很快了解到诸人假冒皇亲的全部真相。回京后，据实上奏，并弹劾太监蔡用的欺罔之罪。

锅底缺了一块，用不了多久，整个锅底哐当全掉了。孝宗大为震怒，将所有人下狱严审，最后的处理结果是这样的：

1. 李父贵、李祖旺，诈冒母后宗支，滥受官职；高龙，诈称“私行体察事务”（即假冒缉访公差的锦衣卫官员），煽惑人民，依律处决。

2. 太监郭镛，本知奸党为假冒，却欺罔不言，本当处死，姑宥之，黜为小火者（最低级的阉人），发南京新房闲住。

3. 周绅、蒋灏革去监生，廖宾革去官职，俱为民；李友广摆站（在驿站服劳役）。

4. 太监陆恺首起伪端，法尤难宥，但念他有奉侍陵寝的勤劳，发宪宗茂陵司香。

旨下后，翰林院侍读曾彦、都御史屠镛等人请求宽宥李父贵、李祖旺、高龙三人的死罪，以为其情可矜。孝宗同意了，将他们改为充军。这真是法网疏阔可以漏舟！众人合谋欺君，如此大罪，竟然一个不杀，大部不抓，真是不知所谓。

孝宗其实也是无可奈何，他说，我以为宗亲总可以找到的，所以“宁受百欺，冀获一是”。他不愿用刑太重，反阻遏了真正亲人的来归，毕竟要证明自己的身份，不是一件简单的事。

虽然上了当，孝宗并不死心，继续命人寻访母族之亲，始终一无所得。

到弘治三年（1490 年），礼部尚书耿裕疏谏道：“广西屡经大征，兵燹饥荒，人民奔窜，加之岁月久远，踪迹难明。想当年马皇后随太祖起兵，功成后也像陛下一样，寻求旧族，但始终不获，最后只好在宿州建庙，春秋祭祀。纪太后幼年就离开了广西，连山、贺县又非中原之地，陛下用心虽切，又怎么能访寻到呢!”他建议仿开国时马皇后之父徐王马公的故事,定拟太后父母封号,在桂林立祠,春秋祭祀。

孝宗知道只能如此了,于是封纪太后之父纪公为庆元伯,母为伯夫人,立庙桂林府,有司岁时致祭。

庆元伯哀册由大学士尹直撰写,其中有一句:“睹汉家尧母之门,增宋室仁宗之恸。”孝宗每次念诵及此,辄不禁唏嘘流涕。而我们读此故事,则知富贵当前,能令多少无知者捐生赴火,死不知悔改,虽帝室尊严,亦成群骗招摇之所,真可发唏嘘一叹。

第三十九章　孝宗的爱情之汤特别浓

孝宗是个极多情的人。情可以是情谊,也可以是情义,上可对父母,旁可对伉俪,下可对臣民。臣子是能够感受到他那份至诚之情的,孝宗的年号是弘治,其实他一生并没有做出什么了不得的治绩,尽管如此,他仍然在后世获得极高的评价。弘治一共十八年,被史家称为“弘治致治”,孝宗在明代皇帝中,可以说形象是最好的。

政事不是本书的宗旨,我们的话题不出宫苑。前一节讲了孝宗对他母亲的那份深长的追思,此一节则讲他对自己妻子的爱、对妻族的庇护,以及由此引发的恩爱情仇,其余波将一直传导到嘉靖中年,引爆一个惊动朝野的大案(详见后文)。

孝宗是在东宫结的婚,结婚的当年,宪宗就逝世了,他接位做了皇帝,那年他十八岁。皇太子妃张氏,随夫升级,做了皇后。据说张皇后出生时,她妈妈金氏,梦到一轮月亮堕入怀中。这一定是金氏在女儿入选皇太子妃,又入主六宫做了皇后之后,一时高兴,随口说的一句吉祥话。可笑的是,堂堂《明史》,竟将“梦月入怀”这等闺阁戏言也写进去了。如果张氏真是月神下凡,她晚年的不幸就解释不通了——莫非堕怀之月,只是弯弯不圆的一块阙月?

张皇后的前半生,顺风顺水,她在弘治四年(1491 年)九月二十三日,产下一子。大臣都说，前此三朝，皆非嫡子，如今这位皇子乃皇后所出，是“椒寝庆钟轩龙”，他出生的时辰亦佳，为“申酉戌亥”，贯如连珠，又与太祖皇帝的生日接近（朱元璋的生日是九月十八日）。找到这么多好兆头，群臣欣欣上贺，都道：“吾君有子矣！”

这孩子长什么样？《明武宗实录》是这么描绘的：

“上睟质如玉，神采焕发，自少举止异常。”

简直是一条玉龙，难怪将来要游龙戏凤，被人做了许多部“正德风流演义”。皇子在两岁时被册立为皇太子，他就是未来的武宗正德皇帝朱厚照。

张皇后为朝家诞下佳儿，立下头功。孝宗本来就宠她，如今母子俩一块儿宠，何其快哉！孝宗的爱情之汤煮了一大锅，皇后一人哪喝得完，就请她家人一起来喝。史云：“帝颇优礼外家。”张皇后的父亲张峦，弘治四年以中宫生子，封寿宁伯，外孙册立为太子时，又晋为侯，死后追封昌国公。长子张鹤龄嗣寿宁侯，次子张延龄初封建昌伯，后来也晋封为侯。张氏一门，一公二侯，比正统年间的张太后家还要贵盛。孝宗还为老婆在老家北直隶兴济县建了家庙，异常宏敞壮丽，开工数年才建成。

孝宗的岳父张峦，是秀才出身，毕竟读过书，知道他家的爵位来得便宜，若不好好守着，将来去时也快，所以骤贵起来，还不肯胡为。可他两个儿子，却是不学无术，一身衙内习气，稍稍得势，就要胡闹，先是为争田产，与周皇亲家大打出手。周皇亲姓周名彧，是宪宗之母周太后的第二个弟弟，封长宁伯，在名分上还是孝宗的舅姥爷。这位周皇亲也是有名的恶少，在京纵奴为非，邀截商货，占人田庐，坏事干了不少，官府都不敢惹他。但如今改朝换代了，张皇亲发达起来，认为自家是正当午的皇亲，哪肯对周皇亲服气？两家都仗着宫中的势力，互不相让，经常发生直接冲突，甚至在京城聚众斗殴，官民避之唯恐不及。

两家皇亲的所为，太不像话，不单言路动本参劾，还惊动九卿大臣一起上言，说周、张两家因为“琐事忿争，喧传都邑，失戚里之观瞻，损朝廷之威重”，希望皇上好好管一管这两门皇亲。孝宗仅仅表示“嘉纳”，并没有采取实际的措施。

张家兄弟仗着国舅爷的身份，欺男霸女、为非作歹的事尤其多，受害民众的投诉堆积如山。孝宗见民怨太甚，按压不住了，就派吏部侍郎屠勋和司礼太监萧敬一同去审查这些官司。这两位不敢打老虎，专抓苍蝇，治办了张家几名家奴，希望就此塞责了事。谁知张家的苍蝇也不容外人打，萧太监才回宫复命，就被皇后大发雌威，指着鼻子一顿臭骂："大胆奴才，你查到我家去，有王法没王法！"孝宗明知老婆不对，但河东狮吼起来，不由得心内生惧，只得好言劝解，还要妇唱夫随，附和着把萧敬等人责骂几句。

萧敬本想息事宁人，结果还是触了老大一个霉头，又不敢争辩，只得悻悻然告罪，退了出去。然而孝宗是英明的，怎会陪蛮不讲理的皇后胡闹？原来皇后怒时，他是佯怒，等母狮子气消了，他又偷偷把萧敬召来，好言抚慰，夸他"做得对"，赐他银两，作为"委屈奖"。看来孝宗是要两头平衡，既要安内，又要抚外。但看官想啊，萧敬遭了这一回瘟，以后还会实心办事，为国执法吗？孝宗亦是糊涂，要错就错到底，何必两头讨好，反令夫纲不振，君纲顿挫？可见孝宗虽然性情宽厚温良，有容人之度，但做事喜欢和稀泥，缺少令臣子畏惧的威仪。

不久，周彧病故，寿宁、建昌两侯家从此独大，愈发为所欲为。只是他们没料到，他们今天所做的，是在给张氏一族种下深深的祸根。二十年后，张氏一朝倾覆，身死梦灭，正所谓报应不爽。但在大劫数到来之前，张家屋顶上经常会落下一些冰雹雷电，老天爷对张家并没有不教而诛。

先说一名大胆的宦官，姓何名鼎，又称何文鼎。他是个太监，却喜欢上疏言事。我查了一下《明孝宗实录》，一共记了他三次进言的四件事，都是关于外政的。何鼎以内臣的身份频频论及外事，本身就不同寻常，而他进言又直言不讳，毫无顾忌，比如他请求将天顺元年（1457 年）以来，也就是四十年来，所有不合规矩的升官，不论其久近，全部清查革退。且不说他的建议行得通行不通，他这一疏，要得罪多少人？久而久之，许多人都知道了，内廷有一个"素著狂直"的何公公。

弘治十年（1497 年）初，忽然传闻何鼎下了诏狱。

尽管外间并不清楚他下狱的缘故，但还是有科道官上言，请求对这位狂人“曲赐优容”，以免阻了人们的忠谏之路。孝宗答旨说：“何鼎妄写无名奏草，轻率具奏，又自荐求用，以是系之。”孝宗还不忘责问：内外有别，你们外官如何探听内事？并且令两位科道官回话，各“罚俸”六个月（即半年不开工资）。

从孝宗的答旨看，何鼎有两件事，令孝宗恼火。首先是“妄写无名奏草”。“无名”不是说何鼎向纪委投送匿名的举报信件，而是说他所奏之事毫无由来，也就是狂妄之意。孝宗还说何鼎“自荐求用”。历史上最有名的自荐是毛遂自荐，但中国的文化，是不大主张自荐的。中国人凡事讲究含蓄低调，明明急切想干，却要遮遮掩掩，羞羞答答，就好像当皇帝这件事，做梦都想的，可临到登基之际，却要人来“三劝进”，然后才半推半就地说：“唉！我居此位，委实无德无能。怎奈大伙儿极力推我，没法子，试着干干吧。”结果一屁股坐下来，谁让他起来，他跟谁急。所以自荐求官，无论君子，还是小人，都不是寻常的举动。可见何太监行事，在旁人看来，是特别怪异的。

朝廷的处罚没有吓退何鼎的粉丝，一些官员继续上奏，援助身陷囹圄的何鼎，就连德高望重的户部尚书周经也替何鼎说话了。但外臣的关注，没能挽救这位狂人的性命，何鼎不久死在狱中。

何鼎死后，有人上疏，为他鸣不平，指他是因为“忤太监李广而殛死”。其实并不确切，何鼎其实是直接得罪了张鹤龄兄弟，因而间接得罪了张皇后，才死无葬身之地的。

何鼎出事前，是掌乾清门的太监。话说张氏兄弟都是在后宫注了门籍的，可以随意出入宫禁。别人瞧见张皇亲来了，都忙不迭地上前请好，“大开方便之门”，唯独何鼎心中愤愤不平，他认为乾清宫是天子正寝所在，祖宗法度不许外人到此，况且两兄弟行事甚是无礼，他们还经常饮酒，酒劲儿上来，还干出调戏宫人的举动。何鼎瞧在眼里，怒在心里，只待时机发作。

一次，张鹤龄兄弟又来了，孝宗留饭。席间孝宗去上厕所，张鹤龄觑个空，竟然一把抓过孝宗的帽子，倒扣在自己头上，还转着脑袋给旁人看，问好看不好看。

看官！须知做官的就是那顶帽子（皇帝也被称为官家），夺他的乌纱帽，等于坏他的官，你若敢抢皇帝的帽子戴，要犯在朱元璋手里，恐怕就得满门抄斩。张鹤龄胆敢如此，固然有几分酒气壮胆，也是他自知不会获罪。待孝宗回来，那顶帽子已端端正正回归原处，一旁的人谁也不敢吱声。然而何鼎看在眼里，勃然之怒已不可遏，决心给他们一点教训。

不久后一天，张鹤龄又跑到乾清宫，扒住殿门窗棂，往御帷里探头探脑张望。何鼎平常的口号是“孔曰成仁，孟曰取义”，皇上小舅子的举动，彻底激怒了他，在他眼里，张鹤龄偷窥的行为，已属败德无与其伦了。是可忍孰不可忍！他抄起一杆大瓜，伏在宫门外，直待恶人出来，要出其不意地打他一下。

可张鹤龄已得到信儿，从旁门溜走了（一说是太监李广透的信）。何鼎伏击不成，遂草一疏，劾“二张大不敬，无人臣礼”，引祖宗家法直言极谏。大约他把平日所见全写进奏章里了，令孝宗读来赧然无趣，而张皇后一览，则勃然大怒，在皇帝枕边狠狠吹一口气，把何鼎吹到诏狱里去了。

何鼎奏疏里写的尽是皇上家的丑事，孝宗当然说他“妄写无名奏草”啦。至于说“自荐求用”，大概何鼎以前这么做过，而未得允许，如今他如此轻狂行事，孝宗觉得他是因为没有得到提拔，怀恨在心，故意借挞伐张氏兄弟，以泄其私愤，所以孝宗才连带把这件事说出来。

下到狱里，狱吏一般都会问同一个问题：是谁主使你的？何鼎在狱中毒惨备尝，掌刑官也让他交代主使之人。何鼎喷一口血道：“主使人倒有两个，俱是山东籍贯，我只怕你们拘他不来。”掌刑官哼鼻子道：“你说出来看看。”何鼎便说出两人：“孔子、孟子也！”

当何鼎说出正、副圣人的名讳时，肯定又一顿鞭打扑面而落。今日我等读史，皆是事外之人，不知是该笑他呢，还是该怜他？何老公虽是个阉官，却一生读书，性情尚俭，衣箱里只有几件冬夏衣服。然而他嫉恶太甚，行事古怪，对自己的性命未免放得太轻了。

第四十章　忠臣化作冤鬼

据说，何鼎是被张皇后命太监李广杖死于南海子。

何鼎被活活打死，虽然冤屈，但留下极好的身后之名，成了明朝“忠能”宦官的代表。有翰林作诗称赞他：“外戚擅权天下有，内臣抗疏古今无。道合比干惟异世，心于巷伯却同符。”后来孝宗后悔不该杀此忠谏之人，派人赐祭，还将御祭文字刻碑留存。

对此“恩典”，人们都说出自孝宗的“追思”，我却觉得可能出自皇帝的恐惧。因为何鼎冤死后，化作鬼，时常在宫中作怪。此事记载于明末太监刘若愚的《酌中志》，来自他的“见闻”，他说：

“（何）鼎既死，犹能于禁中拽铜缸作声，若称冤者。中外叹息，上亦感悟，怜之，特令勒石以祭焉。”

何鼎死后，魂灵不灭，竟凭了铜缸作怪。岂非咄咄怪事！此为明宫闹鬼之又一例！

我们知道，紫禁城鎏金大缸三百余口，其中陈设在奉天殿、华盖殿和乾清门两侧的一共十八口，每个高1.2米，直径1.66米，重约1696公斤，如注入水，当在两吨上下。何鼎生前守乾清门，死后不舍故地，一到夜间，就拖着一口铜缸在门前左右移动，轰然作声，那金石相蹭生出的呜咽之声，就好像喊冤一样。

何鼎在宫中不乏同情者。有一位鲍太监（刘若愚没有说名字，我怀疑是鲍忠，此人后来做到司礼监太监），与他非常要好，他们都看不惯张皇亲的所为，在一起聊天时，常把张氏兄弟嚼两口出气。鲍忠只是图嘴巴快活，话从嘴出，就完了，他没料到何鼎会付诸行动。

何鼎在拟奏稿时，关起门来，不让鲍忠知道。他当然不是抢功，他知道上疏的危险，想一人得罪，好过两人一同受罪。他被捕后，坚决不吐所谓“指使人”，也是一片血诚，否则他会把鲍忠供出来。

当何鼎埋头灯下誊正奏稿时，竖在门旁的一根门杠，突然自己动起来，一步一步，走到书案前。何鼎一点都不惧怕，他怒骂道：“我为国尽言，尔是何物，敢来吓阻我么！”其实那杠神是好心，知道何鼎在做一件极凶险的事，希望能阻止他。但杠子能动，已有几分妖气了，碰到满腔正气的何鼎，自是无所作为。杠子被他正气一扫，嘎嘣一声趴在地上，何鼎的奏疏，也就呈上去了。果然横祸降临，枉送了性命。

也许是何鼎所蓄之气太盛，死后不能兀自消散，竟然做了鬼，每夜到皇上家门口来磨。孝宗两口子夜夜睡不着觉，孝宗便埋怨张皇后，张皇后也自悔艾，只好安抚何忠臣一下。所以感悟、怜之是假，害怕冤鬼是真。何鼎是冤鬼，更是忠臣，他受了孝宗一些好处，也就不再折腾，望西而去了。

张鹤龄兄弟在孝宗朝屡遭弹劾，官员们对其口诛笔伐，用的是文字功夫，君子动口不动手。但有一个君子，见众人动口都无效，气不过，就怀了动手的心思，要给张皇亲一个实在的教训。

此人姓李名梦阳，是明代中期第一大才子。既然是大才子，除了文章做得好，还要有一些稀奇古怪的东西来增饰。据说，李梦阳是其母“梦日堕怀”而生，故名“梦阳”。这些古怪现象如果不究，尚还可可，但若细究起来，就会觉得莫名其妙。好比张皇后，她是其母金夫人梦月而生的，如果我们这么想，皇帝是至阳之人，属“太阳”，那么与太阳配合的，自然是月亮，月亮就是皇后的属性。金夫人梦见月亮入怀，当然是生一位中宫娘娘的兆头啦。若依此理来推，梦阳之母岂不是要生一位天子？可是从结果来看，李母生的是一位以文章自雄的才子。所以，妇人生孩子梦见什么，真不必做过分的推想。

李梦阳是弘治七年（1494 年）的进士，初授户部主事，后升郎中（相当于今天的司长，正五品）。李梦阳是关中汉子（今甘肃庆阳），文章做得雄浑，性子也极直，他曾经因为“格势要”吃过牢饭。

弘治十八年（1505 年），李梦阳应诏上书，讲朝廷的二病、三害、六渐，一笔挥去，五千余言，末尾一件事，专论皇亲寿宁侯张鹤龄，说他“招纳无赖，罔利贼民，势如翼虎”。李梦阳讲的这些，本没有新鲜猛料，都是被人说来说去，讲惯了的，张鹤龄也是虱子多了不痒。但李才子疏中有“陛下厚张氏”一句话，被张鹤龄抓住辫子，决定好好敲打一下李梦阳，让多嘴的秀才们闭嘴。

张鹤龄针对李梦阳的参劾，来了个反劾，说李梦阳“讪谤母后为张氏”，是大不敬，其罪当斩。张鹤龄调门虽然喊得高，他也知道，止以挑摘文字是很难入李梦阳之罪的。他这一疏只是个引子，还有后招：他鼓动皇后的妈妈金夫人，赶到宫里，拦住孝宗哭诉，叫天屈，说臣为子，君为父，李梦阳在奏疏里公然称皇后为张氏，他心目中是毫无尊上之心的，此渐不可长，如果不惩治一下这个狂徒，朝廷没了体统，臣下越发不知尊卑了。

孝宗耳朵软，禁不起皇后母女的聒噪，只好让锦衣卫把李梦阳抓起来，略示薄惩，罚他一点俸，很快就把他放了。

张家却不干，他一家上下都是得理不饶人的恶人。金夫人被张鹤龄一撺掇，不依不饶，一定要皇帝重治李梦阳，不许他打老娘的马虎眼。孝宗被老丈母娘一把老泪一把鼻涕缠得没办法，只好假意答应。隔日去南宫游玩，他特地把张皇后一家人都约来一起宴饮。酒巡过半，皇后、皇太子和金夫人等出殿游览。孝宗将张鹤龄留下，见女眷走远，突然变色，严厉训斥了张鹤龄，说的什么，史书没记载，只是说：

“左右莫得闻，遥见鹤龄免冠，首触地，自是稍敛迹。”

张鹤龄挨了训，只好认错，表示不再追究。但左右太监还不肯罢休，要为皇后出这口气，就对孝宗说：“酸子逞口舌，不是什么大过，犯不着重处。但李梦阳得罪夫人，也不可轻纵。奴才以为，将他拿来，打几下，老夫人解了气就好了。”其用心极为险恶。因为即便要治李梦阳的不敬之罪，也是下刑部拟罪，而处罚亦不过罚俸或降调。若把他揪来，施以廷杖的私刑，太监们只要在用刑时稍做手脚，则李梦阳性命堪忧。

幸而孝宗识破了他们的奸计，对兵部尚书刘大夏说：“此辈欲以杖毙梦阳耳，吾岂可杀直臣以快左右之心！”最终没再追究李梦阳，张氏兄弟没奈何，只好忍下这口气。

这一日，张鹤龄在路上走，想起连日来为李梦阳的事弄得毫无兴致，走在街市上，觉得都抬不起头。他正低眉垂眼，有一搭没一搭地走，忽觉一骑从对面飞奔而来，他吃惊地抬头，那马已撞到眼前，只见马上坐的，不是别人，正是对头李梦阳。梦阳顶住他马头，破口大骂，就像当众把一盆狗血扣在寿宁侯头上。

张鹤龄又羞又恼，一时瞠目结舌，“呀呀”地骂不出声来。李梦阳气势明显胜了，还嫌骂得不过瘾，举起手中的马棰，劈头敲下。张鹤龄不觉甚痛，只嘴上一麻，口中已多出两物，含血吐出来，却是两颗门牙。

俗话说，人倒霉时，掉牙都要和血吞，正是此时张鹤龄的写照。这位从来都扬扬得意过长安市的张皇亲，当众挨打，两边厢欢声一片，人人喝彩，他竟不敢计较，打马夹尾巴溜了。张皇亲跌落尘土中的两颗门牙，成就了才子李梦阳的传奇。

第六卷
张皇亲覆灭记

第四十一章　张国舅成了谋反案的被告

孝宗之后，是武宗。

张氏兄弟是武宗朱厚照的亲舅舅，但朱厚照与两位国舅爷并不亲热，不用善于见微知著的人，大家都瞧得见，张皇亲家在正德朝是明显在走下坡路。

朱厚照即位后，尊母后张氏为皇太后。正德五年(1510年)十二月，以平定叛藩朱寘鐇，再上尊号，称“慈寿皇太后”。儿子一连给母亲奉上几顶桂冠，遇到嘴甜的人，一定会说：娘娘是月仙降世，这几顶华冠，都是万岁爷从月宫后花园的桂树上折来的！

其实，这些尊号多是循例上的，并未灌注皇帝特别的孝心，“娱亲”之意就更没有了。种种迹象表明，武宗成年后，与母后的关系较为冷淡，这自然影响到外家的地位。当然，人家母子和不和，或者外热而内冷，只有身边亲近的人才能察知蛛丝马迹，我不过照史写书，从未与皇后身边某位宫人进行过亲切交谈,或坦诚交换意见,又不如某些史家,长着一对千里眼、顺风耳,能察细微绝远之事。我只能根据一些明显的事实进行推测,最主要的证据,便是朱厚照"于外氏素疏"。

张氏家族在外甥当皇帝时的境遇远不如弘治朝。张鹤龄在正德初年已加官至太傅,太傅是"三公"(太师、太傅、太保)之一,在明代虽然高居一品,但只是虚衔,多由重臣循阶累资得到,并没有古代三公的权势与荣耀。在不断的加官中,在皇家慷慨的恩典后面,张氏兄弟感受到的,却是冷漠,甚至是生存的危机。

他们的身价是看涨的,过去是皇上的小舅子,如今是国舅爷,皇上还得喊他俩一声舅舅呢!但国舅爷却时常感到怅惘委屈,过去只有他们欺负人的份儿,现如今却动辄被人骑在脖子上拉屎——更令他们沮丧的是,皇上还不替他们做主!他们的姐姐皇太后出马,也不那么灵了。

正德十年(1515 年)的冬天,张皇亲家被人告了,罪名还不小,是谋反大罪。

事情的起因是这样的:张家收容了许多无赖,这些人来历不明,多是些流氓棍徒,投在张皇亲府,充当打手爪牙。其中有一个名叫曹鼎的,是浙江人,不知怎么搞的,和他父亲—— 一个叫曹祖的术士闹翻了,成为水火不容的仇敌。

《明武宗实录》和《明世宗实录》对这件大案都有记载,但说法互有出入。现将其通融整理,述其情节如下:

曹鼎在张延龄家为仆,他父子的仇怨非常深。早在正德初年,还在太监刘瑾当势时,曹祖就跑到京城来上书,控诉儿子的罪过,他甚至揭发曹鼎出生时有异状——"兆应天曹之祖"。这是莫名其妙的话,但鬼话才能吓得住人。虽说曹祖"语多幻妄",但其意所指,却如毒箭,看起来是要夺亲儿之命的。

在传统社会,很重预兆,但凡大贵人之生,总要从娘胎里带出许多奇怪的物件或符号,好比贾宝玉口含的美玉。所以朝廷和官府对那些脚底长七星、身上生龙纹,有异相和怪状的人物,总是格外警惕。而当时的人,又很信奉这些，常要求高人指点迷津，社会上便出现了很多靠观星推命看相谋生的人，被称为术士，这些人常常不干好事，在官方的词汇里，他们被称为妖人，他们所携掇取富贵的书被称为妖书。曹祖就是这样一种人。

不知他父子因何起怨，做父亲的竟然高举大棍，要棒杀其子，想必不是一般因争产而起的仇隙吧。

曹祖找到刘瑾是有缘故的。一则刘太监是正德初年呼风唤雨的人物，他有一个外号，叫“站皇帝”，那位游戏不理政事的明武宗，自然是“坐皇帝”喽。一则刘太监颇信道术，他在朝阳门外建了一座玄明观，是规模相当宏大的道场，为此不惜动用武力，强行平掉数千座民房民坟，引起极大的民愤。他在身边养了许多察气运、观风水、相人面的术士，曹祖是一个“日者”，与他们算是同行，所以能跟刘瑾搭上线。

刘瑾接到曹祖告发亲子的书信后，没有派人捉拿生有异兆的被告曹鼎，却把原告曹祖抓起来，要治他的罪。或许是张皇亲家进了银子，说了情，又或许以父告子，属于人伦惨变，得不到刘太监的同情。最终曹祖被套上枷，送还浙江原籍。

这是多年前的一笔旧账，没料到数年过后，到正德十年的冬天，曹祖又跑到北京来了。实录说他是来“依鼎”，就是投靠儿子来了。曹祖此时也老了，大概他希望曹鼎为他养老送终，晚年好享些清福吧。曹鼎在张皇亲家混得可不赖！

这些年中的变故我们不知，但试想一下：多年以前，这位父亲以那样重的罪名，到人人畏惧的刘太监那里告黑状，明摆着要置儿子于死地。事幸不成，儿子未成齑粉，如今老儿却觍了老脸找来，要儿子尽生养死葬的义务，他儿子能依吗？曹鼎当然不依，把曹祖撵了出去。

曹祖是个老牌的泼皮无赖，儿子不依他，他就使出死缠烂打、同归于尽的手段，要让逆子吃不了兜着走。他想出一条毒计，干脆连曹鼎的主子国舅爷一块拉下水，所谓覆巢之下，焉有完卵——可见此人用心之毒了。

计议已定，他写下一纸诉状，跑到都察院告发张皇亲“阴图不轨”。

以上是《明武宗实录》的说法。曹祖所告之事，在嘉靖朝又被人拾起，拼凑出构陷张家的黑材料，所以《明世宗实录》对正德间的往事有所追忆。依《明世宗实录》的说法，曹祖以星命得幸，但“幸”于谁，没有明言，从下文曹祖为张延龄所逐来分析，应该是张鹤龄的弟弟建昌侯张延龄。原来他父子都在张皇亲府上趁食。起初他们父子关系没有恶化，曹鼎还经常在马景等一班朋友面前吹嘘，说他父亲如何了得，得了六壬之术的真传，能驱役鬼兵。

俗话说：有钱能使鬼推磨。要请鬼办事，不出钱能行？鬼凭什么要被人役？可是，如果曹祖有钱，就不会寄人篱下，混口看人眼色的饭吃了。把这道理一摆，我就不信曹祖真有“驱役鬼兵”的本事。然而马景等人都是张家豢养的打手，脑细胞多半都跑到两条膀子上去了，脑壳里就剩一点糨糊，他们被曹鼎一忽悠，轻易就信了，都把曹祖当个“现世神”来捧。

曹祖也不谦虚，自吹起来，比儿子还厉害。他无非是借夸耀法术，好从信徒荷包里多骗些钱花，马景等人才是受他“驱役”的糊涂鬼呢！

后来曹氏父子俩不知因为什么事，关系闹崩了。曹鼎开始大揭他爹的老底，说他役鬼是假，骗钱是真。曹祖的底儿掉了，马景等人才发觉自己的荷包也掉了，大为气愤，跑到张延龄那里，一起揭发曹祖，张延龄就把曹祖撵跑了。

跟鬼打交道的人，是受不得人气的。曹祖又羞又愤，就把张延龄和他儿子还有马景等人一起打个包，做成一件莫须有的谋反案，妄奏他们阴谋不轨。

《明世宗实录》所记是正德十年曹祖告发张延龄的官司，虽然遗漏了正德初年曹祖就曾告发其子这件事（或许实录里认为这件旧事无关大碍），但补充了曹氏父子缘何交恶并招惹官非的一些细节。

这事要搁在弘治朝，一个棍徒兼疯子，岂能撼动张家皇亲。可如今改朝换代了，武宗皇帝朱厚照不像他父亲那样讲情面，他看过诉状，立即下旨，将曹祖逮捕，下刑部狱，马景等人下锦衣卫狱（即诏狱），曹鼎等下东厂狱，分别关押。朱厚照还怕法司碍着皇亲的面子，徇私枉法，替张家开脱，命司礼监和东厂对庭审的整个过程进行监视。他还担心张皇亲背后使钱，对官员们行贿，乃将此案下“多官”廷鞫，让大臣们在皇城中，坐在太阳坝子里，集体会审。

在朱厚照的亲自督办下，这案子明显有进一步扩大和向“大狱”方向发展的趋势。

张太后惊愕之余，慌忙来找皇帝说情。可她没想到的是，皇儿竟是铁了心，要治张氏之罪，不仅油盐不进，对母后的劝解置之如耳边之风，还反过来劝母后不要纵容两位舅舅。

张太后见劝说无效，坐在宫中，哭天抹泪。然而她抹的几把慈母之泪，也没能变作化雨之春风，让皇帝的硬心肠软下来。而皇上也很久不到仁寿宫来请安了。眼见皇太后都说不上话，张皇亲才意识到问题的严重性，不禁阖门惶惧，不知大祸将何时降临。

恰在这个节骨眼上，曹祖突然死在狱中。刑部奏报，说他是饮药自尽的。

平白无故的，原告怎会自尽？朱厚照不信，怀疑是杀人灭口，降旨对刑部尚书张子麟严加诘责，并命锦衣卫逮捕该部巡风主事曹春、提牢主事陈能和司狱王子明①。

巡风和提牢，是刑部负责巡察狱政、管理监狱的官员，“原问”是该案的原审官。这下，该案的直接和间接负责人，全部下了诏狱，可见皇帝有多么震怒了。旨意用语极重，一定要“穷诘”曹祖死亡的真相。

但问来问去，锦衣卫理刑官奏报上去，还是说曹祖私怀毒药，因惧罪而服毒，与他人无涉，而且他告张皇亲的罪状，也没有其他证据。

要说曹祖虽是个恶人，他所告张氏之罪，也多属诬词。但他到底是皇帝亲自督办的“钦案”的重要人证，入狱时一定接受了严格的搜查，怎么可能挟藏毒药呢？况且他告发张延龄，既为了出口恶气，也存了捞取富贵的侥幸，他这种人是墙角的蟑螂、瓦缝的臭虫，踩都踩不死的，如何会自己寻

① 《明武宗实录》说王子明是“原问主事”，主事相当于部的处长。

死？但是曹祖之死，虽然不明不白，倒也恰得其时，他死了，张皇亲案没有了举报人和唯一的证人，顿时成了空案，这让所有人都松了一口气。

如果一个人死得那么合适，让多数人受益，那么他的死，一定可疑。我怀疑，曹祖之死，是监守之人下的毒。

说实话，没有人相信张皇亲真会有谋逆的企图，那棍徒曹祖，不过是一条乱咬的疯狗。但这案子非常棘手，主要是皇帝坚持要彻查。北京的官民对此颇感不解，皇上不是应该力保两位舅舅吗，如何抓住曹祖的告言不放，定要追究张皇亲家的谋逆之罪？张皇亲的罪名一旦坐实，张氏不得覆灭吗？皇上竟一点面子都不给皇太后！宫廷还是那么深邃宁谧，但外间已闻到一股令人不安的气息。

当时掌锦衣卫的是都督钱宁，提督东厂的是太监张锐，他们是此案的主要承办人。虽然皇上命九卿大臣共审此案，但具体提押、用刑、讯问，还是厂、卫负责。这两位早已收到仁寿宫的吹风和口信，叮嘱他们要“用心”，另一边又受了张氏兄弟的重金，当然要尽力为皇亲家开脱。他们深知，此案要是真做起来，定成谋反大罪，才不好收场呢！难道皇上会把亲娘舅推到市上斩首？谋反是十恶大罪，按律要牵连阖族的，难道把当朝母后也收押起来？所以他们在办案的过程中，都持观望态度。

显而易见，破解此案疑难的关键，就在首告人曹祖身上。

现在曹祖死了，大家都解脱了。皇上也没法再追问，官员中只有刑部尚书张子麟等人受到“夺俸”的处罚。罚点钱算啥，总算拨开乌云，皆大欢喜。钱宁、张锐二人兴颠颠地跑到仁寿宫做“结案陈词”，得到张太后的表扬，事后张延龄又给他们每人送了五百两银子的谢仪。

此案中武宗的态度很值得玩味。曹祖的状词一上，事情还没搞清，他立即下旨，罢了张氏兄弟俩的朝参，不许他们上朝，令其闭门待罪，好像等待这个机会很久似的。张延龄委托一个要好的天文生董昶，代拟了一份奏疏，请求辞去建昌侯的爵位，想试探一下皇帝的心思。可是朱厚照既不许他辞爵，也不恢复他的朝参，没有探出个所以然。然后案子就向令他惊心动魄的方向发展了，直到曹祖暴毙，戛然而止。

朱厚照为什么对娘舅家如此冷漠和残酷?

对不起,我没法回到明朝去向他本人求教,即便有机会回去,我也不敢问,就像参与此案的明朝朋友,我也怕枉丢了颈上之物。这本是一件极隐秘的事,史书只说武宗“于外家素疏”,即朱厚照与母后家素来情感疏薄。但这只是结果,而非缘由。我们的问题是:武宗为什么“于外家素疏”?

前文讲到,孝宗喜欢开家宴,把媳妇娘家人,什么老丈母娘、小舅子,一起请来,开开心心吃顿饭。饭后,张家长辈,姥姥、舅舅们,还会领着皇太子朱厚照,一起在后宫游览。真可谓其乐融融,其乐泄泄。

但皇太子怎么不念旧情,翻脸不认人呢?前文也讲过,鹤龄兄弟多行不义,不仅在外间胡闹,就是在宫里,也不知规矩,始终改不掉胡作非为的性子,连宦官都看不下去。朱厚照是个聪明人,他耳闻目见,心里对两位舅舅已存成见,一等到机会来,就要请他俩吃铁核桃。

可是,当年在朱厚照小朋友心头种下的厌恶种子,难道一定要长成一棵必须伐倒的大树?给母后之族加以谋反大罪,那需要多大的仇恨呀!

就此,我怀疑,这与朱厚照的身世之谜有关。而朱厚照之愤,并不是冲着张氏兄弟,“张公饮酒李公醉”,他其实是冲着张太后来的。

第四十二章　“郑旺妖言”案——武宗身世成谜

朱厚照是英、宪、孝三代以来,第一位由在位皇后嫡出的皇子,这本是一件众人夸耀的美事。可是弘治十七年(1504 年)的冬天,忽然发生了一件惊动朝野的“国母”案,让皇太子的身世陷入迷雾之中。

事情起因于山东武成中卫中所有个叫郑旺的军余(即军户家的余丁,是正军的替补),生有一女,名叫王女儿。

看官,这不是她的本名,是女孩在宫里的名字。按明宫给宫人定名的惯例,女子多以其父的名字来取,称“某某女”,如赵禄之女,就叫“赵禄女”,或干脆只以其姓,称“某女儿”,“王女儿”即王某之女。至于此女为何不姓郑，而是姓王，下文有解。

这女孩儿在十二岁时被卖给东宁伯焦家做婢女，不久转卖给沈通政家，又被沈通政家出卖。一个人像牲口一样被倒卖，已属大不幸，这女孩还不断被人转手，卖得次数多了，连她的父母都不晓得她落哪一家了。

郑旺一直在打听女儿的下落。他偶尔听说，驼子庄郑安家，有一个女孩在宫里，得到皇帝的宠幸，将做皇亲了。不知为什么，他便怀疑，那是他的女儿。他随即上京，打探此事。

郑旺在京城有个亲，是锦衣卫的舍余，兄弟俩，哥哥叫妥刚，弟弟叫妥洪。郑旺请他们代为查访。妥家兄弟爽快答应了，妥洪还让他把女儿的情况详细记录下来，说要带他进宫，找熟人帮忙打听一下。

郑旺写了张帖子，带在身上，随妥洪进到皇城，一路无阻，直走到紫禁城北门玄武门外。在这里碰到乾清宫内使刘山，是妥洪的相识，他们就把此事跟他说了，恳求他相助。

刘山应承下来，并问女孩有无可供识认的特征？郑旺忙把帖子恭敬递上，道："小女生过痘，右肋上有一疮瘢，脊背上被热水烫过，也留下伤痕。"

看官明鉴，那时的人不兴穿比基尼，肋上、脊上有疤，都藏在衣服内，不好随便让人参观考察的，须得慢慢访查。可郑旺心急得很，才过一个月，就背了袋子米面，去看望刘山，催问结果。刘山告诉他，还没消息。郑旺只得再三拜托，留下米面，怏怏而去。

这位刘山刘老公，不是白吃人面的，居然很快让他访到一人。一个叫郑金莲的宫人告诉他，有个叫王女儿的女孩很像他要找的人。刘山很高兴，马上去见王女儿，对她说："你父亲找你找得好辛苦！"可王女儿说："我父亲姓周，不姓郑。"

刘山大失所望，但转念一想，郑旺之女，尚在幼龄，即三易其主，她哪里晓得自己的来龙去脉，就出来找到郑旺，告诉他人找到了，现在改名叫王女儿，但是"令爱说她年幼被卖，对自己姓氏家世记不大清，想和你相认，又不大敢认"。

郑旺却肯定地说："那是了，一定是我的小女。"从此洋洋乎添了些皇亲的兴头，经常提些果品食物布帛之类的东西，请刘山送进去，转交给女儿。刘山“皆匿之”，自己收了，再拿出些衣服靴料等什物，送给郑旺，诡称是其女的答谢。

以上内容出自《明孝宗实录》。我读罢颇有些疑问：如果刘老公只是想骗郑旺一些财物，老虎嘴里哪有回头肉，肉落他嘴里，还有往外吐骨头的？他何必答赠？答物太轻，不足使人信，重了，他反而吃亏。左右算来，没便宜好赚。

一天，刘山告诉妥洪一个好消息：“王女儿升上人了，已经进了乾清宫，好啦，你们将来都是皇亲！”并且“戒令勿泄”，告诫他不要泄露出去。

可做皇亲有望的妥洪，一转身就把这个特大好消息告诉了郑旺，郑旺更是狂喜不已，立即在乡间夸耀起来。乡族里党信以为真，纷纷跑来给郑皇亲送礼。郑旺还记了一本人情账，就名之曰《聚宝历》，厚厚一册，记了六百多人的名字。

郑旺想起，女儿的生日快到了，遂置备些酒肉，托刘山送入，为女儿庆生。刘山“又匿之”，还是把这些东西藏起来，随即拿出些被褥鞋子绢帕菜色等杂物，回报郑旺，仍说是宫中的答礼。这么一送一答，郑旺的名气更大了，很多人都晓得有这样一位皇亲。

孝宗皇帝的妹妹仁和公主，弘治二年（1489 年）下嫁齐世美，人称齐驸马，也是京里鼎鼎大名的皇亲。齐驸马的公子，也就是公主的儿子，对郑氏皇亲的身份也不怀疑，还送了郑旺和他老婆赵氏一份厚礼，包括一张豹皮、一套马鞍辔，以及其他一些纱罗衣襦等贵重之物。这一来，郑皇亲的脸面上等于加押了皇亲的戳，信誉度大增，更是无人不信了。郑旺也学起别的皇亲，开始收纳一些无籍之徒为仆，摇摆作起威福来。

可郑皇亲的声势起来没几天，突然一天就事发了，郑旺等人全部下狱。

我用了“事发”二字，不知妥不妥。因为郑旺是假皇亲，罪行败露，才可称之为事发。在明史上，这件案子被定为假冒皇亲案，但我们今天细细研磨，却发现其中疑点重重，未必能接受官方“假冒”的结论。

郑旺做皇亲，以皇亲的名义收受人们的礼物，从乡间到京城，也不是一天两天，为何才出事呢？《明孝宗实录》说是郑旺家人肆倚声势，为厂卫的缉事官校所奏发，孝宗一听，怎么朕还有这样一门亲，我咋不知道哩？遂命将郑旺夫妇，并刘山、王女儿等人抓起来，他要亲自讯问。

刘山在御前是如何答话的，所记非常含糊，只说他"谬援王女儿以脱罪"，而孝宗也问不出个三六九来，久之而"事未决"，那么还是交给专业机构来审问吧。于是孝宗下旨，将众犯全部扭送锦衣卫。

一到锦衣卫，"杖讯"之下，犯人们屁股挨不住痛，嘴巴很快就松口了。据锦衣卫奏报：王女儿父母的姓名，以及她本人的年纪、入宫来历等，都与郑旺所供述的不合。再令郑旺之妻赵氏辨认，王女儿右肋及背上也没有郑旺所说的瘢痕。"事实"简单清楚，于是认定：王女儿实姓周，非郑旺之女，而郑旺"虚喝以规货利"，皆出刘山之奸。认为此案完全是宦官刘山玩的一场闹剧，刘山应负首要责任，应以"造妖言"律定他的罪；郑旺、妥刚、妥洪则犯了"惑众"之罪，应处以斩刑；其余人等各判徒刑、杖刑不等。

狱词奏上后，在立春的前一天得旨：

"刘山交通内外，妄捏妖言，诳诱煽惑，情犯深重，其即凌迟处死，不必覆奏，仍令诸内侍往视行刑。余从所拟。"

刘山所获之刑，本来只是斩首，引刀成一快，还不甚可怕，然而皇上却单单加重了对他的处罚，由斩首改为凌迟，还免去了法司"覆奏"的程序，照今天的话来说，就是不再走复核的程序，"押赴刑场，立即执行"。还让宫里的内侍太监们一起观刑，看着同类是如何在市曹上被零割碎剐的，以使其畏惧，不要重蹈刘山的覆辙。

有看官或要问了，不就是假冒一个皇亲嘛，后宫女子多，皇亲自然不少，一个假冒皇亲的棍徒，值得皇爷降尊纡贵，亲自过问？刘山不过骗些财物，"情犯深重"，从何谈起？处以磔刑，量刑是否过重？孝宗不是一直仁恕吗，如何对刘老公如此惨苛？问得非常好，抓住了此案的关键。

郑皇亲由荣骤然转枯，事情的原委，《明孝宗实录》交代得比较清楚，却将一切推诿于乾清宫内侍刘山，说他勾引内外，妄造妖言，却将妖言的内容隐去不提，让人以为，所谓妖言，就是把不是他人之女说成是郑旺的女儿。这算什么妖言！成书于正德初年的《明孝宗实录》，为"今上"（武宗）讳，抹去了此案的一个重要口实，即王女儿被认为是武宗的生母。否则一般皇亲，郑旺也不会那么威风，开个宴，六百多人来捧场，连齐驸马家都要送礼。这是因为，当时社会上一时风传，当时还是皇太子的朱厚照，不是张皇后亲生，郑旺之女才是真正的国母！

郑旺在弘治十七年（1504 年）被判了斩刑，但他并没有被处死，他活了下来，在皇太子即位后，又上京来控诉，宣称为"国母"鸣冤，使得这件关涉宫闱秘密的风波再起。所以嘉靖朝编写的《明武宗实录》里，也记载了这件事，但口径与事实与《明孝宗实录》颇为不同。它是这么说的：

"初，武成中卫军余郑旺有女名王女儿者，幼鬻之高通政家，因以进内。"

《明孝宗实录》说王女儿非郑旺女，《明武宗实录》则直接说"郑旺有女名王女儿"，又说弘治末年，郑旺阴结内使刘山，以求自通。刘山对他说：宫里有个叫郑金莲的，便是你家女儿，如今在周太后（宪宗母）宫里，皇太子就是她生的。

在《明孝宗实录》里，郑金莲不是一个关键人物，在后来的处分名单上也不见其人，她只是一个无关紧要的信息提供者，是她告诉刘山，有一个叫王女儿的，很像你要找的人。而《明武宗实录》则说，郑旺的女儿就叫郑金莲，是太皇太后周氏宫里的人，而且"为东驾（东宫）所自出"，郑金莲就是太子朱厚照的生身之母！

《明武宗实录》里，郑金莲和王女儿是一个人，王女儿即是郑金莲，郑金莲即是王女儿。《明武宗实录》的纂修者甚至不为武宗避讳，借刘山之口直截了当地说：武宗并非张太后所出，而是周太后宫里一个叫郑金莲的宫女所生。

《明武宗实录》修于嘉靖初年。世宗嘉靖皇帝朱厚熜是因为武宗无后，意外得登大宝的。但世宗母子与武宗之母张太后的关系非常差，世宗对堂兄武宗也无好感，很乐意在实录里给他娘俩泼点脏水——这是两朝实录在记录这一事件时完全不同的出发点。

“国母”案，又称“郑旺妖言”案，在明人笔记中也有记载。陈洪谟《治世余闻》就补充了许多重要的细节。陈洪谟并不是一位村鄙野老，他是弘治九年（1496 年）进士，历任刑、户二部，官至江西巡抚、兵部左侍郎。他主要的做官经历，就在弘治、正德二朝，他最有名的两部著作《治世余闻》和《继世纪闻》，写的都是弘、正二朝的朝野见闻，可信度颇高。

据他说，弘治末年，在郑旺案发前数日，受命在内府教书的翰林院编修王瓒，从司礼监书堂出来，见到两个小太监押着一个妇人，从左顺门（今故宫协和门）匆匆而过。这妇人裹着一件红毡衫子，未见其长相，只看到一双小小的弓足。有好奇者悄悄跟随，看见那妇人被送至浣衣局，想来是某个有过的宫人吧。但奇怪的是，浣衣局的守门宦官，见到她来了，都恭敬地起立，迎她进去。这位“探子”回去把情报一说，大家都觉得事有蹊跷。

没过几天，就听到朝廷参送数人至西曹（刑部）问罪，内中一人，姓郑名旺，招系京东坝上人（这与实录所说的武成中卫人异），有女名某，先年选入掖庭。近来听说生有皇子，见在太后宫内居住，他每年都来京探问，通过西华门宦官刘林送些时新面麦瓜果，由本宫使女黄女儿递进，而每次宫里也都有衣服针线等物的回礼。郑旺回去夸耀乡里，乡人都称之为郑皇亲，京城内外，人人争相趋赴，已有二三年的时间。

这是陈洪谟所了解的情况，我们拿来和实录对比一下。《明孝宗实录》说到的王女儿，可能便是黄女儿，王、黄音近，容易听讹。“王女儿”似乎确有其人，她是“太后”宫中的使女。

孝宗朝的太后，应是皇帝的祖母太皇太后周氏。陈洪谟说：“有女名某，先年选入掖庭。近闻生有皇子，见在太后宫内依住。”《明武宗实录》引述宦官刘山的供词说：“今名郑金莲者，即若（郑旺）女也，在周太后宫，为东驾所自出。”这两种说法是相合的，似郑旺之女，就是郑金莲。

但也有不合者，就是《明孝宗实录》所指内外穿针引线之人是乾清宫太监刘山，陈洪谟说是西华门太监刘林。刘山和刘林，姓同名近，不知是否是一人。

西华门是紫禁城的西门。明朝时，皇城门禁较为疏阔，每天军民人匠来来往往，寻常人很容易混进来，但到宫城（紫禁城，又称大内）四个门，关防就非常严了。刘林在西华门当差，他利用自己特殊的身份，帮助郑旺父女来往递送东西，这是有违内令的。

《明孝宗实录》说，郑旺以皇亲自称，人们也认为他确系皇亲，如此已非一日，不单乡里请客，几百人来捧场，就是京城齐驸马，也舍得赠送贵重礼物，这和“京城内外，人争趋赴，已二三年矣”的说法也是相合的。

我们知道，皇太子朱厚照是弘治四年九月生的，至弘治十七年时，虚龄已经十四岁了。郑旺私下做皇亲，有两三年时间，那么他得知自己的女儿就是太子的生母，也有这么久了。那么坊间哄传太子非皇后所出，应该也有很长时间了。人们知道并相信，太子是由一位姓郑的女子所生，此女尚无名分，居住在周太后的宫中，她的父亲就是郑旺。

郑旺在京声势张扬，京城内外投机期货的人又多，许多人花了大价钱，把宝投在郑家身上。如果郑旺纯属假冒，难道这么长时间，朝廷的特务机关东厂、锦衣卫竟毫无察觉？而郑旺突然被缉事衙门以“妖言”访获，却太突然，陈洪谟说：“说者以为有所受也。”就是说，厂、卫这么做，是受人指使的。

关于皇太子身世的妖言案审结后，孝宗御批道：

“刘林便依律决了，黄女儿送浣衣局。郑某已发落了，郑旺且监着。”

陈洪谟引当时人的议论说：“时论以为旨意发落，意自可见。若果是妖言，郑旺乃罪魁，为何不即加刑？又郑氏止云‘发落了’，尤为可疑。”

孝宗用严刑处死了内臣刘林（或刘山），而此案最关键的人物郑旺却没有处死，只在监里关着。既然郑旺案定性为妖言，郑氏（郑金莲）就是冒牌货，她是如何发落的？郑氏到底是不是太子之母？“已发落了”四字，岂是给世人的交代？黄女儿不过一宫婢，发送浣衣局安置，该局太监却异常恭敬，不敢得罪。这不都很奇怪吗？

郑旺案的案卷，存于刑部福建司，因为此案为众人瞩目，许多人专程跑到福建司，去抄录此案谳词。陈洪谟说：“以为或有所待。”言下之意，大家都认为“妖言”不是盖棺定论，将来必有翻案平反的一天。

弘治十八年(1505 年)五月，孝宗宾天，武宗即位，朝廷按惯例大赦天下，刑部尚书闽珪就借机把郑旺放了。福建司官员不放心，提醒说：“此事干系太大，是否需要请旨？”闽珪坚持己见，说只要大赦诏书里没有特别规定不许赦免的，就应释放，不必请旨。陈洪谟评论说：闵尚书此举，“盖亦意有在云”。作为执法者，闽珪也不相信妖言的结论。

第四十三章　“郑皇亲”高调回归

那么是谁，必将此案定为妖言的呢？众人矛头所指，是孝宗的张皇后。

夺他人之子以为己子，这在宫廷里并不少见，前文我们已举了北宋刘皇后和明朝孙太后的例子。英宗以孙太后为母，尊孙氏为皇太后，死后与宣宗合葬景陵，神主祔于太庙，一切荣誉皆归于孙氏，而他自己的生母，却黯然消失于历史的尘埃中——“人卒无知之者”。

有了这些前例，张皇后做了四年多皇后，还未生子，不禁着急起来，忽见一个宫人怀上了龙种(大约孝宗同宪宗一样，被挚爱的人管得太严，虽然没有多纳妃，却也经常在内宫巡行，随时播下一粒龙种)，马上动起歪念，要学她的前辈皇后，把人家的孩子夺过来，认作已生。孝宗爱她，性子又软，经不住她一哭二闹三上吊，糊里糊涂答应了。但毕竟孝宗是个多情的人，不忍心让太子之母从此湮没，便把她安置在周太后宫中居住，虽然没名没分，但宫里人多知她是太子爷的生母，格外待见她。渐渐的，这女子的家人寻访来了，仗着是皇太子的母族，在京城内外名气顿时响亮起来。但经过刘山等人一掺和，此事的盖子被揭开，不仅皇后大怒，就是孝宗也非常不爽，就重处了太监，但对郑家人还是留有余地。

以上是我的推测，看起来，似乎也不是没有可能。

事情过了几年，转眼到了正德三年(1508 年)，消失已久的老皇亲郑旺突然高调回归。他依然能找到共鸣者，这次帮忙打抱不平的，是一个叫王玺的“居人”，可能是个街坊吧。这一位胆子够大，他与郑旺商量后，只身潜入东安门内，跪在皇城里大声叫起屈来。他不为郑旺叫屈，他替“国母”叫屈。众人的记忆一时还未恢复，皆惊道：国母张太后好端端住在仁寿宫，有何冤屈？再听他高呼道：“国母郑氏，幽居多年，不得天下奉养。今国母之父在此，欲面奏圣上！”方才恍然大悟，原来他为之出头的“国母”，是当今万岁爷的“生母”，姓郑名金莲的，就是当年妖言案案首郑旺之女。

王玺、郑旺二人立时被东厂拿获。实录于此记得非常简短，只说下刑部鞫治，随即拟以妖言律。两人不服，不承认“觊共厚利”的动机。而大理寺多次驳谳，也不知所驳者何？最后狱成上请，诏如刘山例，皆置之极刑。郑皇亲的故事就此终结了。

郑旺在孝宗朝闹的那一出，武宗其时年纪尚小，可能不知道，四年后，武宗已经成人并且大婚，骤闻此事，不知做何感想？史书上毫无线索可寻，唯从他待张太后外家“甚薄”这一点上，似乎可探查出其间的隐秘关联吧。

说到这里，或有看官要问：你说了半晌，就这样虎头蛇尾，不了了之？到底郑金莲是明武宗之母不是，总得给个交代呀！如此写文，真是急人！

看官道的是，可我先要反问：您希望是呢，还是不是？可能多数人希望是，一则故事曲折、出人意表，是读者的普遍心态；二则张太后为人偏私好妒，素无眼光，夺人之子的事，她不是做不出来。

然而恕在下直言，我觉得武宗之母为郑金莲，此事有可能，但可能性亦较小。

首先，武宗生于弘治四年（1491 年），孝宗与张皇后在成化二十三年（1487 年）结婚，怀上武宗在弘治三年（1490 年），一对夫妻，婚后三年多未孕，当然是很着急的，但未必就会轻率地去夺人家的孩子。张皇后那时还非常年轻，不过二十出头，虽然肚子未“饱”，但对于很快诞一麟儿，还是“饱”含信心和期待的。那时又没有现代医术，能诊断出她患上一个不孕之症。眼见别的宫人生了儿子，她或许更感急迫，但还不至于就亟不可待地去夺人之子。武宗生下来不久就被册立为皇太子，若他为宫人之子，等将来皇后自己生了儿子,又将如何？不是很难办吗？

值得一提的是,很多人都不知道,在朱厚照之后,张太后还生过一个儿子。这孩子名叫朱厚炜,只活到三岁,到弘治九年(1496年)二月就死了。情意款款的孝宗,自难承受丧子之痛,特追封此子为蔚王,谥曰悼。

假如武宗非张皇后之子,那么到弘治六年时,她有了亲生子,还不得赶紧想办法,请非亲生的太子逊位,由她自己的亲亲宝贝接了来干？做太子是不争年纪大小的,英宗、武宗都是几个月大就立为太子。如果一时难以找到由头,难道三年还找不到好的借口？除非蔚王也不是张皇后之子。但是张皇后已有子,不管是亲子还是养子,她犯不着再去抢一个吧？

对此明人沈德符曾对史料条分缕析:弘治元年,太监郭镛(此人出身东宫,在孝宗之母族疑案中出现过)请选女子于宫中,或安置于北京诸王馆,以待皇上服阕(指守丧期满除去丧服),然而册封二妃,广衍储嗣。此事为左庶子谢迁谏止。谢迁说,六宫固然当备,但先帝三年之丧未终,山陵也未修建完毕,不宜遽及此事。

第二年,礼科右给事中韩鼎又以皇嗣未广为忧,上言古代天子娶十二女,为的是以广储嗣,今舍是弗图,乃信邪说,徒建斋醮以邀福,不亦惑乎？韩鼎在孝宗"优诏答之"后,因为过去五十天皇帝还没有做出明确答复,乃继续上言,请"慎选良家以充六宫,为宗庙长久计"。孝宗仍然只是对其行为表示赞赏,但认为其建议还是"未宜遽行"。

沈德符非常敏感,他"细味"韩鼎之疏,已知"是时中宫已擅宠,专以祈祷为求嗣法。上虽是(韩)鼎言,终不别广恩泽,盖为后所制也",意思是说,张皇后久无所出,非常着急,但她不许皇帝多纳女子,同时在宫里大兴斋醮法事,希望上天赐给她一个儿子。

这是我们已经习见的生子比赛,即便尊为皇后,若不生子,也是非常不利的。

到弘治三年,封地在湖广蕲春的荆王朱见潚上疏,亦请孝宗博选良家女,以广胤嗣,而孝宗终不从。沈德符说:"盖中宫之擅夕,已著闻于宗藩矣。"

弘治四年，一个在吏部听选的监生丁巘，忽然无缘无故地疏言：皇上初年不选妃嫔，今恐左右谗巧之人，以皇储未建为言，移上初意，乞慎终如始云云。此人用心，被沈德符一眼识破："其意不过迎合中宫，结欢张氏，为进用地也。"

可见，在弘治初年，孝宗夫妇一直无子，而张皇后只在内廷拼命祈祷，却阻止孝宗纳妃，以取广种薄收之效。她"擅宠""擅夕"的传闻，远播外廷，乃至在远方宗藩都引起非议。而小人也拿此做文章，以希富贵。所以说，后来传言张皇后夺人之子以为己子，不是完全空穴来风。

当然，此事最大的疑窦，还是孝宗宽处郑旺"妖言"，为世人纷纷传言，留下了口实。正德十四年（1519 年）封在江西南昌的宁王朱宸濠造反，就拿这个事来说，并写入檄文里，说武宗在位，是"以莒灭鄫，使高皇之不血食"。这话就更难听了，把武宗打入野种之列，压根儿不承认他是朱家血胤了。

其实证明武宗为孝宗亲子，恐怕蔚王之生，是最有力的证据。它比那些捕风捉影之事（如浣衣局太监对黄女儿的尊重）更能立住脚。我不试图去解释孝宗为何不处死郑旺这些疑团，也不必纠缠于此，抓住张太后有两个儿子的事实，就足以击破武宗非张太后亲生的疑惑了。

至于武宗为何对张一族如此凉薄，其中隐情，则难以考知了。或许郑旺之事，让武宗心里也起了疑惑？不管怎样，武宗对张氏，还是稍存恕道的，否则，即便曹祖死了，欲加之罪，何患无辞？张氏在武宗朝总算躲过一劫，有惊无险。然而，到了嘉靖朝，张皇亲家可没那么幸运了。

第四十四章　怪哉！伯父为爹，亲爹为叔

话说张延龄经过了曹祖之案，依然"骄横如故"。这种蠢人，永远学不会吃堑长智，他没掉到粪坑之前，总要莽撞地乱打乱撞，终不免吃屎噎死的一日。

好比曹案在不了了之后，张延龄为了试探外甥武宗之意，特请天文生董昶代写一本，请求辞去爵位。“天文生”是个啥玩意儿？过去的“天文”，与今日不同，虽然都是“举头望明月”，夜观天象，细察星宿的走势，但其目的与性质却截然不同。过去仰观天宿，是为了俯察人事，好比文魁星动，意味着地上文事将昌盛；彗星尾扫紫微垣，代表国家要出大乱子……明朝在钦天监专设天文生若干名，专职向朝廷报告天象。说白了，天文生是官设的，是为官方服务的“日者”和术士，其职责与朝廷政治密切相关。而民间不允许私习天文。对于官员来讲，结交术士，擅讲天文，私藏天文书，均是触犯忌讳之事，常成为政治对手攻讦的口实。

张延龄就是因为府里养了个“日者”曹祖，闹出一场官非，他非但没有吸取教训，还继续与这样一些人往来，甚至请天文生代写奏章。他是狂恣惯了的人，完全不晓得什么是忌讳、收敛和韬晦。于是在嘉靖朝，张鹤龄、延龄兄弟又陷入一场更大的钦案，最终阎王殿办宴——阖府统请。

张皇亲在正德朝，以“国家至亲”的身份而遭受打击，乃因武宗母子有那样一些尴尬的隐情，他们兄弟受惊吓只是“附带损失”。进入嘉靖朝，入继大统的世宗母子，与武宗之母张太后关系恶劣，世宗便把打击张太后的娘家，作为报复的一种手段。张皇亲的覆灭，可以说是因宫廷斗争引发的“间接伤害”。

正德十六年（1521 年）三月，武宗在豹房暴卒，他没有留下子嗣，也没有兄弟，皇位登时虚悬。张太后没有法子，只有接受阁臣杨廷和等人的建议，按照“兄终弟及”的祖训，下达懿旨，迎取在血缘上与武宗最近的嗣兴王朱厚熜，来京继承大位。

朱厚熜是兴献王朱祐杬之子。兴王朱祐杬在宪宗诸子中是孝宗最大的弟弟。宪宗第一子是万贵妃所出，第二子是柏贤妃所出，都夭折了，然后就是孝宗朱祐樘。孝宗在西内安乐堂一直长到六岁，才为宪宗所知。他就像一个瓶塞，堵在下水管道里，水势郁积不通，直到瓶塞被清理出来，水哗啦一下子通了。自孝宗现身，已经多年没有生子的宪宗，开始稀里哗啦生崽，连前面三位在内，一共生了十四位皇子。兴王朱祐杬本是第四子，《明世宗实录》说他是宪宗第二个儿子,是把头二位夭折的皇子排除不计。兴王是邵宸妃所出,与孝宗是同父异母的兄弟。兴王在伦序上与孝宗最近,按照“兄终弟及”及“庶子论长不论贤”的原则,孝宗无后,由他来继位,最说得通。

其实,朱元璋在祖训里规定的“兄终弟及”原则,是有很大问题的。朱元璋非常强调嫡庶的界限,在继承关系中确立这条原则时,他的原话是:

“凡朝廷无皇子,必兄终弟及,须立嫡母所生者,庶母所生,虽长不得立。若奸臣弃嫡立庶,庶者必当守分勿动,遣信报嫡之当立者,务以嫡临君位。”

朱元璋承认的兄终弟及,有两个前提:首先,皇帝无子;其次,嗣位的弟弟,必须是嫡子。有人怀疑朱棣不是嫡子,而死不要脸地冒充嫡子,就是这个缘故,因为他要和祖训的要求对上。这其实是朱元璋思虑不周之处,他凭什么认为,后世的皇后一定能生儿子?明朝的大多数皇后,都没有生过儿子,难道皇位就不叫人继承了吗?

宪宗就是这种情况,他儿子虽多,却无一人为嫡出。那么,孝宗无后,由同样为庶子的兴王,以伦序最近而继位,似也无可厚非。但问题是,孝宗有后,是孝宗之子武宗无后。如果兴王此时尚健在,他是武宗之叔,由他继位,就不是“兄终弟及”,而是以叔继侄了。由旁支长辈来继承家业,这在民间都说不过去,何况皇家。这将是一件非常棘手的事情。所幸兴王已于正德十四年病逝,他有一子,名厚熜,兴王既薨,由兴王之子继位,看起来也是顺理成章。

但要认真较起理来,也不是无话可说。祖训的“兄终弟及”,说的是亲兄弟相继相及,可不是说堂兄弟。孝宗无后,该由兴王继之,兴王既卒,则应由下一位兄弟入继,怎么可以就停在兴王一系呢?当内阁杨廷和提出由嗣兴王朱厚熜继位的提议后,他的政敌兵部尚书王琼就立刻提出反对意见,他就是抓住这一点来质疑。

其实由谁继位,并不是大臣们最关心的,他们关心的是,是谁提出候选人,则将来定策、迎立之功就属于谁。但“兄终弟及”本来就是个伪命题,争来争去，只能是比谁嗓门大、拥趸多，双方都不能说特别占理。最后杨廷和奏请皇太后，请太后裁决，而内阁的提议得到太后的支持，于是定议，由朱厚熜继承皇位。

如果张太后能多读些书，多知些古事，她一定不会赞成由朱厚熜来继位。因为朱厚熜已经十五岁了，老兴王死后，他以嗣兴王的名义主持兴国之政已有两年多。张太后必须考虑，孝、武两朝留下的遗老遗少，能够和这位接近成年的嗣君和睦共处吗？朱厚熜的妈妈、兴献王妃蒋氏，过去与太后分属君臣，地位相差很多，如今她也上京，来宫里住，将来低头不见抬头见，如何相处，也是一件麻烦事。

如果张太后要是明白自己的利益所在，并懂得如何维护它，就应该利用祖训的漏洞，挑选一位年幼的宗室来继承皇位。如果仅仅按年序来决定继位人，嗣君自以为这是天意，不会感激任何人。而若张太后力排众议，亲自择定一位年幼的继承人，迎进宫里，培养感情，将来这位嗣君才会对太后有感戴之心。

当时在嗣君选择上，廷臣意见分歧，如果张太后有政治手腕，她是可以加以利用，实现其目的的。可惜，如我们前面看到的，张太后是个典型的狭隘妇人，眼光短视，看不长远。是她自己一手按下了未来二十多年不幸而绝望命运的按钮。

朱厚熜接捧诏书时，还没有真正受封，他的身份还是嗣兴王。兴献王去世后，厚熜照例要守三年孝（实际上只有二十七个月），期间他以世子的身份“理国事”。正德十六年初，“除服”（除去孝服）的时间近了，朱厚熜派人上京，奏请正式袭爵。三月间，礼部经奏请朝廷，同意兴世子厚熜承袭兴王之位。兴府差人得到礼部公文后，还没动身，忽然得到消息，说皇上驾崩，朝议将迎立嗣兴王为天子。兴府差人大喜，立刻快马加鞭，赶回湖广安陆，将这天大的好消息报告王爷。差人前脚刚到，朝廷的使者后脚就来了。

朱厚熜带了不多的随从，拜别母亲蒋氏，在父亲的坟上一鼻子哭罢，就喜滋滋、意扬扬地向北京进发了。到四月二十二日早间，一行人已到京城南郊。礼部官员来见，带来了即位的仪注（即登基大典的礼仪安排），它是按皇太子嗣位的礼仪制定的。朱厚熜看过，转过头对王府长史袁宗皋说："遗诏命我嗣皇帝位，可没说让我以皇子的身份即位。"他说，他是武宗之弟，非武宗之子，他嗣的是朱家的皇位，不是以儿子的身份继承父亲之位。朱厚熜不客气地把这份仪注打了回去，要求礼部再议来奏。

朱厚熜讲的道理，一目了然。要换了旁人，中了五亿的大彩，别说让他捐献五百万行善，就是八百万、一千万，都好商量。可朱厚熜竟然执拗得很，他千里北上，已走到宝座跟前了，居然止步郊外，慢慢跟大臣细磨这些"小事"。可见此人年纪虽小，却极有主见，并且非常注重繁文缛节。

可惜内阁首辅大学士杨廷和没能见微知著，察觉到新皇帝的这个特点，以为他年纪小，凡事不懂，有几个小小的见解，也是被左右小人摆布的，只要摆出老资格，说他几句，他也就心服口服了。所以杨廷和坚持按照礼部原拟礼仪，要求朱厚熜由东安门入居文华殿，然后择日登基。东安门是皇城的东大门，再过一重东华门，就进了大内，东华门门内不远即文华殿，文华殿是"东朝"所在，仍是让朱厚熜以皇太子身份继位的意思。

老到的杨廷和这回料错了，小嗣君派人来传话，态度坚决：不允。

这下好了，君臣还没见面，先僵持起来，而百官都聚集在奉天殿外焦急地等待新君即位呢。时间在反复的磋商和讨价还价中过去，最后由张太后出面打圆场，她让群臣赶紧上笺劝进，好让双方下台。于是三劝三让，朱厚熜在郊外受笺，内阁也做出让步。当日中午，朱厚熜一行由皇城的南正门大明门①进入皇城，遣官告祭宗庙社稷，给祖宗们打个招呼："我来也！"武宗还没出丧，灵柩停在武英殿，朱厚熜以嗣君的身份，亲自到灵前奠酒，道一声："大哥，你好。谢谢啦！"然后去仁寿宫朝见皇太后。辞别太后，直接去前朝奉天殿，在宝座坐定，接受群臣朝拜，三呼万岁，便正式登基，即皇帝之位了。

朱厚熜下诏，改明年为嘉靖元年，同时大赦天下，宣布新的朝代的开

---

① 大明门入清后改为大清门，民国时称中华门，该门在建天安门广场时已拆除。

始。他不忘立刻遣使,去安陆王府奉迎母妃蒋氏,又命礼部集议其父兴献王的封号。他是个"认真人",他升了,父亲也得升。随着蒋妃的到来,以及君臣对兴王封号的争议,掀起了嘉靖朝初年的政潮,史称"大礼议"。本文不讨论礼仪之争以及它引起的朝政与人事变动,但说宫闱的风波。

改朝换代了,宫里宫外,一片欢乐的景象,唯独一人,心里有说不出的苦楚。她就是武宗之母皇太后张氏。老天无情,让她儿子绝了后,好好一个王朝,便宜了外人,她能不难受?瞧瞧,停着梓宫的武英殿,多么冷清,再瞧瞧,乾清宫里多么热闹,人人兴高采烈,都奔去逢迎新主子了。在她所居的仁寿宫,寂寞和凄凉从每块墙砖里渗出来。

她心里还忐忑一件事,新皇帝的母妃蒋氏马上要来了,她势将成为第二位皇太后,将来如何与她相处?与她母子能否相处得好?这都令她忧虑烦躁。

张太后经过弘治、正德两朝三十余年的尊显安逸,在后宫说一不二,人人都要仰仗她、巴结她,养成了她张扬跋扈的性格和喜欢受人奉迎的处世态度。现在,她必须学会与人相处了,这对她是陌生的。

朱厚熜派来的奉迎使一到安陆王府,蒋妃立即动身上京。到十月初抵达北京时,兴献王妃已经是"兴献后"了。在路上,她已知朝廷上下为了新皇帝"本生父母"的尊号问题,闹得相当不愉快,朝臣有分裂之势。还在七月间,有一名新科进士①张璁上言,提出"继统不继嗣"论,称皇上是以朱家子孙继承朱家皇位,而不是作为孝宗或武宗的后嗣继位,请皇上尊崇所生父母,立兴献王朱祐杬庙于京师。

朱厚熜还记得,他还没进京,以内阁为首的大臣们就想迫使他屈服,以皇太子的身份即位。以皇子继位,就是继人之嗣,具体说就是继孝宗、武宗这一房的嗣。后来礼部议兴献王的尊号,仍坚持原见,要他以孝宗为考(考是已故之父),而改称本生之父兴王为皇叔父,他们竟举着一本宋史,从中

---

① 这一科本是正德十四年录取,但因武宗南巡、驾崩,一直耽搁到朱厚熜即位才举行殿试。

检出宋朝大儒程颐对于宋英宗追封生父濮王的意见，试图借先朝贤人来说服皇上。朱厚熜想不通，他本是兴王这一房的，武宗无后，孝宗这一房已经绝了嗣，凭什么要我过继给已死的孝宗？亲爹成了叔父，不认识的伯父成了亲爹，是何道理！

朱厚熜理直气壮地认为：我是宪宗皇帝的堂堂之孙，按伦序就该我承继大统，名正言顺，合情合理，我明明继的是大明之正统，如何教我改换门庭，弃祖改宗，投到孝宗门下？想到这里，他不客气地把礼部的建议退了回去，但他也不知道该怎么解释，张璁的进言，正好帮他解决了这个理论问题。

杨廷和等阁部大臣却很讶异，一个新进进士，敢如此妄言？一查才知道，原来张璁已经四十多岁了，多年场屋不顺，半老才得一第。杨廷和立刻增加了对此人的嫌恶，认为他居心不良，欲借皇帝生父的地位与尊号问题，为自己升官的终南捷径。当朱厚熜把张璁之奏下廷臣讨论时，杨廷和马上倡率众臣，抗疏力争，把张璁痛斥为无耻小人。张璁得罪了阖朝重臣，若没有一个天翻地转，他是终身不得出头了。

朱厚熜顶着极大的压力，坚持要追封兴献王为帝，拒绝以孝宗为皇考，而除了几个地位较低的新进官员，几乎满朝文武都与他作对。

这少年咬着牙，暗暗落泪，急切地盼望母亲速来，好给他有力的支持。这个陌生的宫殿，让他备感孤独与无助。但他性格强毅，绝不轻易屈服，终于与朝臣达成妥协，追尊兴献王为兴献帝。然而群臣不知道，追尊兴献王为帝，只是皇上满盘计划的第一步。这一步走成功了，下面的将更加不可阻挡。接下来，他还要为父亲争取庙号，把父亲的神主请进太庙，与列代祖先同堂而立等等。

兴献王在阴间称帝后，他活着的王妃蒋氏也就成了"兴献后"，这可是朱厚熜以辞去帝位相威胁挣来的。朱厚熜的性格，更多的是遗传自他的母亲，蒋妃心气很高，不愿屈人之下，也很不容易满足。她虽然意外地"做"了皇后，本是一件大快事，可当她知道朝臣要逼他儿子认孝宗为考、"兴献后"的封号中缺少一个"皇"字时，还是满脸不高兴。她坚定地支持儿子："我的儿子,怎可为他人之子!咱娘俩该争取的,一定要争取到!"

作为兴献后,眼前就有一个便利——当她去见张太后时,就不再只是一个王妃,也具有"后"的身份了。蒋妃认为,她差不多可以与太后平起平坐了,她决心仰着脸去见这位前朝太后。

第四十五章　邵太妃的悲喜人生

在得到蒋妃进京的确信后,张太后为了见这位弟妹,还是花心思做了些准备,除了过问一下蒋妃新宫的装饰,她还特地让人把仁寿宫打扫了一番,摆上几盆花,挂上几匹彩幛。这些都不过是做个样儿,以示她用了心,但打心底里,她是瞧不上"暴发妇"蒋氏的。

她以先朝母后的地位自居,以为朱厚熜是托了她的大福,才有机会做皇帝,他们娘俩儿该对她千恩万谢,终身做牛马来报答才对。可惜,这只是张太后的一厢情愿。朱厚熜母子并不这么想,他们认为大位是祖宗传下来的,是天命相授,他们不需要感谢任何人。所以当蒋妃(蒋妃随即晋封兴国太后,此后称蒋后)由皇帝陪着,到仁寿宫来"拜访"时,两下各怀心思,虽然礼数周全,但一点都不亲热。偏偏张太后又不善于藏纳,一见交谈不欢,心中骄傲的本态就露出来,说起话来,未免拿腔拿调,俨然一副皇太后下临宫妃的态度。

初次见面,蒋后尚存几分畏缩,虽然大为不满,兀自强忍,只在心里冷笑:"你一个没有儿子的老巫婆,竟敢如此托大,你且瞧谁的风景长!"

从仁寿宫出来,蒋后母子又转到皇祖母邵太后宫中。邵太后是兴献帝的生母、宪宗的宸妃,从身份上来说,她是蒋后的婆婆、朱厚熜的祖母。世宗即位后,她与蒋后一起,被并尊为皇太后——所谓三宫并尊,其实是这两位太后,一上一下夹击着张太后。

蒋后见到这位从未谋面的婆婆,立刻想起故去而不能享此荣华的丈夫,不禁悲从中来,她拉着儿子,一齐投入邵太后的怀中,祖媳孙三人抱成一团，放声大哭——人家这才是一家人哩！

邵太后患有眼疾，已经失明了。欢喜之中，她抖抖索索地摩挲，把儿媳从头摸到脚，越摸越喜，越摸越笑，只会说一个“好”字。

邵太后身世坎坷，她是浙江昌化人，父亲因为家贫，把她卖给杭州的镇守浙江太监府。太监见此女知书，又颇有几分容色，就把她献进宫廷。她不单长得好看，还是个宜子之人，很快就为宪宗生下第四皇子朱祐杬，便是昔日之兴王、今日之兴献帝；之后又连生两位皇子：第五子岐王和第八子雍王。

邵氏生子有功，封为宸妃，颇得宪宗宠爱。怎见得邵宸妃受宪宗宠爱呢？当然宪宗没有留下“香艳笔记”为证。但可以从实录所记恩典中窥见一斑。我查了下《明宪宗实录》，有如下几次记载：

“成化十二年十二月甲申日，太监黄赐传奉圣旨，升锦衣卫正千户万通为指挥佥事，副千户万达、军人邵宗、王敏为正千户，俱世袭。”

其中万通、万达是万贵妃之弟，邵宗是邵宸妃之弟，王敏是顺妃之弟。邵宗此时的身份还只是个军人，一下子发达了，得到了世袭正千户的官职。明代中前期的军人，基本上都是军户，代代当兵吃饷，军职也是世代传袭的。从邵宗开始，邵家开始在锦衣卫世代挂职，邵家子孙，将来无须任何军功，一生下来就可继承千户一职，这份正五品的铁杆庄稼是吃定了。这都是拜邵妃所赐啊！

又：“（成化）十九年三月戊戌，太监怀恩传奉圣旨，赠故锦衣卫指挥佥事邵宗为指挥使，仍与三代诰命，升其子（邵）华为世袭指挥同知，舍人邵安、邵喜俱为锦衣卫百户。”

指挥使、指挥同知、指挥佥事，都是锦衣卫的堂上官，分别为正三品、从三品和正四品。宸妃的弟弟邵宗这年三月去世，他于成化十二年底升锦衣卫正千户，去世时已任指挥佥事。宪宗瞧在他姐的分儿上，又赠他锦衣卫指挥使的官职，并给他父、祖、曾祖三代，都更换为正三品京职诰命。邵宗之子邵华升指挥同知，世袭。从此，邵家的铁杆庄稼便由正五品升为从三品，收成大涨，年景越来越好。邵家的子弟邵安、邵喜，也得升为锦衣卫的百户。

又:“(成化)二十二年二月庚子,太监韦泰传奉圣旨:锦衣卫指挥同知邵华升指挥使,百户邵安、邵喜俱与世袭。”

不到三年,邵华又升作锦衣卫指挥使,邵安、邵喜虽然没有升官,但他们的百户被准予世袭,也换铁帽子了。

以上所录三条加恩,都由司礼监太监传旨,逼令兵部接受,而不是因当事人有军功,循阶升授的。这就是所谓“墨敕斜封”,它完全出自皇帝的私恩,应该说是不合法的。但皇帝管不了那么多,他爱女人,就把爱的一部分化作物质奖励赐给她的家族。从以上记载可知,邵宸妃至少从成化十二年就已得宠,这一年封为宸妃,不久又进封贵妃。宪宗对她的宠眷久而未衰,不断给她的家族子弟加官。

邵贵妃在宫中的地位看起来比跋扈声名在外的万贵妃还要稳固,因为她一连生了三个皇子,而万贵妃到底是没有子息,她在宫中就像没有根的浮萍,不管多么滋蔓,貌似覆盖了整个池塘,可明眼人都知道,一旦老皇帝去世,满池浮萍会轻易拔除。万贵妃应该也明白这点,从下面这个故事可见其端倪。

在孝宗朱祐樘被立为太子几年后,就有一段宪宗“钟爱兴王”的话传出来,说是万贵妃因为太子不吃她赐的饭,还说“有毒”,宫中又人言啧啧,称太子之母纪氏为贵妃所害,万贵妃很担心太子继位后报复。而她任用的一些私人,如太监梁芳、韦兴等,仗了贵妃的荫护,为非作歹,用些奇技淫巧、祷祠宫观及珠玉宝石之事来荧惑圣聪。日久府藏空虚,宫内原有内藏十窖,每窖积金若干万,皆是累朝积蓄,以备边方急用的,在天顺年间还较完整,此时已妄费几罄尽了。

一次,宪宗来看窖藏,指着空空如也的窖池对梁、韦等人说:“帑藏之空,皆尔二人为之。”韦兴惧不敢答,梁芳却大言道:“臣为陛下造齐天之福,何谓虚费?”于是把为皇上造三官庙、显灵宫之类的事业,捻指数了一遍:“这都是为陛下后世造福啊!”宪宗不快,起身道:“我不与尔等计较,自然有后人与你们计较。”

梁芳知道宪宗所指是东宫，回来寝食难安。有人替他出主意："不如谋于昭德宫（昭德为万贵妃所居宫，代指贵妃），劝皇上废了太子，改立兴王。这么做，可使昭德无子而有子，兴王无国而有国，可保富贵于无穷，岂直免祸哉！"

此计虽毒，不失为一条妙计。"昭德无子而有子，兴王无国而有国"，说的是万贵妃若能劝宪宗改立兴王，使本与皇位无缘的兴王朱祐杬意外得国，他必然心花怒放，拿贵妃当亲妈一样亲。梁芳大以为然，立刻说动万贵妃，游说宪宗，而宪宗居然答应了。

但易储比易后更难，宪宗先把司礼太监怀恩找来商量。怀太监资历很深，受人尊敬，"为中外所服"，就连宪宗也"雅重之"。这并非因为怀太监权势大，而是他道德高，凡事站理上，让无理之人，即便尊为皇帝，也不敢轻易去碰他。怀太监是以正立朝的，他常常说"我辈内臣坏朝廷之法"，故对属下约束极严。

易储之事，不和司礼监掌印太监怀恩商量是不成的，宪宗心知"此事只在怀恩"，但对能否取得怀恩的支持，并无把握。他就想了个别辙，把怀恩找来，谈话间轻轻漏了些口风，以试探怀恩的态度。怀恩多精明的一个人啊，立刻捕捉到皇帝的用意，当即免冠叩头，大义凛然道："奴婢死不敢从，宁陛下杀怀恩，不可使天下之人杀怀恩！"随即伏地大哭不起。

怀恩不是危言耸听，明代储君地位极重，更易储君，是天大的事，只有景帝一人干成过，那也是因为内廷换了主人，东宫跟着清场易主，多少在情理之中。而神宗万历年间，朱翊钧从未声言要废东宫，而举朝已展开东宫保卫战，掀起飓风般的政潮。所以人说洪武、永乐都有过易储的念头，未免言之太易，毕竟这两位明代最有权势的皇帝，都没有更易过储君。

宪宗见怀恩反应如此激烈，只好作罢。怀恩知道宪宗不会轻易打退堂鼓，从此闭门不出，不再到司礼监办事。宪宗也生他的气，便打发他到凤阳去守陵。

怀恩走后，司礼监由覃昌接印掌事。覃昌已得到怀恩的告诫，非常忧虑，他担心："以怀太监之力尚不能支，我又能做什么呢？"念及于此，茶饭不香。果然皇上派人来召他了，覃昌急得团团转，不知计将安出。有人出主意道："不如和内阁商议，也好分担一下责任。"覃昌如醍醐灌顶，恍然大悟，就对宪宗说，兹事体大，不可不和阁老们议。宪宗便命他去内阁商议，并赐阁臣每人金一箧，试图用金子封阁臣之口。当年景帝废掉他时，也用过利诱贿买臣下这一招。

内阁几位大学士，远不及怀恩敢于担当。覃昌先问首辅万安，万安做苦思状，不敢答话；再问次辅刘吉，刘吉转做一思苦状，亦是不答。覃昌自己亏心，也不便责人，回来如实报告。宪宗怒他含糊模棱，逼问他："你是如何想的？"覃昌竟是一句话都答不出，回来又羞又怕，几次要上吊寻死。

恰在这时，东方的泰山发生地震。像地震、泥石流、台风之类，在今日只是寻常的自然灾害，而在古代，却被视作"灾异"，被看作是政事得失的兆验。所以当地震发生后，古人不会去究问地壳板块运动的方向，只会从朝廷行事中去寻找原因和禳解的办法。泰山这一震，可算把太子朱祐樘和太监覃昌、阁臣万安等许多人都救了。因为内灵台奏报："泰山是东岳，地震应在东朝（东宫也称东朝），必东宫得喜，方能冲解。"宪宗问："东宫也应天象吗？"灵台官道："陛下即上帝，东朝即上帝之子，怎可谓无应？"这下好了，太子不止不必再担心地位不保，他老爸还要白送他一件大喜事。

宪宗想到，太子还没选妃，就命给东宫选妃，以应东朝之喜，易储的话从此不再提了。

那时，宪宗突然起心易储，一会儿找司礼监商量，一会儿下内阁议论，还有万贵妃一拨人在后面撺掇，宫内气氛一定相当紧张，许多人都在关注此事。我怀疑，泰山地震是真，而内灵台之奏，则出于人的授意。是何人授的意，搞不清楚。但通过此事可知，东宫的地位是由内外群臣护卫着的，坚如磐石，绝非轻易可以撼动。觊觎者还是趁早死心吧！

邵贵妃做了一场黄粱美梦，醒来时不得不接受残酷的现实：她的儿子们都将离她而去，从此天各一方，终身不能再见。

明朝的制度，亲王之国后，再不许回京省亲，各在封国之内，关起门来成一统，被地方官员严密监视着，仿佛一个尊贵的囚徒。这种做法是朱棣从自身造反经验出发总结出来的，历史上有些朝代也是这么做的，如曹魏将宗王各限制在封地内，命官员看管，禁止相互探望、随意活动。《三国志》有评语："骨肉之恩乖，《常棣》之义废。为法之弊，一至于此乎！"清朝康熙帝对明朝的亲藩政策也提出过批评，认为太不近情理，不是它所标榜的亲亲之义。康熙三十一年（1692 年）正月二十九日辰时，康熙在一次御乾清门听政时评说道：

"如明朝弘治年间，太后思念崇王，欲令朝见，好见一面，此亦情理之常。且崇王所封之地，初不甚远，而一时大臣及科道官员交章争执，以为不可，甚至说人民骚扰，国势动摇，实在是危言耸听。当时已有旨召崇王来京，竟因人言而止。书曰：'以亲九族，九族既睦。'如果藩王就封，必不可召见，则自古帝王所云睦族之道怎么说呢？"

不就是这个理儿么！

话说弘治七年九月，兴王朱祐杬已经长成，照例要去封国了。邵贵妃极为悲伤，竟然异想天开地找张皇后求情，想随兴王一起到他的封国去。自然没有成功。这不能怪张皇后不讲情面，因为亲王之母是先朝太妃，在明代从无随王之国的先例。她们在伦理上应该居住在旧宫，由嗣君奉养。孝宗是个性格拘谨、恪守礼法的人，而往往太过拘礼的人，会把法度规矩放在比人情更为优先的地位。古代社会，在人们的观念里，尤其在道学家的大作里，人情几乎等于人欲——人欲纵横，那还了得，是为大乱之源！如此这般一发挥，邵太妃哑口无言，只得把无尽的悲哀化作泪雨，在兴王离开皇宫的那一天，霖霖而下。

这才是个开头，第二年，老二岐王也之藩了。岐王的封国德安，原是封给兴王的，兴王徙封安陆后，改封给岐王。邵妃这次不再存有奢望，她只是喋喋不休地叮嘱儿子："德安府和你哥哥的封国安陆，都在湖广，天可怜见，母亲不在，你两兄弟要勤走动！"岐王只是呜咽，心知这是不可能的，因为朝廷法度，绝对禁止王府之间私相往来，亲王平时连出个城，都要提前请示，私自出城，会遭到"违制"的参论。岐王悲怆地想："母亲，莫说我们母子远隔万里,就是与兄长近在咫尺,也是永无相见之日哪!”

邵妃送走岐王,只守着一个老幺雍王度日。过了四年,这孩子也走了。从此至亲远隔天涯,梦牵魂绕,痛绝母怀,而永不能一见。而噩耗不断传来,先是岐王,到封地没几年就死了。雍王封地在湖广衡州(今湖南衡阳),数次来信,说南方卑湿,住不惯,新宫朽败渗漏,还经常有怪异之物出没,希望皇兄能够赐恩,把他改封到山东东平州去。孝宗不是不可通融之人,但亲王改封是大事,必须下廷臣计议。可廷臣议的结果,却认为重新择地再建王府,太劳民伤财,建议把雍王迁到四川叙州去。廷臣这么议,是就便,因为宪宗第十四子申王,原封叙州,王府都建好了,可还没来得及享用就死在北京,雍王可以去住申王的旧宫,朝廷省财又省费。孝宗想这是一就两便的事,就同意了。可雍王却不愿承人故物,他同样不喜欢四川的环境,况且地方太远,兴师动众,非常繁难。事情就拖下去,孰料铸成大错:正德二年,衡州忽然发生地震,王府倒塌,竟然把王爷给压死了。这给了邵妃沉重的打击,两个儿子先她而去,且都因为没有子嗣,封国也被除了。

她只能守望着千里之外的长子兴王,希望他能平平安安。

正德二年(1507年),也就是雍王死于地震那一年,安陆传来好消息:她有孙儿了!兴王时常来信,每次都要用很大篇幅说到孩子。这孩子的赐名是厚熜,在他五岁时,兴王亲自教他诗书。厚熜之熜,是个火旁,这是他性格的标志,而他本人却是极“聪”明的。尤其少年老成,不贪玩,好看书,还很知礼。古人的知礼,不是今天说的懂礼貌,而是说他懂得上下之份、进退之仪,凡事有矩有度。

兴王在信中自豪地提到:有几次,他让厚熜以世子的身份去代行祭祀、拜进表笺等礼,在那样隆重的场合,在众多官员面前,他毫无畏惧,照样能“进止凝重,周旋中礼,俨然有人君之度”。看官!这几句话我摘自《明世宗实录》,非兴王的原信,末一句“俨然有人君之度”,肯定是史官硬塞进去的,兴王不敢那么说,他更加不会想到,有朝一日朱厚熜将“俨然”有“人君”之福。

在想象中守望孙儿的成长,对于深宫中孤独寂寞的邵妃,是最大的安慰。然而不幸再次降临，正德十四年(1519 年)，兴王也死了。三个儿子，都先她而去，这对白头人是多么大的打击啊！邵妃经常哭，把眼睛都哭瞎了(书上说她“目有眚”，大概是患了老年人常得的白内障)。

人生的意外太多，邵妃绝未奢望，有一天她会亲手抚摸自己的孙儿。直到把孩子揽在怀里的那一刹那，她还疑那只是一个梦：这是她的孙儿吗？他是当今皇帝吗？！

朱厚熜即位的第二年，亦即嘉靖元年，他给皇祖母上尊号，称为寿安皇太后。同年十一月，邵氏就崩了。她不是以先朝贵妃的身份去世，所以死时得到“崩”这个字眼，她还实现了与宪宗皇帝合葬的至愿。当年的万贵妃在哪里朽烂发臭呢？万贵妃半生得意，与宪宗恩爱相守，却没有资格入葬茂陵、与最爱她的宪宗葬在一起。而邵氏凭了她的孙儿做皇帝，就以“孝惠康肃温仁懿顺协天祐圣皇太后”的尊号，伴随在宪宗之侧，还入祀奉慈殿。嘉靖十五年(1536 年)，“孝惠(邵)皇后”的神主正式迁入茂陵享殿。

邵氏生前只是个妃子，是皇帝的妾，死后终于扶正做了正室，没什么好遗憾的了。

只是宪宗有些倒霉，弘治时，茂陵地宫开了一回，送进孝宗的生母孝穆纪氏；正德十三年(1518 年)，又开一回，送进死去的正牌皇后王氏；到嘉靖时，又打开了，送进世宗的祖母孝惠邵氏。五十年间，陵寝泄了这三回气，宪宗的骨头欲不朽亦不能了。

第四十六章　皇帝坚定地为母后站台助威

世宗朱厚熜即位的前十数年，围绕礼仪问题，与朝臣展开了激烈的拉锯战。朱厚熜是个好礼的人，他的脑瓜里经常会蹦出个古怪点子，来试行某项古代典礼。中国是个农耕社会，老公种地耕作，老婆养蚕织布，是农村的理想图景。皇帝是农夫的总头子，过去说是“最大的地主”，他有劝农的义务，所以过去有“天子亲耕南郊，皇后亲蚕北郊”的古礼。

朱厚熜决心恢复并亲自试验“耕籍礼”。他带领三公重臣，来到西苑事先开好的一块田地里，耒耜等农具已经备好，大臣们在两旁扶住，然后请龙下田（我不禁想到降龙十八掌的第三势“见龙在田”）。皇帝挽起裤腿，走到烂泥污里，扶着农具，“三推三反”，就是向前推三下，再往后退三步，就可以洗脚上岸了。一班重臣在旁敬观，立于班首的，是张太后之弟，现已封为太师、昌国公的皇亲张鹤龄。

世宗入继大统，虽然是内阁杨廷和等人动的议，但拍板人是张太后，并且以太后懿旨的形式宣布，张太后还派弟弟张鹤龄亲赴湖广迎接新帝，让他沾上迎立之功。世宗当然得在礼貌上有所表示，即位后称张太后为“圣母”，上尊号曰“昭圣慈寿”，比原来的“慈寿”增了两个字。皇亲寿宁侯张鹤龄以“定策”并迎立功，进官太师（太师是三公之首，正一品，为虚衔），加禄米三百石，其弟建昌侯张延龄加太傅（太傅也是三公之一，次于太师，亦为正一品）及禄米一百石。相比之下，武宗的外戚庆阳伯夏臣（武宗夏皇后之兄）仅仅加散官一阶而已。不久，又晋封寿宁侯为昌国公，恩泽仍然要高过庆阳伯，夏臣只是加太子太保、晋都督同知（正二品武职）。

张鹤龄得到的恩泽太盛，吏部尚书乔宇有意见了，他说：“累朝皇太后的戚属没有生前封公爵的，唯独张太后之父寿宁侯张峦死后，得赠昌国公。今以父之赠爵移封其子，非制也。”

其实这次晋封皇亲，朱厚熜也没亏待他的外家（其母蒋氏及其妻陈皇后的娘家），他大封无功无德的张氏兄弟，或许只是为他自己行私特造的一块挡箭牌，好把朝臣的议论都吸引过去。乔宇的批评，说明他的诡计生效了。

昌国公是张鹤龄父亲张峦的追封之爵，世宗以死人的爵位授予活人，并不吉利。它就像一声不祥的乌啼，兆示着张氏家族悲惨命运的开始，这是后话。而在试行耕藉礼，由君臣共同出演的这场重农大戏中，张鹤龄很高兴能以太师、国公的身份排在文武大臣的最前列。待他下田时，生龙活虎，一步跃入。三公官当五推，前五下后五下，他推得特别来劲儿。然后是尚书、九卿，皆九推。大臣们推完，一帮“泥腿子”重新排班，鹤龄、延龄兄弟,一个太师、国公,一个太傅、侯,直挺挺立于班首,而大学士张璁(他靠议礼发达,只数年就已入阁)、翟銮及六部尚书反居其下,一齐跪拜,欢呼礼成。

行完耕耤礼,世宗又试验"亲蚕"礼,让皇后带着一群妃嫔、公主及公侯、九卿命妇,花枝招展,招摇过市,到南郊新建的先蚕坛行亲蚕礼。

这样一番表演,满足的是世宗"敬天"祈福的心理,折腾的是文武大臣的腰腿,而与农功之兴毫无干系。

张皇亲官做得高,却没甚正经事好做,他们很乐于参加这类活动,站在群臣之上,令他们有一人之下万人之上的快感。这两个蠢材哪里晓得,一团重重的乌云从天际飘来,已覆在他们的头上。

这团云层,是从深密的皇宫里飘出来的。

话说自世宗朱厚熜继位以来,在礼貌上还看不出他母子与张太后之间的龃龉不和。到嘉靖三年(1524 年),张太后的尊号已从"圣母"皇太后,加到"昭圣慈寿"皇太后和"昭圣康惠慈寿"皇太后,尊号已有六个字。但帽子戴得高,未必代表送帽的人真心恭敬,所以观察张太后的处境,不能单看她头上的帽子。

那看什么呢?看她在皇室家族中的身份。她原是皇帝的亲母,儿子死了,侄子来了,她本意是侄子以皇子的身份继位,那么她还是皇帝的嫡母。没想到,侄子不同意,非说"继统不继嗣",一力推尊他的本生父母。他的父亲,由兴献王到兴献帝,直到追封为睿宗皇帝,灵牌在宗庙中的位次,居然超过武宗,排在孝宗之后。他的母亲,原来的兴王妃,也拾级而上,由兴献后、兴国太后、本生章圣皇太后、圣母章圣皇太后,尊号由二字、四字,直加到"章圣慈仁康静贞寿皇太后",一共八个字。与之相对,张太后被称为"皇伯母",就皇朝世系而言,伯母听起来就像个外人。到嘉靖十五年,她被尊为"昭圣恭安康惠慈寿皇太后",也是八个字,对她而言,这不是两宫并尊,还是被后来者撵上了。

张太后的后半生,甚是凄苦,她一生际遇,恰与邵太后相反。邵太后是先苦后甜，她则是先甜后苦。正好印证了，人生就是一串葡萄，有甜而大，有小而酸。如果我们能选，还是愿意年轻时多吃几颗烂葡萄，到了晚景、要归天时，珠圆玉润，粒粒饱满，才得香甜的美味。可是，人生遭际，顺逆沉浮，又岂是人力所能主导的！

张太后最大的不幸，是武宗无后，世宗母子鹊巢鸠占，她这位皇伯母成了多余的老厌物。她在宫中渐成空拳，全无倚仗，空悬一至尊的名分。假如蒋太后心存厚道，善守本分，两宫还能和平相处。哪知蒋太后也是个器小而要强之人，她对朝臣当初强迫她儿子认孝宗为皇考，而把她夫妻称为皇叔父、皇叔母，始终芥蒂在心。她认为，张太后同意她儿子来做皇帝，动机不良，故意设定让她儿子过继的条件，只是她母子坚强，才没受人欺辱。

她最不平的，是两宫的排序，张老太婆总压她一头。好比嘉靖元年，世宗大婚，当时有三宫太后，其中张太后名分最正，邵太后虽然高出一辈，但毕竟只是前朝妾侍，张太后才是主持六宫之人，与蒋太后比起来，张太后曾是国母，蒋太后不过一王妃，过去她们还是君臣的名分。朝议的结果，决定由昭圣张太后发出大婚的懿旨。蒋太后坚决不同意。可是她刚晋封为“兴国太后”，尊号里缺少一个至关重要的“皇”字，哪有资格下懿旨？她知道难以服众，就极力主张以寿安邵太后的名义来发布懿旨。朱厚熜同意了，可传旨到内阁，遭到首辅大学士杨廷和的反对，他说：自先帝上宾以来，凡内宫出旨，都是以张太后名义颁发懿旨，天下皆知之，怎么能突然改变呢？结果还是张太后下的旨。蒋太后觉得自己输了，很不服气，加深了对张太后的仇恨。

她母子虽然做了暂时的退让，但心怀不平，疙瘩越结越深，两宫的矛盾也就不可解了。

到嘉靖三年，蒋太后的尊号已加到“本生章圣皇太后”。本生是亲生之意，在她眼里就是脱了裤子打屁，多此一举：我是皇帝的生身之母，天下共知，何必要在尊号里标注出来？朱厚熜也不愿意，不过蒋妃被尊为皇太后，已与朝议不合，多数廷臣都不同意，而在尊号里加进“本生”二字，还是他与朝臣妥协的结果。这在他们母子看来，就是彻头彻尾的羞辱。

在外朝，朱厚熜用贬斥和廷杖不断削除廷臣的抵抗意志；在内廷，他把怒火全撒向了宁寿宫。

这年蒋太后过生日，朱厚熜下敕，命朝官命妇全部入宫朝贺，一场寿宴做得热热闹闹，命妇们比往常得到翻倍的赏赐。没过多久，张太后也过生日，朱厚熜却无缘无故地下令免贺。

皇上如此厚此薄彼，岂能安张太后之心？翰林院修撰状元舒芬首先上疏为张太后鸣不平，遭到夺俸的处罚。御史朱淛等部属林惟聪等，先后进言，也都受到处罚。

朱厚熜母子就是要用精神刺激来报复张太后。

这年秋天，朱厚熜接受已经入阁的张璁的建议，尊蒋后为“圣母章圣皇太后”，去掉了“本生”二字，她与张后的“圣母昭圣皇太后”只有一字之别了。以后，凡朝廷行事，就只见章圣，没昭圣什么事了。嘉靖九年，朱厚熜命儒臣采历代女德故事，编了一本《女训》，以蒋太后的名义颁布天下——他这是学的太祖马皇后的例。嘉靖十五年，他亲奉蒋太后拜谒天寿山陵寝，又仿照英宗初年太皇太后张氏的旧例，特命大臣在行殿进贺。套用一句老话说：天下只知有蒋太后，而不知有张太后了。

一切风头都被蒋太后夺去，张太后只有吃闷屁的份儿了。蒋太后唯感不足的，就是她的徽称只有“康静贞寿”四个字，较张氏仍为逊色。

今天我们看来，尊号徽称多几字少几字有甚区别？饭照吃，觉照睡。其实不然。譬如经常听到某个重要人物去世，他的讣告，乍听起来千篇一律，但细细听去就会发觉里面遣词造句大有文章。那字词的不同，就是身份差别的象征。只是社会进步到今天，还要学古人做那样可笑而无谓的文字游戏，实在可笑。

搞懂了这点就知道了，并非朱厚熜吝啬，舍不得多送几个字给他生母。要依他的心意，他完全可以送一本康熙字典给他妈。但明朝人受礼法浸灌太久，非常重视那神秘高妙的礼制，朱厚熜每一次出招，都遭到他们的强烈抵抗，甚至数百名大小官员，齐跪在宫门之外，擂着朱漆大门，高呼太祖、太宗，要求皇帝收回成命。这个世宗皇帝却是讲礼而不讲理的，他发起狠来，就命锦衣卫施行廷杖。在威严的朝堂上，把臣子扒了裤子打屁股，屎尿与血肉横飞，不知此乃何种礼仪也？

朱厚熜一心把他父母抬得高高的，臣子们却要求他行事合乎伦理。礼这东西其实是讲不清楚的，就像一面鼓，敲得咚咚响，着实好听，可鼓皮却是鲜血淋漓着从牛身上扒下来的。若教孟子听到牛死前的哀号，不知又将如何劝谏呢！

嘉靖初年的大礼之争，表面来看，是烦琐的礼文的纠缠，但把这些拨开，下面其实尽是些欲望、势利和对权势的争夺等一些肮脏的东西。

贵为天子的朱厚熜，为他刁钻跋扈的母后站台助威，自然不会停留在礼数的低昂上，他报复之毒可多咧！他随即把打击的重点对准了张太后的娘家。

第四十七章　张皇亲的大难到了

嘉靖十二年（1533 年），张皇亲的大难到了。这一家人其实并不值得同情，他们的倾覆，很大程度上属于咎由自取、自食其果。

张家两兄弟中，建昌侯张延龄比他哥哥昌国公张鹤龄更加放诞不拘。他在外面放羔羊债，有一个叫司聪的指挥专门替他收款放钱。由于经营不善，司聪倒欠了张延龄五百两银子，无法归还。放高利贷的如何逼人还钱，我在电影里多有领教。张皇亲是京城豪门势家，他家讨债的手段，肯定不止泼油漆、淋粪那几招。反正欠他们家利滚利的钱，一定吃不了兜着走，不是好玩的，否则不至于连他家打手“司指挥”都要狗急跳墙了。

司聪百般无奈之下，竟让他想出一个一箭双雕之计。他找到前文提到的天文生董昶的儿子董至。董昶曾在张家做幕宾，帮张延龄办理过文案。大概此人已经亡故，由董至子承父业，还在张家帮闲。司聪来向董至讨教的，是请他代笔上疏的事。

“皇上与太后不睦，要捉张家的不是，不是一日二日了。”司聪道，“当年曹祖状告张延龄图谋不轨,最后不了了之。不如我们翻起这个旧案,去出首[①]他,张家一定恐惧,到时不止把欠钱免了,还可讹他一大笔。”

司聪能想出这条奸计,可见皇帝与太后不和已不是宫闱秘闻。满街的奸徒恶棍,已嗅到其中的腥味,大起快感,不惜杀人以取富贵。司聪不是第一个,也不是最后一个。

董至听了司聪的话,暗暗吃惊,面上却不显露出来,答应帮忙代拟奏稿,送走司聪,即铺开稿纸,将昔日曹祖所告之事以及张延龄近来的过恶写了十数款,誊清了,命人送到司家。他却将原稿放在夹包里,一径走到张府来了。

他装作很急的样子,声称有塌天密事相告,先吓唬主家一下。果然,张延龄读过奏稿,当时脸色就绿了。董至遂把司聪混账、狗奴才的大骂一通,然后说道:“此疏一上,张公危矣,学生特来相告。”这个卖友求荣的家伙,倒装得跟忠臣义士似的。

张延龄感激涕零,一边捧出重金相赠,一边派人到司家,封门搜查,果然把那份没来得及呈进的奏疏搜了出来。张延龄气急败坏,把司聪抓到府里,痛责数百棍,又关进一间空房里,继续折磨,最后将其杀死。

张皇亲也没把杀人当多大回事,他把司聪的儿子司昇叫来,将他家欠账的单据还给他,又赏了几个钱,叫司昇把他老子的尸首领回去,自己烧化埋葬,等于拿银子买他父亲一条命。这才真叫“恶人自有恶人磨”,司聪钱没骗到,枉丢了小命。

司昇畏于张家的势力,噤不敢言,但他知道其父是被董至所卖,就天天找上门去痛骂。一来二去,董至也怕了,他怕张延龄知道司聪的奏本是他拟的稿,干脆一不做二不休,把劾疏原稿拿出来,将张延龄害死司聪之事加进去,重新做成一本,参了上去。

正如司聪预料的,朱厚熜一见奏本,立即下令逮捕建昌侯张延龄,下刑部狱究治。

---

① 出首,告发意。

董至是个狡诈歹毒之徒，他在奏本里，虚虚实实，写了许多，如张延龄违制私买没官宅第，所造园池僭侈逾制，杀人的事也不只一桩：他家一个婢女偷拿府里的钱，去施舍僧人，被张延龄知道了，将僧与婢一起捉来打死，然后焚尸灭迹。董至还不忘添进一笔——张延龄图谋不轨！他知道这一条，才是这篇大文章的要义。

张延龄这些年作恶不少，斑斑劣迹，很快就查清了，只是曹祖所告“谋不轨”这条罪名，“岁远无左验”，找不到人证物证，刑部只认定了违制和杀人两事。在回奏时，刑部尚书聂贤还指出，张延龄属于“应议亲臣”，照例应予宽减。

朱厚熜见疏大怒，这根本不是他想要的，斥责道：“谋逆之事，只当论谋与不谋，岂可论成与不成？”指责尚书聂贤等官“徇私党比，义同欺罔”，令其戴罪，会同法司及锦衣卫镇抚司从公究诘。朱厚熜还说，当年曹祖在狱中服毒身亡，必有主使容纵之人，应该一并追论。

聂贤知道“从公究诘”是难以过关了，遂施用严刑，重新审过，再具狱词说：司聪不是受棒疮而死，他是被张府家奴甘元、张辅、马景等人绞死的（这就是故意谋杀了）。曹祖与其子曹鼎，造为妖言，与马景等人私相传授，谋为不轨。张延龄逆谋虽然没有佐证，但他僭侈多端，凶残成性，罪应论死。

显然，新的狱词，已在“圣意”的指引下，在正确的轨道上前进了许多。虽然还是没有证据将张延龄逆谋做成铁案，但他的僭越凶残，已足以致其死地了。也就是说，在没有新证据的情况下，法司再审时，判了张延龄死罪。

张延龄的哥哥昌国公张鹤龄也被牵连进来，称他与延龄“居第相连，坐视不谏，责亦难辞”。张鹤龄的罪状就有点莫须有的意思了，仅仅居所相近，就要为人分责吗？这显然也是出于朱厚熜的授意。他要让两兄弟一起完蛋。

正德时曹祖案的原问、承行等官也以“迂延疏慢”，遭到追究问责，包括前任刑部尚书张子麟、侍郎张纶和杨茂元、郎中祝浚以及主事王言、陈能、曹春等人。他们有的已经致仕（退休），有的在外地做官，还有在家养病的，纷纷由各地巡按御史逮上京来，下法司鞫讯。

张延龄下狱论死，可惊坏了他姐姐张太后。然而张太后在后宫的处境也不好，她想营救弟弟，却"窘迫无所出"，不知该如何向皇帝开口。恰好这时朱厚熜的长子出生了（此子仅两月即殇，谥为哀冲太子），正好借喜庆之机，请皇帝高抬贵手，饶延龄一命。张太后就派本宫太监向皇上请示，说皇伯母要亲自来"为喜"。朱厚熜后来对大学士张璁承认，他立刻明白，皇伯母贺喜是假，本意还是替张延龄求情。他不客气，命太监回奏太后，称侄儿正为秋天开讲、祭奠先师诸事繁忙，不暇接待，不敢有劳"慈降"，请你"免降"吧！

"慈"这个字一般用来指女性长辈，"降"即光降、光临之意。朱厚熜自称侄，称张太后之来为慈降，用语客气，其意态却是冷冰冰的。

不移刻，焦急的太后又派人来说，表示明天一定要来。朱厚熜依然差人回话，说再奉慈爱，宜当承顺，但是人家生子，这是常事，岂敢上烦慈躬亲降？如有所教，请命人传来即可。仍是不见。朱厚熜即位这么多年，又是求神又是拜佛，好容易生下贵子，怎么会是"常事"？反正就是不见，让太后急得跳脚，硬是没辙。

张太后屡屡被皇帝羞辱，她心高气傲的性子，哪里受得了！可为了保住弟弟的性命，又别无他法，只好硬着头皮，再去求皇帝开恩。这回她差太监带着庆生的礼物到乾清宫，干脆把话挑明了，说："皇帝大喜事，张延龄事须将就。"一定要皇帝给个说法。

然而，张太后三番五次来纠缠，令朱厚熜在享受戏耍的快乐之后，开始转怒了。他想起内阁至今还未就张延龄的处分意见回奏，于是不理会太后，传谕内阁，催促尽快拟票。

他说："汉、唐、宋以来，篡位杀君者亦非一贼矣。"接下来又说："兹延龄也，既为朕皇伯考（孝宗）懿亲，祗宜守分，乃包藏祸心，谋为不轨，是何道也！"

篡位杀君和谋不轨，是他亲自为张案定下的基调。

皇亲建昌侯的案子令朝野震惊，成为当时的头条新闻，人人都在议论这件事。但没有人相信，张延龄这个“守财虏”真会有谋逆的实迹，皇帝加重其罪，必置他于死地，不过是打击张太后的附带伤害。但奇怪的是，没有一个人上疏为张延龄鸣不平。不管张延龄为人如何，他毕竟是先帝孝宗的皇后、今朝昭圣皇太后、皇伯母的亲弟弟呀！

因为在“大礼议”中极力支持皇帝，张璁（为避帝讳，他改名为张孚敬）深获倚重，此时已坐直升机入阁，被任命为大学士。他嗅出了其中的微妙气息。面对皇帝的严厉指责（朱厚熜在传谕中，顺带指责“执法大臣”议罪迟缓，是“贪赃背义”，含有警告阁臣之意），他仍然坚请皇上看在孝宗和皇太后的分儿上，宽处张延龄。

朱厚熜亲笔做出答复，在手敕中一本正经地说：“天下者，是高皇帝的天下。孝宗皇帝所守，也是高皇帝之法。爱卿担心张延龄下狱，会伤皇伯母的心，难道不担心我法外容情，会伤高、孝二庙的心吗？”

张璁见泛泛之言无效，只好说出上疏劝谏的本意，他说，为称张太后为伯母的事，朝臣都归过于陛下，至今愤愤之心犹然未已。然而近者为张延龄之事，大小臣工竟然都默无一言。皇上你可想过，这是何意？他们就是盼着太后不得令终，好重陛下之过呢！张延龄若死了，太后悲伤过度，若有不讳，人们要说，是皇上逼死了太后皇伯母。朝臣都等着看皇上好戏呢！

张璁接着说：“谋逆是不赦的大罪，狱成当受族诛之刑。张太后难道不姓张吗？若张延龄因谋逆族诛，陛下将如何处置张太后？”

张璁果然不简单，把形势分析得相当透彻，使皇上不得不接受。朱厚熜思量再三，宣布：“延龄罪在十恶，其迹甚明，宜从重典。只是告变人曹祖已亡，无人质证，今但以多杀无辜、僭肆不法之罪，按祖宗法诛之。”张家所僭造的台榭山园及强买的没官房产，令刑部查奏处分。

张延龄还是得死，只不过谋逆大罪被取消了。明朝制度，犯人判了死刑，并不立即执行，还要经过刑科、大理寺等法司衙门的“复谳”和朝廷的“恤刑”、皇帝朱笔批本等一系列的复核程序，常常就有机会不死了。张延龄稍延数月之命，到冬天“虑囚”[1]时，朱厚熜又动了杀他的念头，还是因为张璁的劝阻而罢手。张璁主张以不杀为上策，尽管朱厚熜也明白这个道理，但张氏兄弟是他眼中之钉，不除之怎快其意？

至于其他涉案人员，张鹤龄以“同恶相济”，被革去昌国公爵位，降为南京锦衣卫指挥同知，带俸闲住。张府奴众，马景以“传用妖言罪”处死，甘元等十人免死，发边卫充军。百户刘经革职。这位刘百户要说一下。实录所记的百户刘经，可能是胡经之误。因为实录前文在记董至造疏告发张延龄时，说他与百户胡经及校尉阮彪有隙，故意将这两人写进劾疏里，是典型的公报私仇。这位刘经，或胡经，很可能是无辜受累的。像这样的钦定大案中，无辜的人其实是很多的。

在审理官员中，刑部尚书聂贤以“不奉公秉法，故徇偏私”，夺俸一年。该部司官下锦衣卫拷讯。

曹祖案原问官，原尚书张子麟及原主事王言、陈能、曹春等被逮捕鞫问后，坚称曹祖是畏张延龄威势，自己服毒而亡，并无其他情节。乃以张子麟“率属不言”，王言等“不先觉察”，各处以赎杖[2]，各官仍致仕、养病和闲住。这是法司的处理意见，但朱厚熜在朱批时，将这些人一体革职为民。这是非常严厉的处罚了。

第四十八章　食腐者的盛宴

张延龄在狱中上疏自辩，朱厚熜见到他的辩章，不由得大怒，说他罪重，通政司不该封进他的本章，为此夺通政使俸半年，左、右通政参议各三月。

---

① 又称录囚，是由司礼监会同三法司，在南北二京重新核实犯人的罪与罚，常存宽恤之意。

② 即判杖刑，但可缴纳罚金代刑，故称赎杖。

此足见皇帝对张太后仇恨之深了，就像对乌鸦，听它一声叫都忍不住发作。

在《明世宗实录》中，史官记录了张案判决当夜的气象，谓——

“是夜流星如盏，火赤色，光明照地……四更至五更，四方大小流星纵横交行，不计其数，至晓乃息。”

简言之，就是当晚流星乱飞。这实际上是史官对嘉靖皇帝的软弱反抗，因为这个案子的主要打击对象是张延龄，间接打击目标是张太后，然后朱厚熜亦借此案，打击了长期以来对他阳奉阴违、采取不合作态度的官员，他无端地重处前后理案的刑部官员，其实是在杀鸡儆猴，做给满朝官员看的。史官借记录天空的乱象，弱弱地表达了对皇帝的不满。

张延龄被判了死刑，一直没有执行，监在刑部大狱中。张皇亲家到此可算栽了。然而，树欲静而风不止，这远非风暴的结束，地狱之魔手托骷髅，正一步步地从暗夜中走来。

昔日恣肆的皇亲今日已变死猪，腐败的臭味吸引来大量的嗜血者。张延龄谋逆案的第二年，又有两个家伙，一个叫班期，一个叫于云鹤，出首告讦张氏兄弟“挟左道祝咒”。可叹小人作恶，真是无所不用其极，这两个坏蛋不单揭发延龄、鹤龄兄弟，他们竟连张太后也一并裹在案中举报——大概在他们眼里，太后老娘娘也成死尸了吧。

兀鹫、鬣狗、苍蝇、乌鸦，小人们，开宴了，一起来饕餮、欢呼吧！

小民举报当朝皇太后诅咒当今皇帝，不仅为明代之绝无仅有，就是我们五千年的“吃人史”上也是极为少见之事。可见朱厚熜不顾大体，笃行恶事，在社会上造成多么恶劣的影响。像这样的举报，涉及宫闱，小人如此狂悖，其渐不可长。如果朱厚熜是个明君，这样的举报信他根本就不应该开拆，即付之于火，以示不信，并绝来者。

然而，他没有这么做，相反还当成可信的材料，下旨彻查。可见，此人一生以“至察”自诩，以为什么都逃不过他的眼睛，却常常是目不见睫，自作聪明。像我们这节讲的故事，那些奸人，为了骗取富贵，或为了减轻罪责，纷纷拿他和张太后的不和来下药，而他是嗑药即兴奋，屡屡被人利用，当枪使，却恍然不觉。

当他接到班期、于云鹤的举报材料，立即下令，将在南京闲住的张鹤龄拿到北京来，与张延龄一起严讯究问。经查明，二人所告完全是捕风捉影，他们不过听到些宫闱秘闻，突发奇想，以为帮皇帝推倒一堵破墙，可赚得一些赏钱。

朱厚熜知道真相后，不知是羞多一些，还是怒多一些，反正班、于二人以诬告充军，但朱厚熜不会为张鹤龄平反昭雪，仍将他在狱中监着——他落到皇帝的锅里，就是一只死鸭子，插翅难飞了。

又过了两年，一个叫刘东山的，不知因什么矛盾，把他父亲给射死了，被判充军，也在刑部大狱里押着，按今天的话讲，他和鹤龄、延龄兄弟成了狱友。忽有一天，刘东山在狱中上书，检举张氏兄弟"毒魇咒诅"。

张家哥儿俩过去吃官司，被告"挟左道谋逆"，如今这两兄弟是把牢底坐穿的节奏了，再遭人告，就不说他们谋逆，改称"巫蛊诅咒"了。这是张家兄弟过去和一帮术士鬼混的下场。而奸人下口，也是瞅准了地方的。他们知道朱厚熜一心祷祠斋醮，是个鬼迷心窍的人，他最怕人诅咒了。所以奸人之告，一告一个准。这回刘东山冲朱厚熜的心窝一指头挠过去，朱厚熜马上亢奋起来，下令将张氏兄弟由刑部大狱移送到锦衣卫狱，也便是诏狱，严刑拷问。

看官，若说张家兄弟吃了朱厚熜的大亏，心中"挨千刀、挨万刀"地不停咒骂，绝对是有的，但若说他们真扎个稻草人，天天拿针戳着过干瘾，还给狱友东山兄看见，我是打死也不信的。刘东山是个弑父之人，有何忠君爱国之心，他的举报，不过是为"悦上意而脱己罪"。还不止于此，刘东山开了张大单，所告者除了张老大和张老二，还包括御史陈让和遂安伯陈鏸等数十人。

陈让是什么人？原来刘东山射杀其父后，一度逃亡，直到被陈让拿获。他最恨的，就是这位陈御史。所以这次举报"大逆"，干脆连陈御史一并捎带进去。

再查遂安伯陈鏸，曾赴安陆迎接过嗣皇帝，有奉迎之功，为此加太子太保，进少保，“委寄亚武定侯郭勋”——陈鏸与郭勋，是朱厚熜御前的双璧红人儿。不知为什么刘东山把他也扯进来，难道平生也有深仇大恨？如是，则此时不报，何时再报？

还有一个叫刘琦的，与刘东山同时举报，他告发张延龄偷盗宫禁财物。

张老二下狱好几年了，要追究他盗窃宫中财物，必然往回追溯，且必然追究到太后老娘娘——偷东西不要人里应外合吗？这便是要迂回地把天下共知的老厌物张太后扯进来。可叹，堂堂太后，竟被人当扒手来害！

以上两案一发，牵连进案子的达到上百人，看看又将成轰动一时的大案。

但刘东山告了一个不该告的人，御史陈让在狱中上疏，他不为自己辩，只说刘东山的险恶用心。他说：

“东山扇结奸党，图危宫禁。陛下有帝尧既睦之德，而东山敢为陛下言汉武巫蛊之祸。陛下有帝爵底豫之孝，而东山敢导陛下以暴秦迁母之谋。离间骨肉，背逆不道，义不可赦。”

陈让在此引了两个典故，一个是汉武帝末年与太子反目的巫蛊之乱，一个是秦始皇车裂其母赵姬的情夫嫪毐、将母亲迁到雍地监禁起来的故事，分别借指刘东山等诬称张皇亲巫蛊诅咒，以及世宗与张太后母子交恶。陈让是个聪明人，他在这份疏稿里，指奸贼刘东山肺肠如画，说他“离间骨肉，背逆不道”，而一点不说本朝巫蛊与迁母的事实，以免触怒皇帝。

也许是经过多次奸民诬告后，朱厚熜也腻烦了，所以这一次“帝颇悟”，没有像以往，炮仗一个，一点就燃。而负责审理此案的锦衣卫掌卫指挥王佐，不是个一味媚上的糊涂官，他没有轻信告词，并且很快查明二刘所告均属诬陷。

朱厚熜决定不再容忍这些棍徒了，他下令以诬罔之罪反坐之。刘东山与刘琦的下场比其前辈班、于二人还惨，他们被套上重枷，枷在长安门外，烈日之下，动弹不得，不到十天，就一命呜呼了。陈让、陈鏸等人则得到赦免，只是张氏兄弟仍然“长系如故”。

此时张太后已是泥菩萨过江，自身难保，她明知去求朱厚熜，是不会管用的，但她也只好知其不可而为之，她采取苦谏的方式，穿上一身破衣，每天席地而睡，希望朱厚熜能够怜惜一个老太婆的晚景苦情，饶了她两个弟弟的性命。可是她这么做，除了满足朱厚熜报复的快感，并不会让他生出丝毫的怜悯。

嘉靖十六年（1537 年）冬十一月，张鹤龄在狱中瘐死。张太后终于不幸地看到弟弟的死。朱厚熜得意得很，他在与弱者的较量中又胜一局。在十余年的时间里，朱厚熜母子用尽方法，使张太后痛不欲生。可是，郁闷却不足致人死命，而太得意的人，却可能命不长久。张太后虽然后半生极度不幸，却活得很长。而大获全胜、幸灾乐祸的章圣太后蒋氏，却在嘉靖十七年十二月，也就是张皇亲案结案的第二年死了，她被谥为“献皇后”——尽管她没当过一天皇后。

之后，张太后又活了三年，在嘉靖二十年（1541 年）八月撒手人寰，她身后得到一个长长的名字：孝康靖肃庄慈哲懿翊天赞圣敬皇后。孝宗是敬皇帝，所以她被称为敬皇后。她被葬于泰陵，经过多年的精神折磨，她终于可以安心，与最爱她的丈夫团聚了。

五年后，她唯一活着的弟弟张延龄被斩于西市。

第七卷
最后的皇亲

第四十九章　陈、王两家争认皇亲

前文讲到，在孝宗初年，一时西南群奸并起，都来争认孝宗之母纪太后的族人。这是争当皇亲这出好戏的第一幕。孝宗末年和正德初年，郑旺争“国母”案，算是这出戏的第二个高潮。接下来将上演第三幕，故事主线是陈槐、王昇两家争认熹宗天启皇帝的母族。

熹宗朱由校，是光宗朱常洛长子，神宗长孙，生于万历三十三年（1605年）十一月十四日，次年二月初三日，以长孙百日，诏告天下，定名朱由校。朱由校之母王氏，是光宗在东宫时的宫人，因生皇子，进封为才人。

在争当皇亲的三大高潮中，以陈、王两家争认王才人之亲，历时最久。官史的记载，最早见于万历三十七年（1609年）十一月。事情的起因是一个因贪污充军的犯人王延祐从戍所逃归，投在内官监太监陈永寿门下，充任内官监司房（相当于师爷，帮办些文案之类的事情）。此事为御史刘国缙所侦知，遂借此上疏极论陈永寿及其兄锦衣卫百户陈邦彦淫恶杀人等事。

陈永寿在万历末年主持多项大型土木工程，他通同其兄作弊，冒滥官钱，不断遭到言路的弹劾。这一次刘国缙的弹疏，因为牵涉到东宫和皇长孙，尤其令朝野瞩目。

刘国缙说：房山县民陈槐生有一女，选为东宫才人，诞育皇长孙。才人出身低贱，不知所出，生了儿子后，母以子贵，希望找到娘家人，好光耀门楣。于是吩咐一个叫马昇的太监，"红牌找觅"。马昇既奉"红牌"寻亲，想必亦是受皇太子朱常洛之托吧。可是，陈永寿竟敢把红牌夺过来，让他的族人陈表冒充皇亲。以上见《明神宗实录》。

争认皇亲，属非常之事，自陈永寿开了头，以后十数年，遂扰攘不绝，官司一直打到熹宗初年。《明熹宗实录》补充了一点信息，说："陈槐争认皇亲，事出异常。因已故内官监署印太监陈永寿用贿买求李钺女，希图冒认，至今纷扰未息。"李钺女，从名字判断，应是一名宫人，可能侍奉过王才人的，或有什么瓜蒂，知道点内情，陈永寿便向她行贿，请她出来作伪证，证明陈表是才子之亲。

刘国缙指出，冒认才人之亲，出自陈氏兄弟与司房王延祐共谋，请求将他们下狱，穷治其罪。

神宗虽然不喜欢太子，但对长孙还是较为疼爱的，不然不会为他的定名而诏告天下那样隆重其事。过去陈永寿被指责贪冒，屡劾不倒，如今胆子愈发壮了，居然弄到皇长孙头上，坏脾气的神宗大为恼怒。但神宗还在和外朝斗气，对于刘国缙的奏疏，他像往常一样采取置之不理的态度："不报"（即不批复）。然而不久陈邦彦"负死罪自杀"，刘国缙再次上疏，仍请治祸首太监陈永寿的罪。

对于刘国缙的请求，实录没有记载神宗是怎么答复的，估计仍是"不报"。神宗晚年，除了重大军情，对一般奏疏（尤其是官员的迁转任命）多采取冷藏的态度："留中"或"不报"。神宗如此怠政，很令人不解。但是他常说，奏章皆经御览，乾纲皆为独断，并不是假话，神宗对一些要紧的章疏，他是本本必读的，有一些虽然没有按常规做出答复，但他还是采取了其他必要措施加以应对。好比刘国缙之疏，我们来看结果，首先是陈邦彦畏罪自杀，这很可能就是神宗采取了某种压迫手段，进行干预的结果，而太监陈永寿，从此也从实录上消失了，我怀疑不是内廷杖死，就是夺职闲住了。

神宗“批本”不积极，对朝政表现出强烈的倦态，这更多的是与群臣闹情绪，是君臣冷战，但他并非弃政事于不顾，更非全无作为。

熹宗朱由校的生母王氏，是顺天府人。顺天辖境在今北京市区及周边一带。刘国缙说王才人是房山民陈槐之女，很可能王才人是房山人。王氏幼时选入东宫，在生皇长孙后，进封为才人。她一直活到万历四十七年（1619 年）三月，也就是说，当万历三十七年（1609 年）陈永寿操作假冒她娘家之亲时，她这位当事人还在世，可她怎能不认得自家大门呢？

其实想一想郑旺妖言案，并不难理解。明朝的宫人，从后妃到普通宫女，都是选自民间“良家子”（所谓良家，指家属无罪犯、无恶疾者），皆为小门寒户。其中年纪稍长，或入宫即有名位者，自然不易淆乱，而一般的宫人，多在幼龄入宫（如宣宗孙皇后入宫时年仅四岁），有的甚至几经转卖易手（如被视作武宗生母的郑金莲、世宗祖母邵太后），加之宫苑深严，一入皇城，内外隔绝，她们许多人对自己的家世，记忆是非常模糊的。发迹之后再寻亲，就不是一件易事。

古时候，没有人口查询系统，没有网络发帖，仅靠几张嘴去打听。打听起来，又无火车好乘、飞机好坐，信息来源非常的窄。而贪欲是人人都有的，特别是京畿一带，许多人家都送过女孩入宫，乍听宫里派人来寻亲，谁不盼望自己就是那个“亲”？欲火过炽而无廉耻者，不免跳出来顶包冒认。

人有旦夕祸福，月有阴晴圆缺，李致远《碧牡丹》唱“破镜重圆，分钗合钿”，可是亲人分离之际，留有明确记认的，毕竟绝少。而相认之时，滴血认亲既不靠谱，去氧核糖核酸（DNA）技术又没发明出来，这就给行骗者留下了空隙。若碰到一个舌尖嘴滑、能说会道的，说不定真能以假作真。

看官！一旦和皇上家结亲，那是多大一份富贵，不消我说。回想一下当年的“郑皇亲”，在乡下请一次客，就有六百多人捧场。说个笑话，今天我们穿越回去，实不必个个“当王爷”，做个皇亲也不赖。每年多过几回生，就发大财了！

万历三十七年,争皇亲的是房山民陈槐和陈永寿的族人陈表。陈永寿兄弟死了,陈表的伪装自然跟着戳破。但陈表假,并不代表陈槐真。陈槐只在与陈表的对决中暂时取胜,他还有一个更厉害的对手,此人姓王名昇,自称是王才人之兄。王昇占了姓王的优势,势头比陈槐还健一些。官府勘问过一两次,都倾向于认同姓王的为真。

陈槐不服,不断申辩,官府都觉得他难缠。万历四十七年(1519 年),王才人还没搞清谁是她的真亲,就驾鹤西游了。这使陈槐益觉紧迫,他决定把此事捅上天。

这年八月神宗生日,陈槐混在朝贺的人群里,溜进皇城,直走到午门前。此时正是三伏的天,在喧天的鼓乐和炽热的阳光下,几千官民喘着粗气,费力地朝五凤楼上空着的龙椅跪拜,忽听人群中有人喊起冤来。

此人边哭边诉,说的是:"东宫才人,今薨逝王氏,是小民次女,先年被王昇朦胧妄认,未经辨明,恳请圣明做主。"

几年来,陈、王二氏争亲,闹得沸沸扬扬,大家马上认出,此人正是那位"陈皇亲"。

"圣寿的大日子,不好说这些,仔细惹动了圣怒。"众人拿好言来哄他,将他赚出皇城去,待他一脚踏出城门,就再不容其复入。陈槐才知道自己上当了。

过了一个多月,十月初一日,是朝廷向天下郡县及属国颁历的日子,陈槐故技重施,他趁着人多眼杂,混到文华门前(可见到了明末,宫廷门禁松弛到何种地步),顶起事先准备好的状子,大声呼起冤来,还是上回那些话。内阁大学士方从哲见他总这么闹,不是个法子,就上了一揭,请下旨勘辨真伪。但神宗对东宫的事才懒得搭理呢,仍是一个"不报"。

陈槐初还喜了一回,以为这回内阁首辅动本了,朝廷总该再次启动勘验程序了吧。结果还是温吞水,连个气泡都没冒。

第二年七月,神宗去世,太子朱常洛即位(即光宗)。陈氏父子感到事情已紧迫到不可再有延迟了。他们决定采取一个出其不意的行动,令全城惊骇,以引起更多人的关注。这一天,陈槐和他儿子陈象坤,约了一些人,埋伏在王昇必经之路上，当这位钦定的皇亲摇摆经过时，忽然跃出，将他拿下。

这位王皇亲——他是官方认可的——不管是真是假，总之是十足倒霉，碰到陈槐这样一位强悍的冤家，跟他纠缠了十年时间。这回更好了，走在大街上，被仇家拿住，剥去新衣，五花大绑，敲锣打鼓，绕城游行一周，说是拿住了假冒皇亲，大家来看啊。京城一半以上的人，都跑出来瞧热闹。最后王皇亲被揪送到巡城御史衙门，真是脸面丢尽！

巡城御史不敢发落，将此事奏请光宗，奉诏将陈槐等下刑部究问。光宗还没来得及做进一步的指示，就于九月初一日龙驭上宾了，在位仅一个月。当天，朱由校以皇长子的身份即位，是为熹宗。

第五十章　终是一笔糊涂账

毕竟王昇是官方认可的皇亲，长久以来，陈槐敢于执着地挑战这位钦定的皇亲，足见朝廷的威信低落到何种程度！而陈槐父子公然捆缚皇亲的行为，对于皇室的尊严，也是极大的损害。

而陈槐之所以敢这么做，一个重要的原因，在于他在内廷也有一些支持者。熹宗即位没几天，就以“连结外人陈槐，同谋妄告”为由，将一个叫陈忠的近侍太监，拿送刑部大狱，与陈槐一并究问。

看来，与所有皇亲案或妖言案一样，每一位不管成功不成功的皇亲背后，都站着一位或多位内监。内外勾结，是争当皇亲的必要条件。

此案移送刑部的第五天，刑部尚书黄克缵奏言：房山民陈槐与王昇争认皇亲，此事外人难以臆度，唯圣母（熹宗生母王才人）知之。陈槐说，其妻刘氏与圣母泣别时，各分有物件为记，不知所分何物？当圣母未崩时，岂不与皇上言之？此唯待皇上一言而决，臣可奉以剖断。——黄尚书请皇上自个拿证据呢。

旨意很快下来了，再次申明，陈槐为假。

圣旨说:“圣母未崩时,曾对皇考(光宗)说过,本姓王,父名王钺,这是阖宫共知的,从来没有房山陈槐一说,也没有听说刘氏有物为记。此等奸恶,以假乱真,干犯法纪,该部即遵照前旨,与太监陈忠一并严刑究问具奏。”

虽然此旨说得笃定,但我想,假如陈槐没有起码的自信与依据,他何以能为皇亲的名分坚持这么久?如果简单地说他是偏执狂,恐怕未能服人。

十一月,熹宗之母王氏被追谥为孝和皇太后。皇亲的恩泽也来了,熹宗传谕:太后之兄王昇,照皇祖母孝靖皇太后侄王天瑞事例升授官职,令内阁拟敕。孝靖皇太后王氏,即光宗的生母、熹宗的祖母,其侄王天瑞封永宁伯。熹宗此谕,便是要依王天瑞的例,封王昇为伯了。

但这道敕谕遭到内阁抵制,阁臣的意思是不必急,待巡城御史衙门将陈槐、王昇的案子审结再议不迟。

原来熹宗宣布陈槐为假的前诏,并未得到臣僚的认可(事实上,御史刘国缙疏云“房山民陈槐所生女进为东宫才人”,即是肯定陈槐为真,对于皇亲的真假,廷臣意见不一)。熹宗答旨说:“朕圣母孝和皇太后(王才人)世系,于乙巳、丙午年,两奉皇祖查明,登载玉牒,不必催该城审明回奏。”仍令内阁速照前谕拟上王昇应得的封爵。

农历乙巳、丙午年,分别是万历三十三年和三十四年。熹宗生于万历三十三年(1605年),可见皇长孙一生,王才人立马脱俗成了“人才”。因为这一家将来就是皇亲,神宗为此下旨,查过她的家世。但一查之后,次年再查,说明对王钺、王昇为才人父兄的认定,很快就遭到非议,有人出头来争了。所知者就有陈表、陈槐,尤以陈槐最为执着,为此坚持了十五年。

熹宗说,太后的世系在皇祖(神宗)朝已经查清,并载入玉牒,不必再议。可是“玉音”刚落,已被人抓住破绽。玉牒在内阁就藏着一份,阁臣拿来一查,根本没这回事,这不明摆着忽悠大臣嘛!阁臣也不客气,当即驳回,仍说封爵大典应当慎重,请求暂缓王氏封爵。

熹宗只好再下一敕,首先强调:“王昇实系圣母之兄。”然后将两家争认皇亲事件的原委,做了详细的介绍。

敕谕说：王昇实系圣母之兄，先年皇祖已查详确。皇考(光宗)登基后，又着东厂审明，已无疑议。虽然玉牒帝系中未曾登载，但万历四十七年三月圣母薨逝时，皇祖命翰林院书写圣母墓志，所传圣母父母姓名，亦是凭证(指翰林院根据内廷所传材料撰写墓志)。至于为什么没有王昇，那是因为墓志不书兄弟子侄姓名，传内自然不会写他的名字。

该敕谕表明，万历四十七年王才人下葬时，墓志上是载明其父母姓名的，其父应该就是王钺，母某氏。王才人在世时，曾把父母的名字说给光宗听，光宗记得，在她死后，奏报神宗，神宗乃命传写给翰林院，以提供撰写墓文的资料。熹宗即位后，追封王才人为太后，并移葬德陵，与光宗合葬。她原来的墓志可能毁弃了，也有可能一并随葬于德陵。这块墓志上，只有她父母的姓氏，而无王昇之名。从我们所见明代敕撰妃主、宗室、外戚墓志来看，一般都只书墓主的父母，没有详载其兄弟子侄的，这是实情。

敕谕解释说，因为墓志根本不需要写王昇，所以内廷传本里不会写他的名字。显然，不少官员对王昇的身份表示怀疑，主要依据就是万历四十七年神宗所传才人墓志资料内没有王昇之名。敕谕对此做出解释。

敕谕说：前有旨着巡城御史查明来说，该御史久未回奏，必执"退约手印"为词，而不查写退约手印乃陈槐贿嘱把棍，威挟所使，原非王昇父子本情，怎可指为口实？

既然说"王昇实系圣母之兄，先年蒙皇祖已查详确"，何以前辅臣方从哲仍请查勘？显然并不那么"详确"。又说"皇考登基，又传着东厂审明"。这可能指的是万历四十七年七月陈槐父子伏击王昇一事。事发后，"有旨着巡城御史查明来说"，又"着东厂审明"，显然是一边命御史审案，一边令东厂密访。如果王昇是确然无疑的真国舅，陈槐是从来"未闻"的假国丈，光宗何必如此？

然后巡城御史接到案子后，可能因为陈槐持有有力证据，感到难以结案，所以很久都没有禀奏。"必执退约手印为词"者，当是陈槐。"退约手印"是陈槐与王昇两人纠纷的产物，在约书上按手印的，是王昇。这份证据对王昇极为不利。但敕谕认为，"手印"是陈槐伙同棍徒威逼王昇所立，是靠不住的，不可取信。

所退何约呢？我猜是王昇父子自承实非皇亲，从此退出与陈槐的竞争吧。这份“退约手印”，可能是陈槐父子绑架王昇之后，逼令他按的手印。所以敕谕认为，这是威挟所致，并非王昇父子本意，不可指为口实。

看到这里，看官一定生疑，这份敕谕难道真出自十五岁少年天子的手笔与“本意”？御史都还没有奏报，皇上如何得知“退约手印”的事？又如何获悉它是陈槐贿嘱棍徒威挟的产物？敕谕的撰写者，对陈、王二氏相争的情节太清楚了，一定有某位宫中大佬在力挺王昇。

敕谕又说：今欲再到原籍察访，是三圣相传之言不足据，而陈槐荧惑之言可据矣。

大臣建议派人到圣母原籍再加访察，敕谕不同意，所以摆出一个“三圣相传之言”。这就露了该敕是太监代笔的马脚。三圣指的是神宗、光宗和今上熹宗，朱由校怎么会把自己列入“三圣”的行列呢？

明代的敕谕，皇帝亲笔书写的很少。依照制度，敕谕一般由内阁拟稿，经预览认可后，由司礼监朱笔誊清。有时宫里传出一些“御笔”“手诏”等，也不见得都是皇帝亲笔书写，常常是司礼太监或御前近侍代笔。这些顶着“圣”的名号的文字，是不是皇帝亲笔不是关键，要害是，这些外传文字有没有经过皇帝的过目与认可。少年熹宗是有名的糊涂游戏皇帝，我想在“姥爷”“舅舅”孰真孰假的争论中，他是茫然无知，受人摆布的。他本人也未必关心这些事。您看后来，他的几个妾被人欺凌而死，他都不怎么上心呢！

阁臣倒是不马虎，前敕说乙巳、丙午两年，曾奉神宗旨意查明圣母世系，登载玉牒，但内阁还真的去查了，发现并无此事。敕谕便无话可说，只是反问：“卿等以为属何衙门查问，凭何开称回奏？”然后解释说：“彼时乃圣母言于皇考以覆皇祖者。”等于承认神宗并未派人去圣母原籍查勘，全是凭圣母对光宗口说，光宗回复神宗。

敕谕又说：卿等既为年远难稽，丁巳（万历四十五年，1617 年）因陈槐在有司衙门告扰，皇考（光宗）差典玺等官邹义、李实（典玺局是东宫官属）传谕内阁，王昇实系皇亲。去年未远，元辅尚记之乎？未有圣母姓王而皇亲可为陈姓者。卿等可传谕法司,着重治陈槐冒认之罪,仍究主使之人,不可轻纵。

丁巳年是万历四十五年,熹宗之母还在世,陈槐已不屈不挠为“正名”而拼搏了,并不断到各衙门申诉。当时还是太子的光宗,派东宫太监邹义、李实到内阁传谕,确认王昇是皇亲。所谓“元辅”,是当时的首辅大学士方从哲,他在万历四十五年时已经是阁臣,故此他是当事人。可是,显然方从哲并不偏信东宫的传谕,因为前面说过,在万历四十七年十月陈槐突进文华门声冤时,他还奏请查勘皇亲的真假。如果太子一言可定,还需要再查吗?

敕谕的这句话里,透露出一个信息,即此谕的执笔人,可能就是邹义或李实。这两人是东宫旧僚,光宗即位后,从龙迁入司礼监,任司礼监秉笔太监。邹义此时正掌东厂。他在本年冬天辞任闲住,接任者是沈荫,也是东宫伴读出身。这些在熹宗即位之初掌权的太监,皆出身于东宫,与王才人有过交往,他们认王昇为真,表明王才人应该也是认同王昇的。

敕谕说来说去,都没提出哪怕一条确凿的证据。它所凭的,只是所谓圣母的口述。而圣母幼年入宫,对往事全无印象。而陈槐开始申诉时,她还活着,对于陈槐的真实性,她也不能完全否定。对于自称其兄的王昇(王钺应该已经去世),恐怕也在疑似之间。所以才发生这样一个怪现象,一个女人还活着,一个人跑来认是她爹,一个跑来认是她兄,她却没法裁断。光宗询问她,她也只能说我姓王,父名王钺,其他一概记不得了。所以王昇之被认定,主要是因为他姓王,如敕谕所说:“未有圣母姓王而皇亲可为陈姓者。”这其中有什么缘故,陈槐必然有解释,只是我们不知道。

敕谕说:“圣母自万历二十七年八月内进宫,王昇随为之洗糨,二十余年,在昇岂能预知圣母必为贵人而先为洗糨也?此的系圣母世系明矣。”

王才人万历二十七年进宫,三十三年生子,四十七年去世,在东宫整整二十年。我们不知道王才人的生年,假如她十六岁生子,则当生于万历十七年左右,入宫时至少十岁。一个十岁的女孩,应该对自己的娘家有比较清晰的记忆。人贩子拐卖儿童,五岁以上就已觉得不好卖了,因为孩子年纪大了,有记忆了,不容易养家。陈槐凭什么犟嘴,硬说自己就是人家的亲爹?莫非他是个疯子?

敕谕说自圣母进宫,王昇即随为之洗糨,服侍才人二十多年。洗糨即洗浆,是缝缝洗洗,做些杂事的意思。然而,王昇为王才人服务,难道是纯义务劳动?否则也不好说,他为圣母洗糨,便是他为圣母亲兄的证明?但由此可知,王昇是个老人儿,陈槐、陈表等人则是在圣母为贵人后跳出来的。

这份敕谕重在说理。可看官您是相信陈槐呢,还是王昇?说实话,我也有些糊涂。不如看阁臣读了这份敕谕后,做何反应吧。

显然阁臣并没有被说服,因为数日后,内廷再次下达一份给内阁的上谕,说:"圣母世系,已屡奉皇考传谕明白,如何又欲移文行查?是轻听道路之言,罔顾三朝相传之旨。且朕再三详谕,卿等全不体朕仰报圣母之恩,亦非大臣实心任事之意。卿等心可安乎否乎?王昇封典,着遵屡旨,照王天瑞事例,速拟敕来行。再勿陈渎!"

内阁的老爷们可真是铁心人啊,他们居然还要"移文行查"。不过查一查也好,否则事实混淆不清,让小人混吃骗喝,终究于朝廷体统大有违碍,后人读史,也是稀里糊涂。但明朝到了天启年间,本身就是糊里糊涂混日子了,凡事得苟且即苟且,就是查也查不明白,又不是没查过。

然而此事一直到天启元年(1621 年)二月,仍是悬案未结。刑部尚书黄克缵又揪出一条,说两家所供圣母年岁不同,月日亦异,皇上往时宫中为圣母称觞祝寿,是何年月日时,只要一对照,事情不就清楚了吗?

这位黄尚书也是一个糊涂官,熹宗之母连自己姓什么、什么地方人都不知道,她的生日难道可信吗?这回内廷不耐烦辨理了,直接下旨,以陈槐冒认皇亲,溷淆真伪,屡于禁地渎扰,命从重拟罪。结果可怜的陈槐被判了发配口外充军。在刑部胡乱审决后,昔日的后宫洗衣仆人终于胜出,王昇以圣母之兄的身份,被封为新城伯,食禄一千石——到底可以吃饱饭了。

然而这口饭吃得并不安稳。

天启元年六月,御史侯恂上疏,"请明纲纪以保治安",他一共讲了六条，第四条说："嘉礼告成，方庆巨典，而重犯凶盗公然思为冒认。夫母后家世分明，纵或胆可包天，何至并皇亲假之？"他认为这是"国法日轻，人心日玩"的证据，请求"尽法究处，力穷其线索"。眼见真假皇亲的聚讼又要开锣。可奉旨只说了三个字："知道了。"没做任何处置。侯恂称此律不从重拟，"恐奸类勾连，又成陈槐之疑案也"，显然在陈槐被遣戍后，又有新人跳出来，只不知是为陈槐鸣冤呢，还是自认皇亲？总之，王昇这个皇亲当得着实不易，恐怕又要经一番惊魂了！

当然，王昇还不是最倒霉的，还有一位张皇亲，比他更不幸。这位张皇亲名叫张国纪，是熹宗之后的父亲，他如何不幸，且看下文——

第五十一章　光宗"生产力"排名不低

明末太监刘若愚写了一部非常重要的宫廷史著作《酌中志》，其中有一章名曰《两朝椒难纪略》。"椒"字何义？椒是花椒之椒，而非辣椒之椒。我们知道，辣椒这一物种是明朝晚期从东南亚引进的，中国传统的辛香料是花椒。西汉时，皇后所居之殿名椒房殿（相当于明清的坤宁宫），此名之由来，据说因为宫殿的墙壁是用椒和泥进行粉刷，有淡淡的粉色与微香，并有防止虫蛀的作用。还有一说，谓花椒籽多，取名椒房殿，是从其多子之意。后世"椒"这个字就多了一层意思，与后宫嫔妃联系起来。刘若愚所说的"椒难"，指的就是皇帝妃嫔们的劫难。

后宫女人多不幸，前文我们讲过许多，佳丽三千的命运，都系于皇帝一人之喜怒。然而，刘若愚所称的"椒难"，那些罹难的妃子们，她们高昂的头却不得不向宫奴垂下，甚至她们的命运都掌握在阉奴、奸婢之手。

而刘若愚说的两朝，是指光宗、熹宗两朝，椒难是光、熹父子妃子们的劫难。

我们先说一说，明光宗朱常洛是一个什么样的人。

朱常洛是个性格温和宽厚之人。刘若愚举了一个例子，说熹宗朱由校还是个婴孩时,曾经用右手小指,在殿门梭叶内剔土嬉戏。他父亲突然来了,保姆客氏急忙将孩子抱起,不小心指甲被梭叶钩伤了,嗬嗬大哭。朱常洛并未生气,而是抚慰道:“不妨,不妨,带破些,寿长。”并且好语勉慰客氏,让她以后用心。

一个人的性格可由一件小事管窥。

光宗朱常洛为人和顺宽仁,是个不操心、不爱管事的主儿,这要搁一般人家公子,或许无害,但朱常洛是一位皇储,他这迷糊哈哈的性格,就可能要坏事。

朱常洛喜欢射箭,还喜欢观戏,这一文一武的爱好,他可能更喜欢戏剧,因为他经常召一些人在宫中教习戏曲,如近侍何明、钟鼓司内官郑稽山等人,得意时还会粉墨登场,唱几嗓子。由于朱常洛驭下不严,他所好者又多,钱啊、戏曲啊,都有人帮衬,如东宫太监刘朝、王辅等人,而这些人在外头仗着东宫的名头,“嘱托事情,营利肥己”。东宫事体,朱常洛也没搞明白,好比一个叫李进忠的太监,在宫里拨弄是非,招权纳贿,朱常洛全然不晓,也不大爱管。

其实要考察朱常洛是否将是一位合格的君主,不需要他讲什么大话,只需将他东宫的内政考核一番,将他身边人的舆论听取一下,便大致可以分晓了。

但当时的政治环境不允许任何人这么做,朱常洛一旦搬进东宫,便成为全体朝臣誓死捍卫的继承人,在十来年间,神宗朱翊钧一直试图将他废黜,改立他更加喜爱的三王子福王朱常洵为太子,都没能成功。福王是郑贵妃的儿子,郑贵妃跟前朝的万贵妃一样,始终专宠。郑贵妃想让自己亲生儿子继位的心愿是如此迫切,以至于她在西山立了一块碑,竟然悄悄刻上“三太子”朱常洵的名字。太子只是一位,哪来三太子呢! 父亲不爱长子常洛,他与郑贵妃、福王才似一家人,而朱常洛孤苦伶仃、孤家寡人一个,若无群臣的保护,他早不知死哪儿去了。但即便如此,他二十年的太子生涯,直是有惊无险。

这种环境,也潜移默化地改变了朱常洛的性格,他一副与世无争、垂拱而治的“先圣”模样，恐怕也是为了避祸——像他这样一个不为皇帝所喜的儿子，最好是什么也不要说，什么也不要做，否则越做越错，可能带来极大的危险。

话说朱常洛的原配郭氏（生前是皇太子妃，死后谥为孝元贞皇后），是顺天府人，父亲郭维城“以女贵”（是的，女儿嫁入后宫，身价顿时飙升），得封博平伯，晋博平侯。死后由郭氏之兄郭振明嗣爵。

别看朱常洛为人孱弱，身子骨病殃殃的，却是能生——他自万历二十九年（1601 年）立为皇太子，在东宫等着继位，一等就是二十年，其间除了担惊受怕，也无事好干，那就生孩子呗。朱常洛一生生了七位公子和八位小姐，统共十五个孩子，在明朝十六帝的“生产力”排名中，仅次于太祖朱元璋（二十六子、十六女）、宪宗（十四子、五女）、仁宗（十子、七女）、英宗（九子、八女）、神宗（八子、十女），名列第六，在世宗（八子、五女）、崇祯帝（七子、六女）之前。

如此旺盛的生育能力，与坊间所传光宗色急的形象颇有几分契合。只是令人奇怪的是，论起来，朱常洛也是一位饕餮美色、善于与女郎对阵的猛将，如何才上台一个月就把身体整垮了呢？如果说朱常洛的身子早已虚空，仿佛一座大山，外表虽然壮大，瓤子却被挖窑的掏空了，可为什么早不崩晚不崩，偏偏在登基后一个月就“崩”了？

朱常洛是不受其父喜欢的人物，在东宫憋屈着，主要是政治上不得意，但他的下半身却得意得很咧，否则咋能生出一支半的足球队来！有意思的是；仁宗朱高炽与他境遇相似，也是躲在矮檐下，挨了二十多年的风风雨雨，他没法在历史的大舞台上呼风唤雨，只好关起门来成一统，一口气生了十个儿子。

皇太子妃郭氏在东宫时，就为朱常洛生了一个女儿，可惜没有养成，从此再无所出。还有一位王氏，生了熹宗朱由校。刘氏，生了崇祯帝朱由检。王氏因为生了皇长孙，母以子贵，被封为才子。

郭氏、王氏、刘氏寿数皆浅，都没有熬到太子登基，在万历年间就死了。其中崇祯帝之母最为不幸，跟多数明朝宫妃一样，她出身也低，本家是海州人，后来北漂，在北京落籍，以“淑女”应选入宫。

本来我对古代妃嫔公主宫女，怀有一种古典的浪漫主义想象，但自从看过若干清末的后妃宫女玉照后，便彻底失望了，那样一种“美丽”，实在让人难以消受，难怪在人们眼里都万分“性福”的皇帝们，都爱飞出高墙，去偷吃野食。太监们（太监们又特别爱受贿）选的美女，恐怕“美”得都有点异类。

故此，我不敢说刘氏是多么美的一位女子，总之她还够幸运：有幸被皇太子临幸了，尤为幸运的是，她还怀上了龙种，并在万历三十八年（1610年）十二月生下未来的崇祯帝朱由检。

然而她的幸运至此到头，随即转为不幸：刘氏生孩子不久，不知因为什么事，“失光宗意”，被打入冷宫，没几年就死了。她死时，连一张图像都没有留下，崇祯帝时龄方五岁，后来思念母亲，连母亲的容颜都想不起来。

有一位傅懿妃，曾与刘氏一起作为淑女入宫，又曾与刘氏比宫而居，是刘氏的旧相好。她告诉崇祯，说宫中有一个宫女，相貌与刘太后颇为相似。崇祯听了大喜，忙请来画工，以那宫女为模板，在刘氏之母，也就是崇祯帝的外祖母瀛国太夫人的指导下，追画出一幅慈容。

画成后，崇祯隆重其事，备齐法驾，将太后御容由正阳门迎入紫禁城，亲自跪在午门迎接，然后将图高悬起来，请宫中老婢来看。可是，她们看过，有说像的，也有说不像的。崇祯听了，泪如雨下，害得六宫妇女都陪着哭了一回。

如果崇祯帝要怪，只应怪他薄幸凉德的父亲光宗朱常洛，《明史》说：刘氏是“被谴，薨”的。她的死与她受遣存在因果关系。至于是怎样的“谴”，就不知道了。但刘氏死后，光宗不敢让神宗知晓，还告诫宫人不许将皇子生母死亡的事情告诉父亲，将刘氏偷偷埋在西山了事。

不知什么原因，即便在刘氏死后，光宗对她仍然怀有极大的不满。他不准儿子去祭拜他的母亲，甚至连提到都不许。那时朱由检住在勖勤宫，一日幽幽地问近侍太监：“听说西山有一座申懿王坟？”太监知道，申懿王朱祐楷是宪宗第十四子，还未就藩就死了，葬在西山，不知小王子朱由检因何问起，便答道：“是。”崇祯默想了一下，又问：“其旁可有刘娘娘坟？”太监才晓得，原来小王子不敢直问母亲之事，故意转弯抹角地打听，不禁感动，跟王子详细说了刘娘娘坟的情况。崇祯只是浩叹，拿出一些钱，派太监买些祭物，秘密往母亲坟上祭拜。直到他即位，才追封母亲为孝纯皇太后，将灵柩由西山迁到庆陵，与光宗合葬。

朱常洛入葬时，只有故皇太子妃郭氏以光宗“元妃”和熹宗嫡母的身份，还有王氏以熹宗生母的身份，陪光宗躺在寂寞的陵寝里。七年之后，崇祯继位，才又打开庆陵，送进刘太后的棺椁。

如此，光宗的坟墓里，便有了一后、两太后（皇后、皇太后皆为追封）三名女子相随了。

第五十二章　少年皇帝落入妇人之手

光宗在位时间极短，他原在东宫的女人们多没来得及受封，被称为选侍，其中有两位姓李，人称东李、西李。西李选侍最有宠，光宗将两个没娘的孩儿——熹宗朱由校和庄烈帝朱由检，委托她照管。后来西李生女，即皇八妹，光宗就让东李抚养次子由检，长子由校仍由西李抚视。

东李老娘娘，封庄妃，刘若愚称其“性仁慈宽俭，简重寡言”，不到四十的人，看起来却像五十多岁的老人，宫中之人“多感颂之”，其名位素在西李之前。东李“贤而无出”，她自己没孩子，但抚养少年失母的崇祯帝，非常用心，凡起居饮食休息，督责内外执事，爱护关切，胜于亲生。崇祯帝从少小时就养成勤于学问的性格，东李不无“诱掖奖劝”之功。

天启年间，魏忠贤当权，他的一些好朋友也都跳梁，纷纷仗势欺人。好比信王府的承奉正徐应元①，即倚逆贤之势，骄蹇异常，每次叩见庄妃，或扬扬自得，或詈詈左右，无所顾忌。而庄妃这个人为人谨重寡言，受了气没处说去，久之负气愤郁，遂致病薨。

① 崇祯帝朱由检本封信王，徐应元作为承奉正，是信府的宦官头子和大管家。

西李选侍相当于熹宗的养母。光宗即位不久，就生了重病，眼看不行。他拖着病体，在乾清宫暖阁召见大臣。大臣们以为他放心不下国事，急忙赶到暖阁叩头请问，却听皇上说的是要封李选侍为皇贵妃的话。光宗没说几句，忽见皇子朱由校被人从后门外推进来，嗫嚅道："选侍当封皇后。"光宗没有答话，礼部侍郎孙如游仰身奏道："两位皇太后和郭元妃、王才人的谥号都还没上，进封之事，等四大礼举行后才议不迟。"也是啊，光宗即位才十余日，前朝后妃的追谥大典都还没有举行，先人未慰，岂可只顾他的爱妾？孙如游这么说，也是替皇帝周旋的意思，他看出来，后宫已为名号的高低争起来了。

原来光宗召见大臣，李选侍就在暖阁外偷听，她属意的是皇后之位，皇贵妃岂能厌其欲？她手中备有一张王牌，这时便打出来。她附在养子朱由校耳边说："我该封皇后才是，你去给我争争。"一把将由校推进来。

封妃本是皇帝的家事，用不着跟外臣商议，下一道旨意，让外廷礼臣知道，准备必要的册封礼仪及品物即可。我猜想，光宗是被李选侍逼得没法子，只好虚与委蛇，假装答应她，然后假意与大臣商议，好借外臣的口来搪塞她。如果是这样，这位光宗便是一位惧内而无能的皇帝，阳气太少，所以被阴气凌凭，而他的阳寿也不饱满充盈，登基甫足月，就一命呜呼了。

通过这件事，也可见西李选侍是个恃宠而骄、孜孜求利的女人。朱由校为她所养，难得沾她雨露，还得为她利用，替她出头争名分。如果光宗寿稍长些，李选侍大概能争取到正位中宫。可光宗暴亡，皇后是做不成了，她就倚着新皇帝养母的身份，要争皇太后做。她手中的"宝"，就是熹宗，这张王牌是不容别人从她手里夺去的。所以光宗驾崩后，她屁股不挪窝，坚持住在乾清宫，说要照料年少的熹宗。

天子正寝乾清宫，是帝后居住的地方，母后住在这里，不合礼法与旧制。大臣们不干了，一定要选侍移宫，把乾清宫腾出来。李选侍争当皇后的事给大臣们留下深刻印象，他们怀疑，她如今盘踞乾清宫，就是想控制皇帝，垂帘听政，以母后的身份干预朝政。

其实这完全是过虑，杞人忧天。母后临朝，是明朝的家法绝对不允许的，李选侍即便作此念想，也没有先例好学，加之她出身东宫选侍，位号本低，在外朝毫无号召力和政治基础，在内廷也无班底人马，她凭什么就敢动念，想要号令天下？好比一只猫，它守住自己的巢穴，在自己的地盘撒几泡尿宣示主权，还经常到厨房偷鱼吃，这只是贪欲的本能，不能就怀疑它想霸占大屋当主人。大臣们反复力争，吵吵嚷嚷，行事未免太过操切。最后李选侍迫不得已，凄凄惨惨戚戚，跄跄踉踉跄跄，被撵出乾清宫。这就是明末三大案之一的"移宫案"。还有红丸、廷击两案，这几个故事讲的人太多，繁华之地，本书且避去。

李选侍轻易地被驱逐，本身就证明了，她不是一个值得担心的人物。大臣若不亟亟，稍待时日，等皇帝大婚后，她自然在乾清宫待不住，何必硬把她撵出去？选侍虽然不识大体，但她毕竟是今上的养母和先帝的遗孀。大臣行事，应该务存大体才是，行事当以宽缓为上。结果呢，熹宗还没登基，先被一帮凶巴巴的大臣推来搡去，仿佛一具木偶，被人牵了线来拉扯，招架不住，他心里一定是异常局踏惶惑的。

熹宗在阁部大臣和司礼监实际掌门人太监王安的扶持下，胜利地开进乾清宫，可无忧的少年已变成一只惊惧的小猫，他们谁知道，谁又关心呢？在那邃密无情的深宫里，这个少年能依靠谁？亲生父母已经死了，养母只管利用他，外朝那些老头凶得很……这时，他最想念的，是从小抱持他、保护他的乳母。他亟不可待地传旨，把已经放归私第的乳母客氏召回宫。"移宫"之变，最终成全的，是乳母客氏。客氏进宫后，又招揽进大太监魏忠贤。从此这两人一缠二绕，成为熹宗片刻难离的脊梁骨。

随即熹宗下了一道旨，揭露李选侍的两件惊天罪行：第一，她曾经欺凌甚至殴打圣母，致其死亡。圣母就是熹宗的生身之母王才人，今追封太后者。熹宗说，选侍是奉皇考（光宗）之命抚视朕躬，吃的用的皆为皇祖、皇考所赐，孰知选侍任意侮慢凌虐，令我昼夜涕泣。皇考见了，也非常后悔，时常对我加以劝慰。选侍因为殴崩圣母，自忖有罪，经常派宫人来窥伺，并将圣母身边的宫人太监全部捕拿，不让我和他们说话，试图掩盖其罪行。

第二，李选侍妄图挟制朕躬，觊觎垂帘听政。皇考宾天后，选侍占据乾清宫,意图挟持我。她爪牙成列,若我不早避去文华殿,将不知如何了。

“要挟朕躬,垂帘听政”,这是莫须有的罪名。殴毙圣母,则涉及宫闱隐情,熹宗将其宣诸敕谕,莫非要严治李选侍?这在朝臣中引起激烈的反响,御史贾继春首先上疏,请“安选侍”。而另一名御史周朝瑞旋即上疏反驳,两人像打了鸡血,颈毛奓起,争驳不已。自万历末年以来朝臣互相攻击的乱象,真如风起云涌,随时让人受不了。

当时掌握司礼监的是秉笔太监王安,在“移宫案”中,他与廷臣联手,迫使李选侍退居仁寿殿。指责李选侍的敕谕也是由他主持颁布的,当朝议发生争论时,他对维护李选侍的一方予以坚决地打击,内廷下旨,诘责贾继春,最终将他削籍(即从官员的仕籍中除名,取消继续做官的资格)。对于李选侍的处分,是革去她选侍的封号,“以慰圣母在天之灵”。

黜退李选侍,司礼太监王安是主要的策划者。当他大手大脚做这些事时,没有注意到,此时少年皇帝已落入一个妇人之手。

王安在东宫服侍光宗十数年,作为东宫典玺局郎,他在光宗即位后,按惯例进入司礼监,担任秉笔太监,参与中枢决策。光宗死后,他在内主持大局,挫败了李选侍控制皇帝的野心。天启元年,原任司礼监掌印卢受因罪被贬到凤阳,王安将顺理成章地再进一步,坐上司礼监最为重要的掌印之位。皇帝令他掌印的旨意也下达了。然而这老头子一时失察,以为大局已定,他还学外廷秀才受命必辞的做法,假意逊让,躲到西山别墅,上疏说:“臣愿领罪而不领官。”表示自己无能无德,不应居此要职。这本是官场的俗套,然而令他意想不到的是,他循例上的辞疏,竟然被皇帝批准了,改由东厂太监王体乾掌司礼监印。这背后的密谋,他是不知道的。

原来魏忠贤积极为客氏谋划,要翻现今之局,重开一片天,为此必须首先除掉王安。他们通过控制皇帝,实际上已经掌握了内权。王安竟然毫无知觉,结果大意中遭了毒手。旋即有旨,降他到南海子充净军。

王安曾经救过魏忠贤的命,如今魏忠贤要杀他,尚有所不忍。客氏对他说:“你不杀他,外面就会有人来救他,等圣心一回,你我比西李如何?我们终要吃他的亏。”魏忠贤杀心才定,派人到南海子,将王安秘密缢杀。

王安倒了，当年参与移宫的大臣，逐的逐，罢的罢，朝政整个颠倒过来。李选侍也得到平反，恢复了选侍的封号，又在天启四年(1624 年)皇八妹选婚时，进封为康妃。第二年修《三朝要典》(三朝指神、光、熹三朝)，“移宫”与“红丸”“廷击”共称三案，成为魏忠贤等一伙打击政敌的武器。此后朝政纷扰混乱，难以言之。

至于熹宗生母是否为他人所殴毙，再无人提起。康妃被人利用完了，也没人理睬了，她是什么时候死的，没有记载。《明史》对她的结局，只有四个字：“久之，始卒”。

那道指责李选侍殴崩圣母的敕谕，熹宗朱由校有无过目？当时围绕如何处分李选侍，在朝堂上引起极大的争论，难道他会毫不知情？我们看不到朱由校在关乎其生母死亡真相的这件事上，有任何的主张。或许这是旧案，本身难明。但这位纨绔公子对接下来宫中接连发生的宫妃死亡事件，竟然同样麻木不仁，这就太奇怪了。难道他是个傻子吗？

第五十三章　被侮辱与被损害的

光宗还有一位选侍，姓赵，她因为与逆贤(魏忠贤)、客氏极为不和，熹宗即位后，被“矫旨”逼缢杀之。“矫旨”之意，是说圣旨本不出少儿皇帝熹宗的本意，而是魏忠贤与客氏假传圣旨，逼皇上的庶母赵选侍自尽。但我想，即便是假传圣旨，也要说出一个理由吧？至于是什么样的理由，竟然能逼死先帝的妃子，实在难以想象。

据刘若愚说，赵选侍闻命，呼冤无门，临死之际，将光宗所赐首饰、金珠等物，列于案上，然后沐浴礼佛，西向遥拜(西向是与葬在京郊的光宗告别)，痛哭了很久，才投缳而死。她名下的近侍太监王亮等数人，也都被狠狠打了屁股，降发南京去也。

赵选侍死后以宫人的身份殡葬，一直到魏、客事败，也无人肯为之申雪。

刘若愚没有说明缘故，但从赵选侍临死前的举动来看，她生前应该是极得光宗宠爱的。因为恃宠，她才会与作为奴仆而骄的魏、客不和，可能矛盾还非常深，而光宗一死，她失去依靠，遭到恶毒的报复。

赵选侍死后无人肯为之诉冤，大概她生前对宫中小人无甚恩德，无人感颂慕念，肯为她费力——她不过是深宫之中，一个命运跌宕起伏变幻的可怜女人罢了。不能因为她是被"逆贤"害死的，就把她塑造成一个反抗战士。

刘若愚说："光庙（光宗）临御未久，三宫未备，痛哉！"其实与已经死去的光宗比起来，他的儿子，在位的游戏皇帝熹宗不能保护其妻子，那才叫"痛哉"呢！

过去责男子汉无能，先说他没能力"保其妻子"，然后才说他不能自保其"首领"（头颅）。"妻子"其实是两个词，包括妻与子，也就是老婆孩子。可见男子汉的责任，首先在保护家小。就皇帝而言，亡国之君当然没法保护他的妻小，如崇祯帝，不但不能保全之，群贼逼门之际，不得不令她们先死，见后妃们一个个吊在梁上，又欲亲手斩其公主，最后放一把大火，焚其宫室。至今说起来，还不免让人叹息几声。国都没了，哪还有家！就连那运气稍好点的清代逊帝宣统，失国之后，妾居然和他打离婚官司，跟人跑啦。这都是亡国的，不必提了。却有那未曾亡国的，也有保不住老婆的，简直就是糊涂虫、大混账了！这位皇帝，不是别人，正是大明熹宗悊（音哲）皇帝，姓朱名由校，年号天启。

这位皇帝（啐，他也算个皇帝！）身边的女人（只不包括他的乳母客氏），好像都是被人侮辱、被人损害的命。据刘若愚《酌中志·两朝椒难纪略》等书记载，天启年间，集中出现多次宫妃暴卒事件，皆非善死：

惨例一，赵选侍，光宗之妾，朱由校的庶母，其死亡之故已如前言。

惨例二，裕妃张氏，朱由校的妾。

话说朱由校的东宫王娘娘，是北京人，西宫段娘娘，是南直隶人，都没有生产。一位张娘娘有了身孕，朱由校非常开心，特命为她准备了一间宫殿待产，并册立她为裕妃。可是这奖赏来得稍早了些，张裕妃产期已过，也没生下孩子（难道是个“病痞”，在宪宗朝纪妃怀孝宗时有此一说），还说了一些对客氏、魏忠贤不利的话，被这两个恶鬼听到了，遂将裕妃视作异己，决心除掉她（“有违言，客氏、逆贤恚其异己”）。于是二人一齐用力，在糊涂虫朱由校耳朵眼子里大灌迷魂汤，使裕妃失宠，又矫旨将她宫里的宫人、宦官全部驱逐，绝其水火，只将裕妃一人封闭在宫墙之内。裕妃没有水喝，没有饭吃，活活挨了好几天。有一天夜里下起雨来，裕妃奋力爬到屋檐下接饮雨水，就伏在地上气绝了。

皇帝之妃，竟被活活饿死！

看守宫门的宫人向客、魏报告，奏知朱由校。这个与他同床共寝、怀过他孩子、一国尊贵的妃子，就这么惨死了，朱由校居然毫不动情，下令革去裕妃妃号，如普通宫人之例，抬到净乐堂焚化。直到崇祯帝即位，才恢复张氏妃号，重新如礼改葬。

惨例三，天启四年二月三十日成妃李娘娘生二公主，这一天恰好北京发生地震，而公主不久也死了。魏忠贤败后，崇祯帝下谕，将其安置中都凤阳，在敕谕中列举了他“擅作威福”之事，其中提到“皇兄怀宁公主生母成妃李氏，假旨革夺，今冤未雪”。李成妃所生之女，应封为怀宁公主。

李成妃之被“革夺”，源自她的好心。原来成妃有一位姐妹，是封为皇贵妃的范慧妃，她是朱由校第二子悼怀太子的生母，也因为与客氏不和而失宠，遭到虐待。李成妃在一次侍寝时，见朱由校心情好，就替慧妃求情。不想此事被客、魏知道了，大怒，认为李成妃为范慧妃求情，是跟他们过不去，此风不可长，遂矫旨将李成妃革封、绝饮食，欲如张裕妃那样害死她。

幸亏成妃备有先手，她眼见裕妃生生饿死，平常已有准备，在宫里的檐瓦砖缝里储备了一些食物，就是防着这一天。亏了有此先见之明，李成妃多挨了些日子，后来客、魏之怒稍解，才免于一死，被斥退为宫人，迁到乾西某所居住。

李成妃被废后，她宫中之人也跟着倒霉，内府供用库内官李谦，被认为是李成妃手底用事之人，被降发南海子，不久被矫旨杀害。李成妃也仅仅幸存而已。直到崇祯登基，才复其封号，让她移住慈庆宫，好生养赡。

惨例四,冯贵人,死因不详,或"绝食勒死,或乘其微疾而暗害之"。

看官!看到这里,肯定十分不解:这些,朱由校都知道吗?打狗还得看主人,他怎能容忍下人如此作恶,残害他的婆娘?

对于天启年间,客、魏二人迫害宫妃之事,刘若愚在《酌中志》中专门辟出一章来写,《两朝椒难纪略》在罗列光、熹两朝后妃的苦难后,说:

"在先帝(朱由校)亦未如之何也已矣,谁秉内政而忍令至此极也?呜呼!"

刘若愚说,对于妃子们的死,"先帝(熹宗)亦未知之"。他不敢怪皇帝,只好责问"秉内政"者,也就是司礼监掌印太监王体乾。然而此时东厂太监魏忠贤一手遮天,王体乾奉承他还来不及呢,哪里敢管这些事!

刘若愚于天启年间,在司礼太监李永贞门下办理文书,以上皆出自他的目击与听闻,其事必真。这些宫妃之死,总不外乎"偶有违言,误触客、魏所忌,而置之死也",都是因为没在客氏跟前赔小心而死的!这些后妃都与朱由校同床共枕,有的还为他生过孩子,她们活得委屈,朱由校不知,突然死了,亦是毫无所动。这要多么糊涂混账的人,才能做到呀!

客氏又是靠什么手腕,如此玩弄皇帝于股掌?可能朱由校太过信任客氏,而这种信任又超过主奴之间的信任,他们之间有着接近母子的情感。从这个角度来看,就不是奴婢(乳母)害死主母,而是婆婆介于儿子媳妇之间,婆婆太恶,儿子又没用,结果只有媳妇们倒霉了。

皇家之事,与民间最大的不同,在于宫廷礼法太严,以至于有违于人性与伦常。神宗有位公主,因驸马被本府管家婆(宫里所派,管理公主府的老年宫人)欺负,想入宫找神宗告状说理,被人阻拦,竟然没法见到父皇。驸马受不了委屈,最后逃走了——说起来是皇皇贵胄,可是连民间起码的天伦都享受不到。

明朝末年,天启七年间,众多后妃遭到太监和管家婆的残害,生死操于下人之手,这在历史上非常少见。而且此时的皇帝并非像唐朝末年,只是宦官的傀儡,何以后宫如此乌烟瘴气,朱由校就像一个浑身麻痹的中风病人,竟然毫无知觉呢?他难道是个傻子?我觉得这是很大一个疑案。

第五十四章　皇后是重犯之女？

天启年间，客、魏相合，把持宫闱，就连妃主儿的性命都攥在他们手里，真是"阎王叫你三更死，不敢留人到五更"。上文所举几例，都还是妃子、贵人，说起来还只是皇帝的妾侍，而他们是连皇后都敢迫害的，甚至借故兴起大狱，试图废掉皇后！

朱由校的皇后姓张，又是一位张皇后。

天启元年夏，熹宗大婚，所选中宫娘娘是河南生员张国纪的女儿，东宫王氏，西宫段氏。据太监刘若愚说，张皇后"贤明"，客氏对她颇为忌惮。

《明史·后妃传》记了这样一件事：某日朱由校来到皇后宫中，见张皇后正在读书，便问她读的什么书。张皇后说："《赵高传》也。"张皇后读《赵高传》，如同关羽身在曹营时，挺立于嫂夫人的门前，夜读《春秋》一样，是有其强烈的象征和讽喻意义的。大概朱由校也明白了，《明史》记曰："帝默然。"

这件事，所记实在是宫廷日常生活的一件小事，被谁看见了，告诉史官的？我想十有八九又是出于修史之人的想象。

虽然此事未必为真，但放在张皇后身上，却是再自然不过。朱由校驾崩后，张皇后在折魏忠贤之逆谋、传位信王朱由检，保持朝廷大政交接的稳定上，发挥了重要作用。朱由检即位后，给这位皇嫂上了"懿安皇后"的尊号，表达了对她的尊重。崇祯十七年（1644 年）三月，北京城破时，由于张皇后的名誉甚好，据说当李闯进宫时，曾下令保护张皇后，但张皇后已在宫中自缢殉国。

史载，张皇后性颇严正。但性严之人，行事往往急躁。张氏刚刚立为皇后，就看不惯老奶子客氏的嚣张跋扈，多次在熹宗面前指责客氏与魏阉的过失，甚至有一次把客氏召来，欲用宫廷之法，给她一点惩戒。

这下可捅了马蜂窝了！想宪宗初年，吴皇后也看不惯万贵妃恃宠而骄，才当皇后，就要立威，结果威风未立，倒被贵妃反攻倒算，在宪宗的枕上，几把鼻涕一甩，就把皇后绊下台去。可惜张皇后只读《赵高传》，没读本朝宫闱始末，轻率而为，没奈何得了客氏，反与那泼妇结成不可解的死敌，马上遭到疯狂的报复。而首先受祸的，是她的娘家。

帝后大婚不到两个月，不知从哪条阴沟里忽然传出一个话，说张皇后并非太康伯张国纪的亲生女儿，张后的生父是一个叫孙二的累囚重犯！

这谣言传播甚速，很快钻进老国丈张国纪的耳朵里。他马上意识到，这些谣言肯定与皇后得罪客氏有关。刘若愚也说，这是客氏“于宫中捏言”。

张国纪忧心忡忡，决定主动做出回应。为此他上了一疏，专为辩明此事。在此疏中，他说一个叫宋八的“神奸”，与现监京师宛平县大牢里的强盗孙二，以及北京慈恩寺的妖僧某人，是结拜同盟的兄弟。在宋八的指使下，捏称孙二是皇后的亲父、孙二之妻隋氏是皇后的亲母。又内府钟鼓司太监刘进，诈称孙姓，自称是孙二之子、皇后的亲兄。刘进经常来往于慈恩寺，在此设局，布散流言，鼓惑愚民，乞严缉正法。

老国丈这一疏，等于把腥臭冒脓的疮疤揭开了，一时苍蝇蚊子乱飞。朱由校听了，很不高兴，下旨说：“群棍造言惑乱，离间天性”，命将本案有名人员全部下锦衣卫究问，刘进因是内臣，着司礼监查明，奏请定夺。不久又将刘进从内廷发出，与宋八等人对鞫。

此案由锦衣卫镇抚司掌印梁慈亲自讯问，很快审出原委：

宋八有一女，在朱由校选妃时落选，因怀怨望，所以造言，他是主使之人。

孙二是犯了死罪待决的重犯，他妄认“椒亲”（皇亲的别称），意在脱本身之罪。内官刘进是孙二的亲侄，入内顶名刘进，自称是皇后之兄，到处散布。又有太监杨正朝、侯长仔等人附会其中，为之鼓说。

这里先解释一下，孙二的侄子“入内顶名刘进”，是怎么回事？原来明代中叶以后，京畿顺天等八府一带的老百姓，自宫风气浸盛，而内廷能够容纳的宦官有限，这样就导致大量的阉人因无法进宫，流聚于京师一带。这些人好吃懒做，身体又有残疾，不进宫当差，连生计都成问题。于是有人想出歪招，当某个太监死了，本该除名，但“有关部门”（这个部门也是中国特色，历史悠久）隐瞒不报，而另外找一人进宫，顶那死鬼的名姓与缺。这在明朝末年的宫廷里，已是见怪不怪之事。“刘进”就是这种情况。

锦衣卫镇抚司奉旨审理此案，狱具后，朱由校诏法司议罪。这时一个叫毕佐周的御史上了一本，说宋八、孙二等人，或希徼厚利，或图脱大辟（大辟是死刑），于是愚民煽惑，遂触禁冒讳若此，这是可以理解的。但今见锦衣卫的奏本内，又有内监杨正朝、侯长仔等从中鼓说，却是为何？毕佐周说：“岂中涓奥窔之地另有为倾陷之谋者，乃奸珰遂鼓其焰耶？”他据锦衣卫谳词发挥，怀疑内廷之中一定有倾陷中宫之谋，这些奸珰（珰是太监的代名词）不过是助其逆焰的帮凶。

毕御史接着说：“臣因中宫而兼为奉圣夫人客氏虑。”他说，我为皇后担心，同时也为客氏（奉圣夫人是她的封号）担心。皇上不忘乳母抚育之劳，荣以奉圣夫人的名号，连客氏之父也加授锦衣卫千户的职务。一个奶娘，徽恩之隆重，实为国家二百年来未有之创典。旁人由此得见陛下如何优礼客氏，同时也将怀疑，客氏将长恋宫禁，再舍不得离去。今中宫已立，且三宫（指中宫及东、西二宫）并建，调护圣躬，自有贤淑，客氏若不疾去，她将置身何处？皇上若不信时，尽可询问廷臣，前朝可有立了皇后还把奶娘留在身边的？

他请熹宗断然做出决定，让客氏离开宫禁，归其私第。他还设身处地地为熹宗想：你若舍不得奶妈，不如多赐她金帛田宅，足够她安享终身、悠游岁月就好了。最后他点出要害：“若使其依违宫掖，日复一日，冒擅权揽势之疑，开睥睨窥伺之隙，恐非客氏之自为善后计，亦非皇上之为客氏善后计矣。”他提醒皇帝，也警告客氏，你还赖在宫里不去，将来恐怕有不可想象的祸患。

毕佐周上疏后，吏科都给事中薛凤翔等、河南道御史刘兰等，也纷纷上疏，极论客氏当就外宅。朱由校一概只回四个字：“已有旨了。”

假若客氏有一身穿越的本领，也不要她到汉唐，也不要她到今天，只要她稍往后去几年，提前看到自己的下场，她一定要紧握毕御史的手，倾诚而谢:“兄台,你说的都是至理名言啊!”如果她听得进好话,就此拜别皇帝,领了厚赏,回去安享晚年,虽然史上再无客氏其人,倒也落得一个衣食无忧,余生快活。

然而,一个妇人,刚刚得了些势,有了些风头,她哪里舍得遽弃之?但她初时胆子还小,被科道、言官交番拿凶话来吓她,她虽有一副蛇蝎心肠,毕竟也是妇道人家,心里总还是虚了,几次三番跑到熹宗跟前哭诉,请求离宫回家。

“奶娃儿”朱由校舍不得,还有人更不愿她走,太监魏忠贤、王体乾等,都极力挽留她。魏忠贤如今以司礼监秉笔太监兼领东厂。在内廷做官,也是要讲资格的。一个半路自宫的大文盲,凭什么坐到东厂提督的位置?还不是拜客氏所赐。他原是凭了客氏的门路,才登此高位,他权势的藤萝,完全攀附在客氏这棵大树身上。王体乾是现任司礼监掌印太监,本来掌印没他的份儿,得亏客氏讨厌多嘴、喜欢进谏的王安,唆使皇帝把忠心二十年的老奴王安罢了,他才有机会掌印,而内廷好多人瞧他不起,不服气他,他也需要客氏在内力挺他。

这二人才是生在客氏身上的两条腿,由不得客氏随便走。他们立定心不许客氏走,客氏就坡下驴,也就坦然留下了。

回过头再来说毕佐周的那份奏疏,他前面说内监杨、徐等人“鼓焰”,是内中有人放火,突然笔锋一转,请求将客氏遣出,分明说客氏正是那“另有为倾陷之谋者”。对此,我的意见是,孙二冒称是皇后之父,不大可能出自客氏的策划(即刘若愚说的“捏言”),宋八、孙二等人未必是她的枪手,但客氏与张皇后不和,自然乐闻皇后是重囚之女的传言。哪有重囚之女可以母仪天下的?客氏正可借此谣言来达到废后的目的。内廷太监们心领神会,纷纷传说,帮助煽惑鼓焰,毫无顾忌,正是希望借此取媚于客氏,在废后之役中充当马前卒。

客氏既与张皇后结了梁子,必不肯放弃报复的机会。据刘若愚讲,天启三年,张皇后怀孕了。前文讲过,明代皇后生子者甚少,如今皇后娘娘怀上了龙胎,将诞育一位嫡子,这是多么大一件喜事啊!应该在皇后宫中多安排一些生育过，对养胎、育儿具有丰富经验的人，可客氏、逆贤却将皇后身边宫人当作异己一概逐去，换上一批“不更事”的宫人、答应。一日，张后偶觉腰痛，令人捶捏，不料受捶过度，竟损“元子睿胎”。元子是第一个儿子的意思，睿这个词一般用来指太子。刘若愚之意，张后所怀本是一位太子，由于宫人服侍不周，竟不幸流产。张皇后流产后，就再也没能怀上孩子。客氏的奸计算是得逞了。

熹宗朱由校在位七年，在二十几岁上就死了，没有留下子嗣。其实他并非没有生子，他一共生了三个儿子、两个女儿，可惜都没有养成，全夭折了，从朱由校将儿子们分别谥为怀冲、悼怀、献怀太子来看，他是非常痛苦的。

客氏不愿意张后生子，但皇帝无子，却也令她忧虑。我们不能因为客氏坏，就把她说得一无是处，她对由他抚养长大的朱由校，还是有一些感情的，此情若不真，朱由校也不可能那么依赖她，她也没法那么深地影响他。朱由校的儿子，生一个死一个，她也非常着急。

第五十五章　魏阉垮台，皇亲平反

客氏、魏忠贤从把持宫廷开始，即慢慢培养势力，待羽翼初成，开始血腥报复屠杀那些反对他们的人。天启四年（1624年），都御史杨涟上疏，弹劾魏忠贤“二十四罪”，终于引发了决裂的血潮，魏忠贤用罗织之罪杀死杨涟、左光斗等人，又兴“东林党狱”，大肆屠杀、驱逐异己。其实魏忠贤哪有那么多仇人，只是他拥有了一支庞大的依附者队伍——“阉党”，作为他们的“大哥”，当然得替小兄弟们出头，帮他们复仇报怨啦。魏忠贤杀人逐人，施恩加爵，多数时候都是在为人做牛马。别人投靠他，他就得帮人张罗这些事，后来身败名裂，上吊死了，还要受千刀万剐之苦，那一千刀里，至少有九百九十刀，他是替人挨的。亦是可怜虫一条！

随着客、魏势力的养成，张皇亲才真正领教了得罪不该得罪之人的可怕后果。

天启六年(1626年)九月的一天,魏忠贤上疏,称皇亲张国纪听信家人徐自强、刘应乾、赵三省等人,利用皇亲的身份干预人事,甚至还矫传中宫懿旨。这一本下到司礼监,自有人接着,在御前"营旨"道:"徐自强为主谋,妄生事端,着东厂拿究。"东厂就是魏忠贤掌着,他奏的事,又令他来办,这真是一接一送,如应符节。

徐自强等人被东厂差役捕送锦衣卫镇抚司,严刑讯问。审问者知道魏忠贤一定要从徐自强身上挖出想要的东西,便将徐自强着实地打,最后拿出一份血淋淋的供词,说徐自强谋同刘应乾,诱惑张国纪私娶一个从宫中发出的叫韦氏的宫女为妾,又曾喝令赵三省殴毙无辜及强买民房、逼勒诈骗诸种种不法。

谳词奏上去,得旨将"徐自强等送刑部如律拟罪"。张皇亲门下三人,均遭到重判:徐自强斩刑,刘应乾、赵三省绞刑。对于皇后的父亲,则说"张国纪身系皇亲,宜恪遵礼义,不得滥用匪人。本当送国子监演礼三年,姑着自行改省"。

须知预谋害人者不比街头凶杀,一棍子下去,就要致人死命。那些借法害人者,他们就像猫吃老鼠,不是一口吞,而是从尾巴开始,一点点慢慢吃掉它。不要以为魏忠贤让张国纪"自行改省",就是白饶了他。我记得"文化大革命"中好多人最后罹难,起初都是从写检查开始的。古今皆是一理。

果然,徐自强案刚结,又有顺天府府丞刘志选上疏参劾张国纪,说他"谋宫婢以作妾则色胆包天,占民房以拓居则弱肉强食,选官而纳贿则铨曹可以不设,鬻狱而辄称懿旨则法司几于无权,甚则睚眦之小不过语言相争而立毙于拳殴之下,通侯之赏自是优崇异数而陈乞于至尊之前"。

这位刘府丞,参起人来,仿佛做韵文,一套一套的。结合他的劾疏,我们来看张国纪的罪状:魏忠贤说他"干预人事",应是在官员迁转时,从中说事过钱,按今天的话说,就是帮官员跑官。还有不知谁惹了官非,他帮忙说情,甚至假称是皇后娘娘的意思(中宫之意即是懿旨,并非一定要写成文字）。他还因为一些小的争执打死人命。作为皇亲，他多次蒙受朝廷的异恩，还不满足，经常跑到皇帝面前陈乞。云云。

这些内容除了最后两条，其余都是镇抚司所“打”出者，应该说是皇亲的通病。在一个权力至上的社会，谁要得了些势力，或跟强有力者沾点亲，哪个不如此呢？魏忠贤要置张皇亲于死地，刘府丞当然做张做势，凡事上纲上线，往大了扯，往天地不容上靠，如他张国纪如此胡作非为，简直“铨曹（吏部）可以不设，法司几于无权”，都是张大之词。

刘志选接着说：“此等情节虽云帮恶徐自强、刘应乾等狐假横行，致捍文法，而实由国纪狼贪酷噬，自取株连。”他开始点题了，说张皇亲家的行为，必将影响圣主、国母的圣德，“恐区区习礼省谴，犹未足弭官方之谤而塞道路之口也”。他希望皇上对张国纪特加申饬，令其闭门思过，洗面革新——最后关键的一句出来了：

“毋令辇毂之下多不平之鸣，甚至訾及于丹山之穴、蓝田之种者，此又臣所不敢深言者也！”

这小子前面说了许多，其实都是为“丹山、蓝田”这一句“不敢深言”的话做铺垫，他在暗示，京城里纷纷传言，谓皇后非其所生，如果不重处张国纪，“道路之口”则难塞——而若重处了张国纪，则皇后之位危殆！小人的用心，何其险恶！

刘志选与张皇亲何仇？他这么做，不过是应魏忠贤之募，替他做打手。《明熹宗实录》说：魏忠贤欲倾母后，令镇抚司整张国纪的黑材料，但除了一些小事，实在没有可以整倒张家的重磅炸弹。只好从他家奴入手，把徐自强拿来严刑拷问，拷出一些帮人说情、假称懿旨之类的罪状，以此牵连张国纪入案，做成一包，奏请处分。结果“上不为动”。

我不知朱由校当时是怎么想的！眼见魏忠贤咬住他外家不放，他能做到心平气和吗？不为所动就完了吗？实际上，只要他一皱眉头，鼻子一嗤，魏忠贤就不敢再往下整了。但看起来他没有哼，也没有哈，魏忠贤以为还有隙可乘，于是令幕宾（即在魏家帮办文字、出谋划策的人）自草一疏，把前面收集到的恶迹整理一遍，加以夸大之词，再找个人奏上去。有人把消息透给刘志选，他认为这是巴结魏忠贤的绝好机会，立刻把疏稿请回家，誊正之后，以自己的名义呈上去，所以实录说，刘志选“实应其（忠贤）募”。刘志选的弹疏，还是会落到魏忠贤及其同党手里，他再从中做手脚，只要朱由校稍一点头，他老丈人家可就要化作齑粉了！

还有一个御史叫梁梦环的，也有心巴结魏阉，不小心被刘志选抢了先，大不甘心。他瞧不起刘志选，想我堂堂言路，上本参劾奸佞，才是正途，如何被一个浊官[1]混插一杠！

眼见刘疏上去，没什么反应，梁梦环一扫沮丧之情，蠢蠢欲动起来，他想再接再厉，猛打落水狗，一定能得督主九千岁[2]的大大赏识。为了写好这篇劾文，年节都没过好，在灯节之夜，人家赏花灯，他却伏案在灯下斟酌疏稿。只可惜刘志选的疏稿是魏家的能人熬尽脑汁写出来的，已吹出好大一个猪尿脬，他反复思量，也难以再出新语。

不管怎样，新年刚过，他还是一炮打出去。在这份劾疏里，他罗列了张国纪草菅人命、鱼肉小民、擅收皇税、强取民房等诸多罪状，还把刘疏里谋纳宫婢以及“丹山之穴、蓝田之种”等关键词，全部容纳在内。魏忠贤见疏大喜，说张国纪被朝臣连疏纠劾，岂容轻纵，定要以重罪处之。有阁臣从中宽解说：“君之后，犹人之父母，哪有劝父构母的道理？”阁臣说的父是熹宗，母是张皇后，他用这样的道理来为皇后一家解难。相比之下，那位“父”简直是个死人。

经阁臣营解，张国纪得到宽处。发落皇亲的旨意说：

“张国纪怙恃国恩，累干三尺之法，草菅人命，鱼肉细民，擅收皇税，私纳宫婢，过恶多端，于法难贷。朕念中宫懿亲，国家大体，姑着回原籍，俾痛改旧愆，保全终始，毋再不悛，自贻后悔。”

张国纪被打发回了原籍。这样的处置，虽然于客、魏之意尚有未足，目

---

① 御史有言责，即议论朝政的责任，与六科官一起被称为言路、言官。科道官品秩虽低，却是清华之官，顺天府丞，在他们眼里，只能算是浊流。

② 九千岁指魏忠贤。魏提督东厂，下人称之为“督主”。

下也只好如此了。此时魏忠贤已没有心思再去死咬张皇亲，他像一只王八，脖子伸得太长，眼看就有被人斩断的危险。

这是为何呢？原来天启七年开年以后，朱由校的身体忽然不好，他想了许多法子给皇上治病，都没有效果。他和客氏议起此事，非常忧虑。可即便是这样，粗蛮无学的魏忠贤，还想着趁朱由校还有一口气，为自己的后人多谋些福利。

六月间他的侄孙魏鹏翼被封为安平伯，八月加侄魏良卿太师，魏鹏翼少师，又封侄魏良栋为东安侯。他似乎在与朱由校赛跑，赶在皇帝驾崩前，多捞几顶官帽戴。他还自作聪明，假传上谕，夸奖自己和王体乾“忠贞可计大事”。以为皇帝若有不测，凭了这道旨意，依然可保富贵。

魏忠贤可谓愚与蠢比翼双飞，秋水共长天一色啊！

他怎么不想想，封侯也好，奖敕也好，都不过是一张纸，熹宗一崩，天旋地转，几张纸能抵个屁用！可是在当时，谁敢给他点破这一点呢？

在这方面，客氏比他要强。她知道这些年做的孽，皇帝一死，必然遭到报复。怎么办呢？她想出的点子就有点大逆不道了。她想既然熹宗无法生子，就找几个怀孕的女子，送进宫去，待生出孩子，不就是圣嗣了吗？这样熹宗死了也不打紧了，皇位自然还是这孩子的，这孩子还在我掌握之中，我还有什么好怕的？

此计说起来也真妙。可惜有一句话，叫行事在人、成事在天，天不假她时日，她又有什么法子！

朱由校熬到八月，终于不起，遗诏命皇弟信王朱由检嗣位。

接到皇帝驾崩的消息，御史梁梦环恍如五雷轰顶，他这马屁拍得太迟，还没来得及换成富贵，富贵已成浮云。梁梦环与刘志选等人后来在清算魏忠贤时，都因为帮逆阉行凶，谋害皇亲，被打成阉党。看来小人行恶，好人行善，其结果如何，并不在己，而全凭天运啊！

十月里，浙江嘉兴县贡生钱嘉徵疏言魏忠贤十件“滔天之罪”，其中第二条为“蔑后”，说：

“夫中宫，天下臣民之母后也，皇亲张国纪未罹不赦之条，闻先帝（熹宗）令（魏）忠贤宣皇后，而忠贤灭旨不传，致皇后当先帝御前面斯逆奸。遂罗织皇亲，多方欲致之死，几危中宫。”

此疏说张国纪被劾后，熹宗让魏忠贤去宣召皇后，大约是想亲自向皇后询问，可是魏忠贤竟然灭旨不传，后来事情紧急，皇后才跑到熹宗前，当面论理，使魏忠贤奸计不成。魏忠贤恼羞成怒，遂多方罗织张国纪之罪，必欲置之死地而后快，使几年来皇亲多危，皇后中宫之位几乎不保。

魏忠贤终于垮台了，他被发配到凤阳，半道里听说崇祯帝派人来抓他，自忖必死，就在旅舍里与他一个手下对挂而亡。

张国纪听到这一消息，顿觉解放区的天是艳阳的天，快鞭打马，赶回京城，上疏诉冤。崇祯帝也没有为他的冤屈给予特别的报偿，只是恢复了他太康伯、右都督的官爵。直到明朝将亡之际，兵饷俱空，崇祯帝被逼得没法，只好向太监、勋臣及老皇亲们劝饷，张国纪倒还尽心，凑成一万两呈上，换了一顶侯爵的帽子。但不久李闯打进北京，他家也就亡了。

明朝十几位皇帝，就有十几家皇亲（如果计入妃子，那就更多了），掐掉开头朱元璋的倒霉亲家和末尾崇祯爷的外家，中间这几代国戚，恐怕要属张国纪张皇亲这一家捞到的好处最少，天启数年间，日日惊恐，等到乌云散去，已不再是他女婿家的天下了。